아주 사적인 신화 읽기

아주 사적인 신화 읽기

초판 1쇄 발행 2018년 11월 30일
초판 2쇄 발행 2018년 12월 10일

지은이 | 김서영
펴낸이 | 조미현

편집주간 | 김현림
책임편집 | 김호주
표지 디자인 | 황지완
본문 디자인 | 정은영

펴낸곳 | (주)현암사
등록 | 1951년 12월 24일 · 제10-126호
주소 | 04029 서울시 마포구 동교로12안길 35
전화 | 02-365-5051 · 팩스 | 02-313-2729
전자우편 | editor@hyeonamsa.com
홈페이지 | www.hyeonamsa.com

ISBN 978-89-323-1952-0 03180

이 도서의 국립중앙도서관 출판예정도서목록(CIP)은 서지정보유통지원시스템 홈페이지
(http://seoji.nl.go.kr)와 국가자료종합목록시스템(http://www.nl.go.kr/kolisnet)에서
이용하실 수 있습니다. (CIP제어번호 : CIP2018037923)

신화로 보는 내 마음의 비밀

김서영 지음

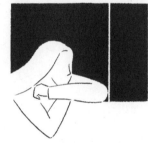

아주 사적인
신화 읽기

ㅎ현암사

내 마음속에 살아 있는 신화

> 악이 세계를 가득 채우고 있는 듯이 보일 때
> 신은 자신을 드러내어 사실은 악이 세계를 가득
> 채우고 있는 것이 아님을, 자신의 생명을 예로
> 들어서, 밝혀 보여준다.[1]

신화를 가장 깊이 체험하는 방법은 신화의 이야기를 아주 개인적으로 해석하는 것이다. 내 성격과 유형을 돌아보며 내 삶 속에서 신화를 되살려낼 때 나는 비로소 신화의 에너지를 실천적으로 활용할 수 있게 된다. 그러면 광고에 나오고 간판에 새겨진 친숙한 신들의 이름이 내 마음 가장 깊은 곳, 그 사적인 지점을 방문한다. 이제 나는 신들과 함께 내 마음을 거닐며 이 공간을 보듬고 가꿀 수 있다. 나는 이 과정을 정신 치유라 부르고 싶다.

카를 구스타프 융(Carl Gustav Jung, 1875~1961)은 스위스 정신과 의사로, 분석심리학이라는 정신 치유 이론을 창시한 분석가다. 융과 정신분석학의 창시자인 지그문트 프로이트(Sigmund Freud, 1856~1939)는 무의식의 영역을 함께 탐구하였으나, 이론에 대한 의견 차로 1914년경 결별하게 된다. 프로이트의 정신분석학이 과학에 바탕을 둔 분석 이론이라면, 융의 분석심리학은 인간 내면의 신화를 강조하는 통합 이론이라 할 수 있다. 프로이트는 환자의 언어를 분석하고, 융은 환자 내면의 통합을 도모하기 때문이다.

융의 이론에는 프로이트의 과학적 분석에 부재하는 신비한 요소들이 있다. 의식과 무의식의 중심이라든가, 인류가 공유하는 기억, 내면의 신화와 같은 말들을 들으면 인도 경전을 읽는 듯한 느낌을 받기도 한다. 그는 우리가 신화와 함께 살고 있으며, 우리 마음속 깊은 곳에 신들이 거주한다고 믿었다. 그의 이론은 나, 의식, 자아라는 껍질을 깨고 더 큰 세상으로 나아갈 수 있게 우리를 격려한다. 나와 남과 세상을 아울러 하나가 되는 전체성이 매력적인 치유 이론이다.

나는 프로이트의 정신분석학을 전공했는데, 융의 이론을 공부하면서 프로이트의 자아 개념에서는 한 번도 느껴보지 못한 원대한 치유력을 경험할 수 있었다. 융은 무의식을 신화적 공간으로 간주한다. 내 안의 신성, 그 신비로운 힘이 바로 우리의 무의식이라는 것이다. 융을 공부하며 나는 신화를 진지하게 받아들이게 되었다. 신화, 전설, 민담이 우리 마음속에 살아 숨 쉬고 있다는 사실이 나를 위로했다. 그리고 신화 공부를 하는 여정에서 인도 신화를 만났다. 융이 말하는 모든 것이 바로 거기에 있었다.

그중 연인의 포옹과 같이 내 마음을 붙들어준 책이 인도 경전 『바가바드 기타(*Bhagavad Gita*)』였다. 정신분석 이론 공부를 오래 했고, 그 이론들에 매달려 항우울제나 신경안정제, 또는 수면제

없이 불안과 두려움을 견딜 수 있었지만, 나는 여전히 가끔씩 견딜 수 없는 분노에 사로잡히곤 했다. 그런 나를 살리는 정신 치유 프로젝트의 일환으로 내가 프로이트와 융을 거쳐 운명처럼 만나게 된 것이 바로 이 책이었다. 거대한 세계관이 나를 감싸며 마음이 평온해졌다. 그 세계관을 머릿속으로 그리고 있자니 온 세상에 신화가 부활한 듯했다. 융이 무슨 말을 하는지 처음으로 확실히 알 것 같았다.

시작은 고대 인도의 서사시인 『마하바라타(*Mahabharata*)』였다. 이 경전은 왕위 계승을 둘러싼 전쟁 이야기인데, 이상했던 부분은 아르주나라는 인물이 전쟁에 앞서 망설이자 신이 전쟁을 하라고 요청하는 장면이었다. 아르주나와 크리슈나의 대화만을 따로 묶은 부분이 『바가바드 기타』라는 경전으로 독립되어 있었다. 그런데 비폭력 투쟁을 원칙으로 삼았던 마하트마 간디가 이 책을 평생 소중히 간직했다는 것이다. 그는 심지어 『바가바드 기타』에 대한 해설서를 썼는데, 해설에서 이 경전은 사촌들 사이에 일어난 전쟁 이야기가 아니라고 말한다. 그는 『바가바드 기타』는 "우리 안에 있는 두 본성, 선과 악 사이에 벌어지는 전쟁을 서술하고 있다"라고 하며, 그 안에 모든 세대에 유익한 의미가 들어 있다고 말했다.[2] 간디가 경전에서 읽은 메시지는 매우 간단하고 명료했다. 악한 것은 멸망하고 덕과 선은 번창한다는 것이다. 그는 사악한 자는 그 사악함 때문에 스스로 멸하게 되며 이는 결코 변하지 않는 법이라고 확신했다. 『바가바드 기타』에서 세계를 유지하는 신 비슈누의 화신인 크리슈나는 의로운 자와 악한 자, 선한 방향성과 악한 방향성을 명확히 구분한다. 그런 신을 내 안에 받아들인 원대한 자아를 아트만이라고 부른다. 간디는 아트만이 내 마음의 수레를 끄는 신이며, 세상과 연결된 아트만에 나 자신을 내맡길 때 비로소 삶의 진실한 방향성을 찾을 수 있다고 말한다. 그렇게 되면 우리는 아무리 큰 불행에도 흔들리지 않을 수 있다.

나는 언제나 작은 일에 너무나 불행하고, 작은 괴로움에 죽고 싶은 마음이 일어나고, 작은 실패에 항우울제의 도움을 받고 싶은데, 이런 불안과 괴로움이 가라앉을 수 있다면 얼마나 편안할까? 큰일들이 생길 땐 정말 몸과 마음이 부서지는 듯한 괴로움을 느끼지 않나? 기댈 사람이 아무도 없을 땐 더더욱 무섭고 두렵지 않나? 가끔씩 삶이 나를 추격하여 기어이 머리채를 움켜쥐고 내 모든 것을 무너뜨려버릴 듯한 공포가 느껴지지 않나? 크리슈나는 그럴 때 아트만에 마음을 고정하라고 조언한다. 간디 역시 셀 수 없이 많은 부분에서 아트만에 의지하라고 말한다. 아트만에 기대면 작고 무서운 나만의 세상을 벗어날 수 있다는 것이다. 간디는 모든 자아가 하나라는 사실을 깨닫게 될 때 개인의 에고가 녹아내린다고도 설명한다. 또한 『바가바드 기타』는 아트만에 의지하여 나 자신이 아트만과 하나가 되면 죽음의 순간에도 평온함을 유지할 수 있다고 했다.

융의 분석심리학과 매우 유사했기 때문에 익숙했지만, 융의 글들보다 훨씬 실천적이고 강렬했다. 『바가바드 기타』가 이론에 대한 설명이 아니었기 때문이다. 그것은 지금 이 순간 내가 해야 할 일에 대한 이야기였다. 이와 더불어, 융의 책을 읽을 때는 경험하지 못했던 충격을 받기도 했다. 고통에 관한 이야기가 너무 가깝게 느껴졌기 때문이다. 간디는 고통과 위기 속에서 치유의 과정이 시작된다고 말한다. 그는 궁지에 몰렸을 때 비로소 치유가 시작되며, 그 경험은 "산모의 진통"과 같은 것이라고 설명한다.[3] 『바가바드 기타』는 고통 속에서 거듭 태어나며 구원을 찾게 되는 이야기라는 것이다. 이 책을 읽지 않을 수 없었다.

책을 읽은 후 내 세계관이 바뀌며 평온을 찾는 법을 배웠다. 왜 간디가 그렇게 말했는지 알 것 같았다. 융의 이론을 더욱 실천적으로 이해할 수 있었고, 이를 바탕으로 정신분석학 이론을 재해석할 수 있었다. 동시에 그동안 내가 알고 있던 신화들이 서로 이어지며 제자리를 찾기 시작했다. 그 신들은 모두 매우 가까운 곳에 있었다. 바로 내 마음속이었다.

우리 마음속에 있는 신성, 그것이 만든 이야기가 바로 신화다. 정신분석에도 신화의 자리는 존재한다. 적극적으로 말하지는 않지만, 신화가 안배될 곳은 존재한다. 정신분석은 '공백'이 신성의 자리라고 말한다. 이상한 것은 불멸의 존재가 순수한 신성을 잃고 필멸의 인간이 되었을 때 진정한 신성을 경험할 수 있다고 말한다는 점이다. 진짜 신화는 신들의 이야기가 아니라 인간의 이야기라는 말이다. 공백이라는 말이 어렵게 들리지만, 그건 빈 공간, 빈 자리를 뜻하는 개념이다. 신화란 정의할 수 없는 것, 그 내용을 완벽하게 이해할 수 없는 것이 아니던가? 그런 신비한 요소가 배치될 수 있는 가장 적절한 위치가 여백이다. 뭔가 비어 있어야 거기서 새로운 내용들이 솟아오르지 않겠는가. 꽉 차 있으면 신비도, 변화도 모두 불가능하다. 뭔가 좀 어수룩하고 빈틈이 있어야 그다음 단계로 이동할 여지가 생긴다. 빈 자리에서 시작된 이야기는 언제나 신비롭다. 그 끝을 알 수 없기 때문이다. 정신분석학의 과제는 내 안에서, 우리 안에서, 그리고 세상 속에서 공백의 자리를 찾는 것이다.

분석심리학의 중심에는 공유되는 기억이 존재한다. 융은 이를 집단무의식이라고 부르며, 유전되는 보편적 기억의 골격을 원형이라고 명명했다. 원형은 빈 그릇이다. 그것은 모든 내용이 담길 수 있는 형식이라 할 수 있다. 원형은 신화의 자리이자 신성이 발휘되는 성소이기도 하다. 가장 미분화된 상태로부터 가장 분화된 상태로 나아가는 방법은 무의식 속 신화를 의식화하는 것이다. 그것이 성숙과 치유를 위한 방향성이다. 물론 이 과정을 겪어내는 것은 쉽지 않은 일이며 여기에는 고통이 수반된다.

현실은 녹록지 않다. 인간은 누구나 미숙한 상태에서 발달 과정을 시작한다. 신체가 발달하며 성인이 되듯, 정신 역시 미숙한 상태에서 성숙한 상태로 분화한다. 그런데 이 과정은 매우 어려워서 쉽게 끝나지 않는다. 사실 끝이라는 게 없다고 해야 적절할 것이다. 대부분의 우리들은 미숙한 상태에서 평생을 보내기 때문이다. 우리는 지나치게 화를 내거나, 뭔가를 참지 못하거나, 너무 내 생각만 하거나, 너무 남 생각만 하거나, 자주 우울하다. 문제는 우리가 하는 이상한 행동들이 우리 아이들의 세상을 규정짓는다는 것이다. 부모들이 잘못했다는 이야기가 아니다. 인간은 미숙할 수밖에 없다. 잘못할 수밖에 없고, 실수할 수밖에 없다. 이 필연적인 실수들과 잘못들 속에서 어떻게 조금 더 성숙하게, 조금 더 지혜롭게, 조금 더 행복하게 살아갈 수 있는지 생각해보자는 것이다. 지금 현재 내 성숙도는 몇 점일까?

내면의 괴물을 분화시키지 못한 사람들이 있는 반면, 성숙의 척도를 제시하는 성인(聖人)들도 있다. 부모 중에도 아이를 돌보지 않는 나쁜 부모가 있는가 하면 그 대척점에 위대한 부모들도 있다. 그들은 아이의 멘토이자 스승이 되어 불가능해 보이는 이야기들을 가능하게 만든다. 이들은 우리에게 인간 내면의 신성이 무엇인지 알려주며, 그 이야기는 사람들의 기억에 길이 보존된다.

간디는 한 인간이 자신과 타인과 세상을 살릴 수 있다고 믿는다. 그것이 『바가바드 기타』의 주제이기도 하다. 나 자신이 나와 남과 세상을 이롭게 하는 사람이 되고, 내 아이 역시 그런 사람으로 성장한다면 우리 삶은 진정 아름다울 것이다. 이것은 신화 일반의 이야기다. 신화는 사람과 사람 사이에서 이어져 내려온 이야기로 그 속에는 우리 모두의 꿈과 가능성과 기대가 들어 있다.

우리는 이 책에서 40가지 신화 이야기를 만나볼 것이다. 그것은 우리 내면에 존재하는 가능성이자 오랜 시간 이어져 내려온 살아 있는 이야기다. 부모들이 그 이야기들과 함께 양육하고, 아이들이 그 이야기들과 함께 자라난다면, 우리는 신화의 세상을 현재 속에 부활시킬 수 있을 것이다. 현재 속에 신화를 되살리는 일, 그것은 사실 정신분석과 분석심리학이 함께 꿈꾸는 이상이다. 신화적 세상이란 치유적인 세상을 뜻한다. 모든 사람이 모든 사람을 배려하고, 그가 가진 가장 좋은 것들을 발휘할 수 있도록 성장하며, 무수히 많은 사람들과 손을 잡고 세상의 신화를 일구어나가는 일상, 바로 그것이 치유적인 세상이 아닌가?

그리스 신화는 익숙하다. 속옷이나 화장품 브랜드로 주위에서 자주 듣고 보게 된다. 그러나 그 신들은 그리 가깝게 느껴지지 않았었다. 너무 많이 들었기에 식상할 뿐, 힘들 때 찾게 되는 신들은 아니었다. 언제 아프로디테에게 도와달라고 기도하게 되던가? 나는 오랜 시간 그들이 외부의 신으로 느껴졌었다. 그러나 몇천 년을 이어 내려온 이야기가 과연 나와 무관한 외부의 이야기일까? 그들은 내 안에 살아 있는 신들이다. 융이 확신하듯이, 신화는 외부의 사건이 아니라 인간 내면의 방향성이자 근원이다. 신화는 남의 이야기가 아니다. 그것은 나 자신의 이야기, 내 마음의 이야기다. 이 책의 목표는 외부에서 떠도는 신들에게 내 마음의 자리를 되찾아 주는 것이다. 이를 위해 우리는 아주 사적인 방식으로 신들을 초대해야만 한다.

음울한 북유럽 신화의 종말론적 시각 역시 일상 속에서 관찰할 수 있는 반복들을 잘 표현하고 있다. 천둥의 신 토르는 자기 염소를 매일 저녁 죽여서 고기를 나누어 먹은 후 다음 날 묠니르로 다시 부활시킨다. 발할라에서 오딘이 키우는 수퇘지 세흐림니르 역시 요리된 후 저녁께 다시 살아난다.

죽음이 생명으로 변화하는 신비가 일상으로 받아들여지는 북유럽 신화에서 하나의 사이클이 끝나는 한 세상의 종말을 굳이 슬퍼할 필요가 있을까? 이것 역시 분명 거대한 생성과 창조로 이어질 것이다. 북유럽 신화는 죽음에 대한 이야기가 아니다. 그보다는 삶에 대한 조언이자 응원이라 할 수 있다. 그렇지 않다면 왜 신화의 내용에 어떻게 사는 것이 좋은 삶, 행복한 삶인가에 대한 이야기가 그토록 많이 나오겠는가? 예를 들어 "가까이 살아도 신의가 없으면 친구에게 가는 길이 길어지고 멀리서 살아도 신의가 있으면 친구에게 가는 길이 짧으니라", "친구가 있어서 신뢰를 보내고 그에게서 좋은 일을 바라거든 마음과 선물을 그와 같이 나누고 그의 집을 자주 방문하거라"와 같은 지혜로운 조언들은 결코 죽음과 종말에 대한 이야기가 아니다.[4]

『고(古) 에다(*Edda*)』의 「지존자의 노래」에는 이 내용들을 포함한 삶에 대한 93가지 조언이 담겨 있다. 그것은 어떻게 술을 마셔야 하는지, 현명한 사람은 어떻게 행동하는지, 사랑을 할 때 조심해야 하는 게 뭔지, 농사를 잘 지으려면 어떻게 해야 하는지 등에 대한 실천적 조언들이다. 북유럽 신화의 신들은 죽음과 절망이 나를 공격할 때조차 삶으로 나아갈 수 있도록 이끄는 또 다른 일군의 마음속 조력자들이다. 이제 내 안에서 신들을 깨우고, 그 신들의 도움을 받아 내면의 전쟁을 시작해보자.

이 책의 중심에는 『바가바드 기타』가 있다. 그 내용을 중심으로 수메르 신화, 그리스 신화, 북유럽 신화의 이야기를 해석했으며, 해석을 위한 중심 이론은 정신분석학과 분석심리학을 이용했다. 주요 텍스트로, 그리스 신화는 헤시오도스(Hesiodos, 기원전 8세기경)[5]의 『신들의 계보(*Theogonia*)』를, 북유럽 신화는 『고 에다』와 『신 에다』를, 그리고 인도 신화는 함석헌 선생이 주석을 단 『바가바드 기타』와 간디의 『평범한 사람들을 위해 간디가 해설한 바가바드 기타』를 이용했다.

　물론 이 책에서 언급할 신화의 예 이외에도 수많은 신화 이야기들과 다양한 변주들이 존재한다. 예를 들어 이 책에서 아프로디테는 성과 속의 합일과 관련한 사랑의 이야기로 해설되었지만, 또 다른 신화에서 아프로디테는 로마의 건국 시조로 알려진 아이네이아스의 어머니로 등장하기도 한다. 트로이의 장수 아이네이아스는 무너진 트로이를 탈출한 후 이탈리아 남부에 도착하여 그곳에 로마의 전신이라 할 수 있는 라비니움을 세우게 된다. 이렇게 모든 것이 무너진 종말에 아이네이아스는 불타는 트로이를 떠나 이탈리아 반도에서 또 다른 트로이의 신화를 써 내려간다. 그래서 트로이가 패망한 전쟁임에도 우리는 이 전쟁을 그리스 전쟁이 아니라 트로이 전쟁이라고 부른다. 얼마나 멋진 이야기인가? 이 모든 것들을 다 조사하여 담아내고 싶은 마음이 굴뚝같지만, 이 책에서 내 임무는 우리 마음속 신들을 깨워내는 일이다. 임무를 충실히 완수하기 위해서는 멈추어야 한다. 모든 걸 다 알고, 다 말하려는 마음은 집착이자 사심이다.

　이 책에서는 신화적 변주들을 조사하기보다는 앞서 이야기한 주요 신화들을 보편적 가치에 초점을 맞추어 개인적으로 해석하는 데 더 중점을 뒀다. 즉 신들과 그들의 이야기를 우리가 힘들 때, 지쳤을 때, 두려울 때, 화가 날 때, 슬플 때 마음을 감싸고 위로하며 다시 내적 에너지를 퍼 올릴 수 있는 원동력으로 제시하고자 했다. 주제에 따라 총 40개의 장으로 나누었으며, 각 장은 세 부분으로 묶어 이야기를 풀어냈다. 첫 부분에는 주제와 관련된 일상의 사적인 이야기를 통해 우리에게 그 신화가 필요한 이유를 담았고, 두 번째 부분에는 신화 이야기를 적었다. 마지막으로 세 번째 부분에는 이와 관련된 정신분석학 또는 분석심리학 이론을 설명했다. 우리의 이야기는 최초의 신화 『길가메시(*Gilgamesh*)』에서 시작한다.

차례

그리스 신화 이야기
내면의 신을 만나는 시간

북유럽 신화 이야기

절망의 끝에서 새로운 시작으로

크리슈나의 조언

내 안의 신성과 지혜로운 삶을 위하여

길가메시 이야기

좋은 삶을 살아가는 법[1]

어른이 되기 위해 여정을 떠나다

폭군 길가메시의 모험

개인 속에 있는 거룩한 것이
완전히 나타나기만 한다면 그 사람은
영원한 불멸의 지경에 이를 것이다.[2]

어둠과의 싸움

『길가메시』는 세상에 존재하는 신화 중 가장 오래된 수메르 신화다. 기원전 3000년경 수메르의 도시국가 우룩을 다스렸던 길가메시라는 왕에 관한 이야기인데, 삶이 어두워지는 시간, 이 신화가 우리를 도울 수 있다. 길가메시 이야기의 주제어는 어둠이다. 삶이 지옥 끝까지 곤두박질칠 때 이 신화를 읽으면 다시 한 줄기 빛을 거머쥐는 기분이 든다. 내가 너무 작아질 때, 배신당했을 때, 사랑에 실패했을 때, 사람을 잃었을 때 길가메시 이야기는 우리에게 위로를 선물한다. 될 대로 되라는 마음이 들고 나 자신의 분노와 증오와 미움이 무서워질 때도 길가메시를 통해 우리는 다시 안정을 되찾을 수 있다.

　길가메시에 대해 가장 먼저 떠오르는 이미지는 그가 아무것도 보이지 않는 지독한 암흑 속에서 두 손을 뻗쳐 앞을 더듬으며 걸어가는 모습이다. 인생에서 그런 순간을 경험할 때 얼마나 무서웠던가? 그러나 그건 어느 누구도 피해 갈 수 없는 어둠이다. 그것은 내가 걸었던 어둠, 내가 앞으로 걷게 될 어둠, 누군가 걷고 있을 어둠, 누군가 멈추어 있을 어둠, 삶을 망가뜨리는 어둠, 누군가 어느 순간에는 걸어야만 하는 어둠을 뜻한다.[3] 그 어둠의 시간, 길가메시가 우리와 함께 있다. 길가메시는 우리에게 견디고 싸워서 이겨내는 법, 그리고 더 나아가 성장하는 법을 알려준다. 어둠의 제물이 되지 않기 위해 우리는 외부의 어둠과 더불어 내부의 어둠과도 싸워야 한다.

길가메시는 공허함에 대처하는 법을 가르쳐주는 신화다. 삶의 중심에 뚫린 구멍으로 생명이 빨려 들어갈 때가 있다. 깨진 항아리에 물을 붓고 있는 듯한 느낌이 들 때가 있다. 그건 사실 완벽함을 꿈꾸는 사람들이 빠지는 덫이다. 아이가 24시간 내내 공부만 하기를 바라는 어머니와 영생을 꿈꾸는 역사 속 임금들도 이 부류에 포함된다. 아무리 다그쳐도 원하는 만큼은 안 된다. 늘 부족하게 느껴지고 만족스럽지 않다. 그건 저주받은 삶이다. 기쁨이 없는 삶이지 않은가? 성취로 보이지 않으니 아이를 칭찬할 리 없다. 늘 다그치고 비난하는 어머니 역시 나이만 들었지 어른으로 자라지 못한 사람이다.

나는 성숙한 사람인가? 나는 신화와 함께 사는 사람인가? 성숙도를 10점 만점으로 평가했을 때 내 삶의 각 구간에 어떤 숫자를 쓰게 되나? 내 눈빛이 가장 분명했을 때는 언제였나? 내가 나 자신이었던 순간은 언제였나? 내가 누구와 함께 있을 때 가장 크게 웃었나? 그 모습과 현재의 나를 비교하면, 지금 내 성숙도는 몇 점인가? 가장 중요한 것은 빛나는 얼굴과 든든한 눈빛을 다시 찾는 것이다. 우리는 지금 '좋은 삶'에 대해 이야기하고 있다. 나는 좋은 삶을 영위하고 있나?『길가메시』는 좋은 삶이 무엇인지, 온전한 나 자신이 되는 것이 무엇인지 알려주는 이야기다. 길가메시는 성숙의 여정을 거쳐 좋은 삶을 살 수 있게 된 왕이었다. 그의 이야기를 먼저 들어보자.

필멸의 존재가 불멸하는 법

길가메시는 폭군이었다. 성숙과는 거리가 먼 망나니로, 해도 되는 일과 하면 안 되는 일조차 구분하지 못했다. 그는 생각하지 않았으며, 그의 삶에는 고민도 배려도 사랑도, 그리고 우정도 존재하지 않았다. 그는 3분의 2가 신이었고 3분의 1만 인간이었는데, 이상하게도 인간보다 못한 짐승 같은 왕이었다. 누구도 대적할 수 없는 힘이 있었으나, 인간적인 아름다움은 없었다. 이 때문에 그는 결코 인간보다 우월한 존재가 아니었다. 그는 자신이 누구인지, 어디로 가고 있는지 알지 못했다. 삶의 계획도 세우지 않았고, 방향성도 없었다. 한마디로 그는 어른이 아니었다.

백성들이 인간보다 못한 이 신적인 존재의 횡포에 대해 하늘에 하소연하자, 신들은 그와 대적할 한 사람을 창조한다. 그의 이름은 엔키두였다. 자연에서 태어나 짐승과 함께 생활한 그는 길가메시와 맞설 만한 힘을 가지고 있었다. 이 두 사람이 만나 서로에게 달려들어 있는 힘껏 싸우게 되었을 때 길가메시가 변한다. 온몸을 던져 젖 먹던 힘까지 다 쏟아내는 결전을 치른 후 둘은 서로를 끌어안고 한 번도 느껴보지 못한 감정에 휩싸인다. 바로 교감이라는 인간의 감정을 배우게 된 것이다. 사람과 사람이 만나 함께 만들어내는 마술 같은 순간. 우리는 그것을 '관계'라 부른다. 삶이 달라진 길가메시에게 목표가 생긴다. 그렇게 그가 사람다워진다.

길가메시와 엔키두는 함께 향나무숲에 사는 훔바바를 물리치기 위해 여행을 떠난다. 그가 세상을 어둡게 만드는 힘이자 땅 위에 그림자를 드리우는 악한 존재라고 생각했기 때문이다. 공포가 득한 세상의 주인이었던 훔바바는 결국 길가메시와 엔키두 앞에 무릎을 꿇는다. 둘이 함께하면 안 되는 일이 없었다. 길가메시와 엔키두는 성취와 생산, 우정과 사랑 속에 삶의 기쁨을 깨닫게 된다. 그러나 이것은 삶의 이야기 절반에 해당하는 것이었다.

사실 훔바바는 숲의 수호자였다. 그가 어둠의 존재로 묘사되는 이유는, 숲이 인간 세상과 전혀 다른 공간이기 때문이다. 훔바바의 세상이 상징하는 것은 문명이 존재하지 않는 원시 자연이었다. 길가메시는 여기서 실수를 저지른다. 그가 자신의 행동에 대해 근본적인 질문을 던졌음에도 불구하고 결국엔 엔키두의 말에 따라 훔바바를 죽이기 때문이다. 여기서 멈추지 않고, 그들은 이시타르 여신을 모욕하고 하늘의 황소를 죽인다.

이 모든 무절제한 행동의 대가로 길가메시는 자신의 반쪽인 엔키두를 잃게 되는데, 그는 친구의 죽음을 경험하며 처음으로 절망을 느낀다. 엔키두가 고통 속에 세상을 떠나자 길가메시는 머리를 풀어헤치고 곡을 하며 삶이 얼마나 괴로운 것인지 깨닫게 된다. 완전히 혼자 남겨지는 경험, 그 절망 속에 그는 고통받는다. 그것은 관계의 대가였다. 사랑하는 사람을 잃은 그는 소유했던 것들을 다 버리고 먼 길을 떠난다.

이 여정의 목표는, 살아 있는 모든 것이 사라진 대홍수 뒤에도 유일하게 생존하였으며 영원한 생명을 획득한 존재인 우트나피시팀을 만나는 것이었다. 삶의 끝이 언제나 그 같은 절망과 슬픔으로 종결된다는 것이 견딜 수 없었던 길가메시는 그에게서 이 괴로운 진실을 피할 방법을 배우고자 했다. 그의 삶은 더 이상 삶이 아니었으며 어떤 것도 그에게 기쁨을 주지 못했다. 만약 삶이라는 것이 이토록 괴로울 수밖에 없다면, 살아갈 의미가 전혀 없었다. 우트나피시팀을 만나기 위해 그가 어둠의 산으로 들어서자 빛이 사라지고 어둠이 짙어진다. 견딜 수 없는 칠흑 같은 어둠 속을 50~60킬로만큼 걸어가자 비로소 빛이 보이기 시작한다. 가슴 가득 절망을 담은 야윈 얼굴의 길가메시가 영생을 누리는 우트나피시팀을 만났을 때, 다음과 같은 이야기를 듣게 된다.

어떤 것도 영원한 것은 없다. 100년이고 200년이고 안전한 집이 있을까? 절대로 어기지 않는 약속이라는 게 있을까? 재산 분할에 만족하는 형제들이 있을까? 모든 것은 변하며, 어떤 것도 영원히 지속되지 않는다.

그는 길가메시가 숙면을 취하고 목욕을 하고 깨끗한 옷으로 갈

아입게끔 한 후 돌려보낸다.[4] 이 과정에서 우트나피시팀 부부는 길가메시에게 영생을 얻는 법에 대한 힌트를 주지만 그는 두 번의 기회를 모두 놓친다. 필멸의 인간으로 고향 우룩에 도착한 길가메시는 사랑하는 이의 얼굴을 애무하듯 처음으로 자신의 도시가 어떻게 생겼는지 곳곳을 조심스럽게 다시 뜯어보며, 벽돌과 정원과 들판과 자신이 모욕했던 이시타르 여신의 신전과 우룩에 있는 모든 것들에 감사한다. 그리고 이제 이 도시에서 삶의 신비를 아는 자로서 떳떳하게 행동하며, 관대하고 슬기로운 왕이 되기로 결심한다. 그가 죽었을 때 백성들은 가슴을 치며 통곡한다. 그리고 매해 그를 기억하며 제사를 드린다.

공백이라는 선물[5]

길가메시 신화는 미숙한 어린아이가 어른으로 성장하는 이야기다. 아무도 배려하지 않던 사람이 누군가를 아끼고 배려하게 되며, 이 우정은 인간에 대한 사랑으로 확대된다. 폭군이 지혜로운 왕으로 바뀌고, 자신의 왕을 증오하던 백성들은 왕의 죽음을 진심으로 슬퍼하게 된다. 자신밖에 모르던 왕은 영원히 기억되는 영웅으로 삶을 마친다.

아무도 애도하지 않는 죽음을 떠올려보자. 누구도 그리워하지 않고 누구도 슬퍼하지 않는 죽음, 누구의 기억에도 남겨지지 않는 삶, 그것이야말로 가장 큰 저주가 아닐까? 도대체 어떻게 살았길

래 어느 누구도 그 사람을 마음에 품지 않는 걸까? 구로사와 아키라 감독의 〈살다(生きる)〉(1952)도 비슷한 이야기를 들려준다. 주인공은 어느 누구와도 관계를 맺지 않은 채 아무 일도 하지 않기 위해 최선을 다하며 자신만을 위해 살아가는 공무원이다. 그런 그가 말기암 선고를 받은 후 삶을 바꾸어나가기 시작한다. 그가 죽었을 때 시민들은 그의 장례식에 달려가 목놓아 울며 슬퍼한다.

길가메시가 삶 속의 모든 공간과 모든 순간, 그리고 모든 사람을 소중히 여기게 된 결정적 계기는 바로 절망의 시간이었다. 그는 영생과 완벽함을 꿈꾸었으나 이 소원들은 처참히 좌절된다. 그는 친구를 잃었고 영생의 기회를 놓쳤다. 사실 그렇게 혼자 남겨진 길가메시의 상황은 신화의 시작 부분과 그리 다르지 않다. 그는 혼자 남겨졌으며, 100년도 살 수 없는 필멸의 존재일 뿐이다. 그런데 긴 여행을 마치고 필멸의 존재로 귀향한 길가메시는 우리가 알던 사람이 아니다.

죽음을 두려워하며 영생의 비법을 알아내기 위해 여행을 떠났던 그는 늘 모든 것이 두려운 상태였다. 미래가 불확실했고 미지의 고통이 현재를 짓눌렀으며 삶의 기쁨을 느낄 수 없었다. 그런데 긴 여행 끝에 집으로 돌아온 그는 더 이상 불확실한 미래를 두려워하지 않는다. 오히려 그는 아무것도 보이지 않는 백지에 자신의 미래를 그려 넣는다. 그리고 슬기로운 왕이 되기로 결심한다. 삶의 끝이 그를 기다리고 있었으나, 그에게 더 소중한 것은 살아가는 삶의 순간들이었다. 실패와 상실, 질병이 그를 기다리고 있었지만, 그것이 삶을 어둡게 만들 수 없었다. 그가 있는 곳이 어머니의 품과 같은 공간이 되고 그의 이웃이 형제자매가 되었다. 이것이야말로 진정 좋은 삶이 아닐까?

정신분석학의 주제어는 성숙이다. 성숙에는 대가가 따른다. 그것은 완전함, 완벽함이라는 허상을 무너뜨리는 좌절을 경험할 때 우리에게 허락되는 선물이다. 그런데 놀랍게도, 완전함을 포기했을 때 인간은 진정으로 완전한 경지에 이를 수 있게 된다. 완전함이란 비어 있지 않은 상태다. 모든 것에 정답이 있는 상태이며 미래가 정해진 꽉 찬 세상이다. 다시 말해 이 숨 막히는 공간에서는 무엇도 자유롭게 결정할 수 없다. 모든 것이 이미 그렇게 결정되어 있기 때문이다. 완전함이란 바로 그런 저주다.

완전함이 무너진다는 건, 삶의 중심에 구멍이 난다는 뜻이다. 그렇게 되면 미래가 열린다. 모든 것이 불확실해지며 새로운 가능성들이 나타난다. 물론 두렵고 무서울 수밖에 없지만, 그건 무수히 많은 것들이 가능해지는 미래가 열렸다는 신호다. 우트나피시팀의 말대로, 완전한 만족이란 존재하지 않는다. 정신분석은 이러한 인간의 생리를 설명하기 위해 '공백'[6]이라는 개념을 사용한다. 삶의 중심에는 공백이 있으며 그것은 좋은 삶이 시작되는 출발점이다. 길가메시는 공백의 자리에 서서 미래를 설계한다.

분석심리학 역시 공백의 자리를 중요하게 생각한다. 융은 인간의 내면을 명확히 설명하고 재단할 수 없다고 생각했다. 그래서 과학적 분석만을 강조한 프로이트의 접근 방식에 반대했던 것이다. 그는 인간 내면에 신화가 숨 쉬고 있다는 말로 공백의 중요성을 강조한다. 인간 속에 무엇이 있는지 정확히 알 수 없다는 말은,

내면의 신화를 가늠하거나 측정하는 것이 불가능하다는 뜻이다. 즉 인간은 이미 불멸의 존재다. 삶을 불멸로 만들 것인가, 아니면 필멸로 축소할 것인가는 개인의 선택에 달렸다. 기억이 유전된다는 말이나 원형 개념 역시 인간의 삶이 개인의 삶에 국한되지 않는다는 것을 설명하기 위한 이론적 요소들이다. 융에 따르면 우리는 우리가 생각하는 것보다 훨씬 더 큰 존재들이다. 우리는 미움과 증오라는 어둠 속에서 나 자신과 남과 세상을 파괴할 수도 있고, 이해와 배려 속에 나 자신과 남과 세상을 아름답게 변화시킬 수도 있다. 후자는 좋은 삶을 살게 되며 영원히 이름을 남기게 된다.

만남은 인간을 변화시킨다

친구의 소중함을 깨우쳐준 엔키두

> 무엇을 조금 알면 독단적이 되고,
> 조금 더 알면 묻게 되고,
> 또 조금 더 알면 기도하게 된다.[7]

내 분신을 찾아서

아무도 없이 혼자 남겨지는 날들이 있다. '고립'이라는 사건은 삶에 치명적인 상처를 남긴다. 그러나 그 순간 떠올릴 친구가 있다면 우리는 그렇게 쉽게 무너지지 않는다. 내 마음속에 나를 아끼고 내가 아끼는 사람이 있다면, 나는 강해지며 더욱 현명해진다. 전략을 세우고 대처하며 나 자신을 보호할 수 있다. 친구가 없는 세상을 생각할 수 있을까? 무슨 말이든 할 수 있는 친구, 언제든 달려가면 어떤 상황에서도 나를 안아줄 친구의 모습을 상상해보는 것만으로도 가슴이 따뜻해진다. 한 명이면 된다. 그 친구를 만나야 한다. 그리고 나 자신이 그 친구가 되어야 한다. 그러면 우린 살아갈 수 있다.

고립은 두 가지 방식으로 표현될 수 있다. 이기심이라는 높은 성벽을 쌓고 그 속에 고립되는 사람들이 있는가 하면, 삶의 힘을 잃고 세상으로부터 고립되는 사람들도 있다. 두 경우 다 떠올리기만 해도 두려움이 느껴지는 사례들이다. 내 일이 아니라면 뭐가 어떻게 돼도 상관없고, 남에게 어떤 짓을 해도 죄책감을 느끼지 않는 사람들과 삶의 기쁨을 이야기할 수 있을까? 그들의 세상에는 패거리, 내 새끼, 내 재산밖에 없다. 그 철저한 무심함 속에는 인간다움이 존재하지 않는다. 삶의 힘을 잃은 사람들도 무섭다. 그들은 더 이상 싸우지 않는다. 인생의 어느 순간 혼자 남겨졌을 때, 물리적 고립이 우리의 정신까지 고립시키게 놔두어서는 안 된다. 전자와 달리 후자들은 가해자가 행한 폭력의 희생자들이다.

왕따와 같은 잔인한 폭력은 인간의 정신을 파괴한다. 마음의 수분을 말려버리는 시선들에 내장들이 오그라들고 혀는 말려 올라가며 정신은 위축된다. 더 이상 정의와 부당함에 대해 생각할 수 없게 되기도 한다. 인간 이하의 사물이 되어버리는 시간, 어둠이 죽음과도 같은 공포로 생명을 위협한다. 왕따는 어른이 되지 못한 인간들이 벌이는 피의 잔치다. 그 폭력에 희생되어서는 안 된다.

그러면 어떻게 해야 할까? 고립되는 것을 막아야 한다. 그러려면 사람을 찾아 사람의 손을 잡아야 한다. 사람이 사람과 함께 있으면 혼자서는 가능하지 않은 일이 가능해진다. 고립된 상태에서 정신적 고립을 선택하거나 받아들여 버리면 몸과 마음이 모두 망가진다. 친구 한 명, 배려하는 가족 한 명이 모든 것을 다르게 만든다. 상처받은 나를 그냥 그렇게 내버려두는 것, 될 대로 되라는 마음, 이 게임에서 그냥 빠져버리고 싶은 마음, 무심함, 그것이 바로 우리가 일차적으로 싸워야 하는 내면의 어둠이다. 힘을 내야 한다. 그래야 다른 모든 것들이 시작된다. 상상할 수 없는 기쁜 일들이 기다리고 있음을 믿어야 한다. 우리 아이에게 친구가 생겼다면 그건 가장 기뻐할 일이다. 축하해주고 그 관계를 소중히 지켜가도록 응원해주어야 한다. 아직 친구가 없어도 걱정할 필요는 없다. 기다리면 된다. 반드시 그 사람이 나타난다. 이 세상 어딘가에 내 정신의 반쪽, 내 분신이 존재한다. 언젠가 그 사람을 만나게 될 것이다. 그때까지만 버티면 된다.

길가메시의 경우 엔키두라는 존재가 창조되며 그의 삶이 바뀐다. 함께할 친구를 만났을 때 길가메시에게 인간다움이 나타난다. 그의 눈이 뜨이고 귀가 열리는 것은 함께 말할 사람이 생겼기 때문이다. 그들은 서로를 알아본다. 한 번의 겨룸 끝에 서로가 서로의 분신이라는 사실을 깨닫는다. 이 세상에 나온 첫 번째 신화가 말이 통하는 사람을 만나는 경험으로 시작된다. 한번 떠올려보라. 나를 괴롭히는 사람이나 다시 만나고 싶지 않은 사람, 10분만 말해도 지겨워지는 사람들이 있다.

반면 가끔씩 우리는 말이 통하는 사람을 만난다. 『길가메시』 서사시는 그 축복과 같은 순간에 대해 이야기한다. 세상에 이야기가 시작되던 그 시간, 인간에게 가장 중요했던 것은 '친구'였다. 그것은 인간이 인간다워질 수 있는 요소다. 언젠가는 이별해야 하기에 고통이 예정된 관계지만, 기억과 애도는 그가 없는 세상에서도 우리가 그를 품을 수 있도록 도와준다. 이 세상의 첫 이야기가 친구들의 만남과 성장에 대한 서사라는 점이 놀랍지는 않다. 그게 없으면 삶이 지속되지 않기 때문이다. 나와 내 친구는 함께 사람의 이야기를 만든다. 친구는 내가 온전한 나 자신으로 생각하고 말하고 행동하며 결정할 수 있도록 돕는 나 자신의 분신이다. 친구는 인간이 가진 가장 강력한 보호막이자 무기다.

친구라는 귀한 선물

엔키두는 폭주하는 길가메시를 진정한 인간으로 성장시키기 위해 신들이 만든 인물로, 길가메시의 짝 또는 분신으로 지칭된다. 신들의 계획은 길가메시에게 친구를 선물하여 그의 내면을 다듬는 것이었다. 길가메시가 안하무인으로 행동할 때 그의 앞을 엔키두가 막아선다. 이상하게도 이 신화에서 엔키두는 이미 성장한 인간, 이미 성숙한 멘토처럼 그려진다. 길가메시보다 현명하며 마치 모든 답을 이미 알고 있는 듯 보이기도 한다. 그래서 이 신화는 길가메시와 엔키두가 함께 성장하는 이야기라기보다는 엔키두에 의해 길가메시의 삶이 변화되는 이야기로 느껴진다.

엔키두는 길가메시를 만나기 전에 이미 전능성을 상실하는 경험을 한 상태였다. 그는 동물과 함께 생활하며 인간이 대적할 수 없는 힘을 가진 맹수로 자란다. 그는 문명을 몰랐고, 야만 상태가 그에게 엄청난 힘을 선물했다. 그러나 그가 문화를 배우고 인간적인 나약함을 습득하자 동물들은 그에게서 멀어져 간다. 인간다움의 대가는 전능성의 상실이었다. 동물과 같은 힘은 사라졌으나,

약한 인간이 된 그가 오히려 더 성숙하다. 그리고 마침내 엔키두는 길가메시를 만나게 된다. 즉 그들이 만났을 때 길가메시는 아무것도 모르는 어린아이에 불과했던 반면, 엔키두는 인간이라는 것이 무엇인지 고민할 수 있는 어른이었다.

어른과의 만남은 인간을 변화시킨다. 한 번도 생각하지 않은 것을 생각할 수 있게 되고, 한 번도 염려하지 않은 것이 걱정되기 시작한다. 엔키두는 그의 '삶'으로 길가메시를 변화시켰으며, 그의 '죽음'으로 길가메시에게 지혜를 선물했다. 엔키두의 죽음에 의해 길가메시는 처음으로 절망, 불안, 외로움 속에서 끝없는 고통을 느꼈고 고통을 겪는 여정에서 지혜로워진다.

그런데 왜 엔키두가 아니라 길가메시가 주인공일까? 왜 엔키두는 이야기의 중반에 죽고 마는 것일까? 영화 〈엑소시스트(The Exorcist)〉(1973)를 보면, 악령에 사로잡힌 아이를 구하기 위해 두 신부가 엑소시즘을 행한다. 한 명은 예전에 이미 악령을 퇴치한 경험이 있는 노련한 노신부고 다른 한 명은 신앙에 회의를 품고 있는 가난한 그리스 이민자다. 당연히 우리는 성숙하고 노련한 노신부를 믿는다. 그러나 이 영화에서 악령을 퇴치하고 소녀를 구하는 주인공은 신앙심도 깊지 않고 자신의 어머니도 잘 돌보지 못하는 젊은 신부다. 노신부는 질문하지 않으나, 젊은 신부는 고통과 회의와 죄책감에 몸부림치며 끊임없이 질문을 이어간다.

『길가메시』에서도 마찬가지다. 엔키두는 성숙한 인간으로 등장하지만, 질문하지 않는다. 반면 길가메시는 목표를 이룰 수 있는 그 순간 망설인다. 그리고 이것이 자신이 원하는 것인지, 과연 그렇게 하는 것이 옳은지 질문한다. 훔바바를 보며 측은한 마음을 느끼고 과연 그를 죽여야만 하는지 질문하는 것이다. 이때 엔키두는 자신이 생각하는 정답을 말한다. 그는 야만에서 태어나 문명을 배운 사람이지만, 숲의 수호자인 훔바바를 만났을 때 자신의 예전 기억을 떠올리지 못한다. 도리어 길가메시에게 그것을 박멸하고 문명을 선택하라고 권한다. 엔키두의 재촉에 따라 길가메시는 결국 훔바바를 죽인다.

인간은 결코 다른 사람과 똑같은 삶을 살 수 없다. 서로 다른 실수, 서로 다른 삶의 한계들, 그리고 서로 다른 약점들에 의해 결국 자신만의 방식으로 삶 속에서 대가를 치르게 된다. 아무리 친한 친구라도 대가를 대신 치러주거나 인생을 대신 살아줄 수는 없다. 그러나 친구와 함께 있다면, 그 실수와 한계와 약점들을 인식할 가능성이 생긴다. 엔키두는 실패했으나, 길가메시는 이 과제를 성공적으로 풀어낸다. 성숙의 조건은 내 마음을 열고 세상에 귀를 기울이는 것이다. 내 마음속 질문들과 내 친구의 질문들을 합치면 우리는 더 멀리 보고 더 깊게 생각할 수 있게 된다. 그렇게 우리는 지혜를 선물받고 서로의 한계를 극복할 수 있다. 정신분석은 지혜가 솟아오르는 마음의 우물을 '공백'이라고 부른다.

공허함이라는 인간 성장의 출발점

우리는 가끔씩 더 강했으면, 더 완벽했으면, 더 완전했으면 하고 바란다. 내가 부족해서 삶의 문제들이 생기는 것이라고 확신하기도 한다. 그런데 정신분석의 조언은 다르다. 프로이트는 완전함에 대한 착각을 '전능감'이라고 불렀다. 자기가 이 세상 모든 것을 다마음대로 할 수 있다는 착각인데, 그런 착각을 내려놓게 되는 과정이 바로 '성숙'이다. 이것은 예전에 꿈꾸었던 것을 포기하게 된다는 부정적인 의미가 아니다. 오히려 예전 상태로는 꿈을 꿀 수도, 이룰 수도 없다. 성숙한 어른이 되었을 때 비로소 우리는 꿈꿀수 있으며 꿈을 이루어낼 수 있다. 그게 바로 삶의 신비다. 불완전함이 완전함보다 완전하며, 불완벽함이 완벽함보다 더 완벽한 상태다.

여전히 전능감을 가지고 사는 사람들이 있다. 내가 하면 뭐든된다는 생각을 할 수 있는 운 좋은 삶이었을 수도 있다. 오랜 시간 동안 원하는 것들을 대부분 가질 수 있는 삶을 살았을지도 모른다. 그런데 삶은 그렇게 만만한 것이 아니지 않나? 생의 모든 부분을 운이 따랐던 몇 개의 사건처럼 내 마음대로 조종할 수는 없다. 생각이 다른 사람을 만나 일을 함께 하고, 그를 이해하려고 노력하며, 그 과정에서 새로운 것들을 배워 나가야 하는데, 전능감이란 모든 것이 이미 충족된 상태를 뜻하므로 전능한 자들은 배우는 일에 미숙하다. 그래서 그들은 변화하지 않는다. 그런 사람과는 한계를 넘어 창조하고 함께 이루어가는 협업을 하기가 매우 어렵다. 일을 하는 과정에서 쌍방향 소통이 불가능한 지점이 쉽게드러나기도 한다. 내가 늘 옳다는 생각이 무너질 때 우리는 약해지며, 강인함을 상실하는 순간, 진정으로 새로운 무엇인가를 배울 준비가 된다.

불멸을 꿈꾸던 길가메시는 결국 소원이 좌절되었을 때, 필멸이라는 숙명 속에서 자신의 삶 중심에 서게 된다. 한 치 앞을 알 수 없는 우리의 삶은 너무나 두렵지만, 삶의 한계를 받아들이는 순간 우리는 옆의 사람들과 손을 잡을 수 있게 된다. 진정한 불멸이란, 니체의 말처럼 100년 뒤에 태어날 아이에게 좋은 선물로 줄 수 있는 세상을 만드는 것이다. 미래를 만드는 일, 그 속에는 개인의 죽음을 극복하고 나 자신이 미래의 한 부분이 되는 불멸의 신비가 존재한다.

길가메시는 엔키두를 보낸 후 지독한 외로움을 느낀다. 혼자 남은 세상은 아무 의미가 없었다. 그는 공허함을 극복할 수 있는 답이 명성이나 영생이라고 생각했지만, 공허함 자체가 문제의 답이었다. 그것이 채워지면 완전할 것이라 생각하지만, 공허함이 채워진 완벽함은 전능감이라는 미숙한 상태에 지나지 않는다. 미숙한 어른들은 그 공허함을 채우기 위해 패거리를 만들기도 하고 공동의 먹이를 선택하여 폭력적인 방식으로 전능감을 확인하곤 한다. 그러나 애써 공허함을 덮어버리는 행위 속에서는 불안이 더욱 증폭된다. 공허함은 우리가 확신하는 것이 그렇지 않을 수 있다는 생각이자 질문 그 자체인데, 엔키두는 훔바바와의 대면에서 더 이상 질문하고 있지 않다.

성숙이란 끊임없이 질문하는 것이다. 그리고 대화와 소통 속에서 상대방의 마음을 느끼는 것이다. 진정으로 한 사람을 이해한다는 것은 삶에 대해 질문할 수 있는 사람에게만 주어지는 능력이다. 엔키두가 홈바바의 하소연에 마음을 열고 그와 친구가 되었다면, 그 역시 길가메시처럼 지혜를 얻을 수 있었을 것이다. 내 앞에 있는 사람을 얕잡아보거나 그가 인간 이하의 존재로 추락하도록 대우하거나 그러한 폭력을 무심히 방관하는 사람은 엔키두와 같은 비극을 피할 수 없게 된다. 여기에는 타인과 미래를 위한 기도가 존재하지 않는다. 이렇게 길가메시와 엔키두의 이야기는 우리에게 어떻게 필멸의 존재가 불멸할 수 있는지, 인간의 공허함이 얼마나 큰 선물인지, 어떻게 약한 자가 강한 자보다 더 강할 수 있는지, 그리고 성숙한 삶이란 무엇인지에 대한 이야기를 들려준다.

그리스 신화 이야기

내면의 신을 만나는 시간[1]

밤의 무의식이 낮의 행동을 낳는다

모든 것의 시작 카오스

빛과 어둠, 이 둘은 이 세계의
영원한 두 길이라고 믿어지고 있다.
하나에 의하여서는 사람이 돌아오지 않게 되고
다른 하나에 의하여서는 다시 돌아온다.[2]

생산하는 어둠

그리스 신화가 감동적으로 느껴지는 순간이 있을까? 늘 듣던 이
야기, 텔레비전 광고에서 자주 만나는 익숙한 신들은 그리 새롭지
않다. 그런데 만약 이 신화들이 모두 나를 위로하고 내게 힘을 주
는 내 안의 신성이라면 이야기는 달라진다. 신화가 내 마음의 이
야기를 들려주는 내면의 서사라면 어떨까?

그리스 신화의 시작은 카오스다. 세상의 시작에는 빛도 낮도 없
었다. 그보다 먼저 나타나는 것은 암흑과 어둠이다. 길가메시 이
야기에서 그가 싸우는 어둠이 빛을 차단하는 내면의 어둠이라면
그리스 신화에서 암흑이란 모든 것이 시작되는 생성의 차원을 의
미한다. 그것은 공백의 색깔이라 할 수 있다.

우리는 어둠을 두 가지 방식으로 대면한다. 긍정적인 대면은 침

묵과 고요 속에 내면의 심연을 만나는 것이다. 이 경우 우리는 그곳에서 나 자신을 발견한다. 늘 자신 없던 사람, 늘 주눅이 들어 있던 사람이 어느 날 갑자기 힘 있는 시선으로 우리를 바라본다면, 그건 그가 가장 깊은 곳으로 침잠하여 자기 자신과 소통했다는 증거다. 그가 우리의 눈을 지그시 바라보며 자신의 이야기를 하고 있다면, 우리는 그가 이제 괜찮다는 걸 알 수 있다.

반면 부정적인 대면은 어둠 속에서 자기 자신을 잃는 것이다. 주위에 사람은 보이지 않고, 방향도 없어진다. 갈 길을 잃은 채 그 끝없는 심연에 굴복해버리면 나 자신의 모습 역시 사라진다. 이 어둠은 우리가 싸워야 하는 암흑이다. 싸워 이겨내야만 하는 어둠이며 빛에 대한 믿음으로 극복해야만 하는 요소다.

긍정적인 어둠이란 모든 것이 시작되는 창조와 생성의 지점이다. 우리는 어떤 자극도 없고, 누구도 나를 방해하지 않는 고요한 상태에서만 우리 자신을 오롯이 만날 수 있다. 문자와 톡이 동시에 울려대며 오고, 배에서는 연신 꼬르륵 소리가 나고, 갈라진 발톱에 양말이 끼여 소름 끼치는 통증을 느끼는 상황을 떠올려보자. 반면 외적, 내적 자극이 완전히 사라진 고요한 상태를 생각해보자. 얼마나 편안한가.

그러나 우리는 대부분 어둠 속으로 침잠하기를 두려워한다. 핸드폰을 쉴 새 없이 확인하는 것은, 누군가 나를 찾아줄 때 마음의 불안이 조금 경감되기 때문일 수도 있다. 그러나 정말 그 문자와 톡과 전화들로 인해 마음이 편해졌었나? 그 반대이지는 않았나? 생성하는 어둠을 경험하는 데에는 용기가 따른다. 내가 분주히 움직이지 않는 동안, 나 없이 세상이 돌아가게 될 것 같기 때문이다. 그러나 어둠의 시간을 경험하는 사람은 전혀 다른 차원에서 삶의 게임을 다시 시작할 수 있게 된다. 그 고요를 경험한 사람은 이렇게 질문할 수 있다. '내가 왜 그렇게 불안해했지?' '왜 그 사람이 나를 그렇게 대하도록 내버려뒀을까?' '나는 왜 싫다고 하지 않았지?' '나는 왜 참고 살았지?' '나는 왜 그 일을 그렇게 했었나?'

긍정적 어둠은 삶을 리셋할 수 있게 도와주는 기반이다. 관계가 재설정되면 현재가 바뀌고, 현재의 지도가 바뀌면 미래가 바뀐다. 남들이 정해주었던 한계와 눈치 보며 맞추어 오던 기준들이 더 이상 나를 구속할 수 없게 된다. 내가 주인이라는 걸 깨닫고 내 생각을 말할 수 있게 된다. 내면이 긍정적 어둠에 의해 보호될 때 우리의 삶은 더욱 든든해진다. 그리스 신화는 삶의 이야기를 카오스에서부터 시작한다.

세상은 카오스에서 비롯되었다

헤시오도스는 기원전 8세기경 고대 그리스에서 활동한 시인으로 『신들의 계보』를 통해 그리스 신화의 구조를 보여준다. 이 지도에 따르면 모든 것의 시작은 카오스였다. 세상 자체가 카오스에서 비롯된다. 이 세상에 제일 먼저 생긴 것이 카오스이며, 그 이후에 비로소 지평이 만들어진다. 이승의 지평은 가이아, 저승의 지평은 타르타로스다. 그렇게 세상에 넓은 대지와 깊은 구렁이 만들어진다. 이와 함께 이성의 힘을 꺾는 에로스가 태어난다. 에로스는 잇고 합하고 연결시키는 힘이다. 이제 세상에 관계들이 형성되기 시작한다. 카오스는 에로스에 힘입어 에레보스(암흑)라는 아들과 닉스(밤)라는 딸을 낳는다. 그리고 에레보스와 닉스가 결합하여 아이테르(공기)라는 아들과 히메라(낮)라는 딸을 낳는다. 1세기 로마 시인인 오비디우스(Ovidius, BC 43-AD 17)는 『변신 이야기(*Metamorphoseon libri*)』에서 카오스를 재해석한다. 그는 카오스라는 것이 모든 것을 담고 있으나 어떤 것도 구분되지 않는 상태라고 말했다. 즉 모든 요소들이 그 안에 존재하지만, 어떤 것도 아직 온전한 그 자체가 되지 않은 상태라는 말이다.

그런데 왜 카오스의 공간 속에 제일 먼저 태어나는 것이 어둠과 밤일까? 어둠과 밤이 사랑으로 하나가 되어, 빛을 담아낼 수 있는 공기와 낮을 낳는다는 건 무슨 뜻일까? 왜 세상의 처음이 빛으로 시작하지 않나? 휘황찬란한 빛이 존재하고, 그 빛의 힘으로 어둠과 싸우는 이야기가 더 익숙하지 않나? 어떻게 어둠이나 밤으로부터 빛의 세상과 낮이 태어난단 말인가? 뭔가 순서가 바뀐 듯 보인다. 혼돈, 암흑, 빛의 순서로 세상이 만들어졌다는 말을 어떻게 이해해야 할까?

그리스 신화에서 어둠과 밤은 공포와 두려움의 대상이 아닌 창조와 생성의 근원이다. 여기서 암흑은 아무것도 보이지 않기에 막막하고 답답한 상태가 아니라 빛과 낮이 탄생할 수 있는 씨앗이다. 암흑은 빛이 발아하는 모태다. 물론 어둠과 빛의 모태는 카오스다. 어둠이 품은 씨앗이 밤의 시간을 거쳐 태어나면 세상에 빛이 창조된다.

어떤 사유도 하지 않은 채 하루를 보내면 그날의 경험은 혼돈 속에 사라진다. 우리는 분명히 경험들을 했고, 사물들을 보았고, 사람들을 만났지만, 이것들은 어떤 의미도 지니지 않으며 어떤 형태도 가지지 않는다. 우리가 밤의 시간 동안 사유라는 어둠 속에 침잠하여 그 혼돈에 의미와 형태를 줄 때, 비로소 우리의 경험 하나하나가 밝은 빛 속에 드러날 수 있게 된다. 낮의 시간이 시작되는 것이다. 어둠 없이 빛으로 나아가는 것은 가능하지 않다. 밤의 시간을 거치지 않고 낮을 맞이하는 것은 불가능하다.

카오스는 이 모든 가능성들이 숨 쉬는 정보의 바다라고 할 수 있다. 어떤 특성도, 형태도 없이 혼돈 그 자체로 흐트러진 카오스가 정신의 공간 속에서 암흑과 밤을 만들어내는 과정은 오직 인간의 의지에 의해서만 가능하다. 우리가 바라지 않으면 창조하는 밤의 시간은 도래하지 않는다. 혼돈 속에서 암흑의 결을 빚어내는 것은 우리의 의지와 결단이다. 우리가 그것을 바라고 결정할 때, 그 순간 빛이 잉태된다. 어둠 속의 여정은 언제나 우리를 빛으로 인도할 수밖에 없다. 밤의 시간이 정해져 있기 때문이다.

그런데 왜 헤시오도스는 암흑과 밤이 결합하여 빛과 낮이 아닌 공기(대기)와 낮을 낳았다고 말한 것일까? 그것은 가이아(대지)나 타르타로스(구렁)와 비교하여 가장 높은 곳, 즉 가장 빛나는 곳을 의미하기 위함일 것이다. 공기는 정신의 고양을 뜻하는 말이라 할 수 있다.

무의식과 카오스

이것은 인간의 정신세계를 잘 설명해주는 도식이다. 우리는 우리가 매 순간 어떻게 결정하고 행동하는지 스스로 잘 안다고 믿지만, 사실 자주 '어, 내가 왜 그런 말을 했지? 왜 그렇게 결정했지? 왜 그렇게 불안했지?'라는 질문들을 한다. 정신분석에서는 의식을 낮에 비유하고, 무의식을 밤에 비유하여 설명한다. 의식은 환한 낮처럼 드러나 있는 것이고 무의식은 어두운 밤처럼 그 전모가 드러나지 않는 영역이라는 점을 강조하기 위해서다. 의식은 내가 잘 안다고 생각하는 영역이고 무의식은 내가 모르는 나에 대한 이야기가 가득한 공간이다. 신화 속 카오스와 같이 무의식은 산만한 정보들로 가득한 혼돈이다. 어떤 것도 아직 일관성 있는 서사로 꿰어지지 않았기에, 두서없는 조각들이 무질서하게 무의식이라는 우주 속을 떠다닌다고 생각하면 된다. 그런 혼란스러운 공간이 가끔씩 일시적으로 어떤 형태를 띠는 경우가 있다. 떠다니던 조각들이 서로 이어져서 의미가 만들어지는 것이다. 우리는 이 의미를 이면의 의미, 숨겨진 의도, 실제로 생각한 것, 또는 마음의 소리라고 부른다.

신화는 인간 정신의 어둠 속 의미를 밤으로 묘사한다. 무의식의 공간 속에서 밤에 생각한 이야기들은 반드시 어떤 방식으로든 그 의미를 빛 속에 드러내고야 만다. 밤이 낮을 낳는다는 신화의 이야기는 밤의 생각에서 낮의 생각이 태어난다는 것을 뜻한다.

어둠과 밤의 생각이 공기와 낮의 생각으로 이어지는 두 가지 상황을 생각해볼 수 있다. 하나는 부정적인 경우이며, 다른 하나는 긍정적인 사례다. 우선 부정적인 연동은 그러한 관계 자체를 이해하지 못한 채 어둠과 밤이 낳은 아이를 급작스럽게 대면하는 상황이다. 동료가 너무나 밉고 싫은데, 왜 그런지, 왜 그렇게 과격한 반응을 하게 되는지 생각조차 하지 않는 경우가 있다. 무의식 속에서 어떤 의미가 만들어졌고, 밤의 이야기가 자신도 모르는 상태에서 낮의 행동과 생각을 낳은 것인데, 그는 질문조차 하지 않은 채 그저 자신의 감정에 휩쓸려버린다. '재수 없다'는 말은 밤의 이야기를 분석하지 않았다는 뜻이다. 결과만으로 한 사람을 평가하니, 그의 삶은 미숙하고 유치한 상태에 머물 수밖에 없다.

어둠 속에 심은 씨앗이 밤 시간 동안 배양되어 밝은 빛 속에서 움터나는 긍정적인 사례는 인간의 방향성과 관련된 것이다. 남 잘되라는 마음이 없는 사람을 대하는 것은 여간 어려운 일이 아니다. 그런 이는 극도의 이기심 때문에 세상의 방향성에는 관심이 없다. 반면 늘 '잘되라는 마음'으로 사는 사람들도 있다. 그런 마음이 무의식 속 어둠의 결을 이루고 있으면, 모든 서사가 이 결 속에서 이어지고 합쳐진다. 당연히 빛 속으로 태어나는 생각과 말과 행동 역시 그 연장선상에 존재할 수밖에 없다.

분석심리학에서는 꿈에 밤의 장면이 나오면 그것을 무의식적 차원으로 간주한다. 분석심리학은 밤이 낮 없이 존재할 수 없으며, 빛이 어둠 없이 존재할 수 없다는 것을 강조하며 이 대극(對極)들이 모두 중요하다고 설명하지만, 역시 언제나 더욱 근본적인 것은 무의식의 차원이다. 밤과 어둠이 빛과 낮보다 더 깊은 정신의 층위에 배치되는 이유다. 인간은 밤으로의 여정이 없이는 결코 낮의 이야기를 이해할 수도, 계획할 수도 없다. 내 안에서 나를 움직이는 것, 그것이 바로 무의식이다. 카오스는 어떤 의지도 계획도 방향성도 없는 무의식의 혼돈을 가리키며, 그러한 혼돈에 방향성이 생겼을 때 우리는 그것을 어둠 또는 밤이라 부른다.

꿈도 현실이 있을 때 꿀 수 있다

우리가 딛고 선 대지 가이아

> 사람의 마음이 날뛰는 감각을 따라가면
> 그것이 그 사람의 지혜를 휩쓸어가기를
> 마치 바람이 물 위의 배를 휩쓸듯 한다.[3]

바로 여기, 내가 서 있는 곳

땅이 먼저일까 아니면 하늘이 먼저일까? 가끔은 땅보다 하늘이 더 중요한 것처럼 생각될 때도 있다. 하늘은 대단한 것이고, 땅은 별것 아닌 듯 여겨지기도 한다. 그런데 우리가 두 발을 붙이고 있는 곳은 하늘이 아니라 이 대지가 아니던가. 땅의 다른 이름은 현실과 몸이다. 현실은 안중에 없이 저 구름 위 허상만을 좇는 경우도 있고, 몸은 안중에 없이 한계를 넘어 무리하는 사람들도 많다. 모두 땅을 무시하는 행위들이다. 그리스 신화는 하늘보다 땅을 더 중요하게 생각한다. 신들의 세상이 훨씬 중요할 것 같지만, 세상의 시작을 보면, 땅(가이아)이 먼저 나타나고 대지(가이아)로부터 하늘(우라노스)이 태어난다.

　흔히 높은 것은 좋은 것으로, 낮은 것은 나쁜 것으로 여기곤 한다. 그러나 그리스 신화에서 더 지혜롭고 더 풍요롭고 더 중요한 것은 낮은 곳에 있는 대지다. 또 우리는 상승을 좋은 것으로, 하강을 나쁜 것으로 생각하지만 하늘은 지향점이 아니며 땅은 인간이 추락하는 장소가 아니다. 그보다 대지는 가장 높은 것이 창조되는 성소다. 하늘은 신들이 사는 곳이기에 숭고하며 인간들이 사는 땅은 척박하다고 생각하지만, 풍요로운 대지는 산(우레아)을 낳았고, 그 산에는 요정들이 가득하다. 게다가 대지는 어떤 도움도 없이 스스로 바다(폰토스)를 생산했다. 이와 같이 땅은 하늘보다 넉넉하고 다채롭다.

내가 있는 곳, 내 주위에 있는 사람은 초라하게 보이고, 저편, 저쪽에 있는 사람들이 더 좋아 보일 때가 있다. 여긴 별것이 없고, 저긴 굉장한 게 있을 것도 같다. 저쪽에 속하고 싶고, 저 사람들과 이야기하고 싶고, 나도 저기 있고 싶을 때가 있다. 정말 저쪽에 가서 저 사람들과 어울리면 더 나은 삶을 살게 될까?

비틀스라는 그룹을 모르는 사람은 거의 없을 것이다. 〈예스터데이(Yesterday)〉나 〈렛 잇 비(Let it be)〉는 그 멜로디도 익숙하다. 한번 인터넷에서 멤버들의 약력을 검색해보자. 존 레넌을 찾으면 제일 처음 나오는 것이 리버풀 태생이라는 정보다. 폴 매카트니를 찾아보자. 역시 리버풀 출신이라고 나온다. 조지 해리슨은 물론 링고 스타도 리버풀에서 태어났다. 멤버 전원이 리버풀 출신이며 매카트니와 해리슨은 같은 고등학교 선후배다. 비틀스는 내가 있는 이곳이 최고고, 내 친구가 최고라는 생각을 할 때만 일어날 수 있는 기적이다. 이 사건을 기적이라고 부르는 이유는 그것이 절대로 기적이 되지 못하게 만드는 생각들이 도처에 난무하기 때문이다. '저 자식이 뭐가 되겠어? 내가 여기서 뭘 할 수 있겠어? 내가 이 부모 밑에서 뭐가 될 수 있겠어? 이 시골에서 평생 썩고 말거야, 내 인생은 그냥 여기까지야, 저런 한심한 것들!' 이런 생각들을 물리치는 것이 어렵기에 우리는 비틀스를 신화 또는 기적이라고 부른다. 내가 두 발 붙이고 있는 이 땅, 내 옆에 서 있는 이 사람이 가장 소중하다는 걸 깨달을 때 비로소 하늘이 태어나고, 신들이 나타나며, 기적 같은 순간들이 삶을 가득 채우게 된다.

내 몸을 학대하는 것 역시 대지의 중요성을 간과하는 것과 다름없다. 안 먹이고 안 재우고 안 보살피면서 기를 쓰고 하늘로 솟으려 하는 이들은 언젠가 대지의 복수를 돌려받게 된다. 몸은 절대로 거짓말을 하지 않기 때문이다. 땅과 몸과 현재와 현실이 하늘과 이상과 미래와 허상보다 중요하다는 건 사실 그리 어려운 말이 아니다. 그러나 그걸 실천하는 것은 또 다른 문제다. 그리스 신화는 대지의 풍요로움과 지혜를 보여줌으로써 대지의 중요성을 우리에게 알려준다.

높은 자의 착각

가이아(대지)는 누구의 도움도 받지 않고 어떤 결합도 없이 혼자서 우라노스(하늘)와 우레아(산)와 폰토스(바다)를 낳았다. 그 후 대지는 하늘과 결합하여 열두 티탄 신족을 낳았는데, 막내 신의 이름이 크로노스였다. 세 명의 키클롭스는 대지와 하늘에게서 태어난 또 다른 일군의 장인들이다. 그들은 기술이 뛰어나 제우스에게 천둥과 번개를 선물했다. 100개의 팔과 50개의 머리를 가진 세 명의 헤카톤케이레스 역시 대지와 하늘이 낳은 아들들이었다. 그들은 무한한 힘을 가지고 있었다.

문제는 자식들이 하나같이 너무나 강했다는 것이다. 겁이 난 우라노스는 그들을 모두 대지의 어둠 속에 가두어 빛의 영역으로 나오지 못하게 했다. 가이아는 자식들 앞에 잘 벼른 낫 하나를 내밀며 아버지에게 도전하여 변화를 꾀할 지원자를 모집한다. 이때 크로노스가 낫을 집어 든다. 어느 날 우라노스가 가이아를 찾아왔을 때 크로노스는 아버지의 남근을 잘라 바다에 버린다. 가이아는 남편의 남근에서 흐른 피를 받아 숙성시켰는데, 여기서 복수의 여신들, 무적의 전사들인 기가스, 그리고 요정들이 태어난다. 바다에 떨어진 남근 주위에서 끓어 나온 거품(aphros)에서는 아프로디테가 태어난다. 우라노스는 자신에게 저항한 자식들을 비난하며 언젠가 벌을 받게 되리라고 저주한다.

높은 곳에 있는 자는 자신이 낮은 곳에 있는 자에 의해 창조되었다는 것을 잊는다. 하늘은 자신이 대지의 자식이라는 것을 잊고 헛된 전능감에 휩싸였다. 그가 가진 힘과 권력과 가능성이 모두 대지의 선물임을 잊은 채 대지와의 결합에서 낳은 강한 자식들을 억지로 땅속에 가두었다. 감옥과 같은 위계가 구축되는 곳에서는 언제나 투쟁의 씨앗도 함께 발아한다.

높은 것과 낮은 것이 한데 어울려 힘과 기술을 지닌 자식들이 태어난 것인데, 하늘은 이를 축복으로 여기기는커녕 자기를 능가할 수 있는 자식의 재능을 두려워한다. 하늘과 달리 대지는 더 먼 곳으로 나아가고 더 높은 곳으로 도약하도록 자식들을 돕는다. 결국 자식들은 아버지로부터 해방되고 하늘은 거세된다. 물에 떨어진 남근은 권력욕과 두려움에서 분리되어 사랑의 신을 창조한다.

하늘의 문제는 남근을 권력화하고 이를 독점하려 했다는 것이다. 남근은 어느 누구의 것도 아니다. 그것은 하늘의 소유물이 아니며, 하늘의 권력을 보장하는 무기도 아니다. 그것은 각자의 능력을 넘어 더 큰 세상을 창조할 수 있는 매개이자 대지와 하늘이 서로에게 선사한 선물이었다.

제어되지 않는 힘은 무섭다. 그러나 만약 무한한 힘과 능력이 사랑과 창조 속에서 사용된다면, 그것은 개인을 개인 이상으로 고양시키는 에너지로 승화한다. 땅과 하늘이 함께 만든 기적이 두렵게 느껴지는 순간 하늘은 모든 힘을 잃고 추락한다. 높은 곳에 있는 자들의 착각에서 비롯된 결말이다.

대지는 현실을 뜻한다. 물론 우리는 대지의 지평을 넘어 보이지 않는 곳을 꿈꾸어야만 한다. 그것은 내가 존재하는 이 땅의 지평을 넓히고 더 먼 곳에 있는 사람들과 손을 잡기 위해 필수적인 과정이다. 그러나 먼 곳을 바라보던 우리가 자칫 두 발을 떼 하늘로 부양해버리면, 즉 우리가 대지를 떠나는 순간 우리는 꿈 자체를 잃게 된다. 그것이 우라노스의 실수였다.

현실 속 쾌락원칙

대지에게 하늘과 산과 바다를 낳을 수 있는 무한한 능력이 있다면, 왜 대지를 채우기 위해 하늘의 도움이 필요했던 것일까? 대지가 자신의 능력을 십분 발휘하기 위해서는 대극이 필요했기 때문이다. 현실 속에 갇혀 있는 사람은 현실 너머의 것을 상상할 수 없다. 현실이 한정하는 선 이상의 힘을 발휘하기 위해서는 현실 너머를 꿈꾸어야만 하지 않나?

틀 밖을 상상할 수 없는 사람에게는 세상이 답답하게 느껴질 것이다. 1 더하기 1은 언제나 2여야 하고, 조건이 충족되어야만 어떤 일을 할 수 있다는 생각은 우리의 행동반경을 좁히는 장애물이다. 현실은 내 꿈을 두 팔 벌려 품어주기보다는 그것이 가능하지 않은 백만 가지 이유들을 제시한다. 그럼에도 우리가 꿈꿀 수 있는 것은 현실에 갇히지 않도록 우리를 돕는 한 가지 정신 기능이 있기 때문이다. 바로 쾌락원칙이다.

융은 대극이 함께 있을 때 인간의 정신이 더 풍요로워진다고 생각했다. 가장 온전하고 균형 잡히고 조화로운 상태가 되기 위해서는 낮은 것과 높은 것이 어울려야 하는 것이다. 내향형은 외향형과 손을 잡고, 감각형은 직관형과 함께 시간을 보내고, 사고형과 감정형이 서로에게서 삶을 배울 때 진정 성숙한 경지가 가능해진다.

내가 세상의 중심이며 나 혼자 무엇이든 할 수 있다는 전능감은 대극의 균형을 무너뜨린다. 내 판단이 언제나 옳고, 내가 제일 강해야 한다는 생각을 하는 사람은 그러한 판단에 이의가 제기되거나 자신보다 강해 보이는 사람이 나타났을 때 두려움을 느낀다. 대극의 구도를 인정하는 경우, 우리는 우리보다 강한 사람의 존재를 기뻐하게 된다. 내 삶이 그만큼 더 강해질 수 있기 때문이다.

우라노스의 독단은 전능감에 빠진 상태를 나타내는 좋은 상징이다. 자신의 약점을 가리고 장점만을 부각하는 방식으로 삶을 살아가다 보면 반드시 어느 순간 소통이 단절된다. 말하고 듣는 일은 가장 자연스러운 인간사의 일상인데도 불구하고, 자신을 하늘로 간주하는 인간들은 더 이상 듣지 않는다. 땅의 그림자 속에 말하는 이들을 몰아넣고 자신의 전능성을 보호하려 하지만, 물론 그러한 시도는 언제나 파국적 결말을 맺게 된다. 모든 자연스럽지 못한 힘들은 그 자체에 파괴적 요소를 가지고 있다. 그것은 남을 해치는 폭력일 뿐만 아니라 부메랑이 되어 자기 자신에게 돌아오는 자충수다.

프로이트는 현실원칙과 쾌락원칙을 대극으로 설정했다. 이 중 하나만을 선택하는 것은 불가능하다. 인간은 필연적으로 쾌락원칙을 따르지만, 그것이 발현되는 장은 언제나 현실원칙에 근거한 세상이다. 프로이트는 다음과 같이 현실원칙에만 종속된 사람의 문제를 설명한다. 예를 들어 아이를 키울 때 아이에게 착한 아이 매뉴얼을 읽어주고 한 자, 한 자 아이가 틀림없이 그 내용을 숙지하게 한 다음 그대로 행동하게 시키는 것은 결코 진정으로 아이를 위한 일이 아니라는 것이다. 그는 착한 아이라면 그렇게 해야만 한다고들 말하는 행동들을 아이에게 강제하는 어른들을 비판하며, 그것이 추운 지역으로 여행을 떠나는 사람에게 여름옷을 선물하는 것과 같은 잘못이라고 설명한다.

현실원칙이란 세상을 만드는 기본 틀을 의미한다. 그 틀은 완성된 것이 아니다. 그것은 우리가 꿈꿀 공간을 선물하는 기반이다. 그 속에서 우리의 이야기를 펼쳐가기 위해 필수적인 것은 쾌락원칙이다. 꿈을 꿀 때 비로소 우리는 내가 좋아하는 것, 내가 잘하는 것, 그리고 내게 가장 자연스러운 것을 할 수 있는 동력을 얻게 된다. 그러나 쾌락원칙만을 선택하여 꿈꿀 공간 자체를 무너뜨리면 우리의 꿈도 함께 무너진다. 땅이 하늘을 낳았듯, 쾌락원칙은 인간이 세상이라는 현실원칙 속에서 태어났을 때 가능해진다. 땅과 하늘이 결합하여 가장 강한 신들을 창조했듯이, 현실원칙과 쾌락원칙의 어울림 속에서 인간은 각자의 꿈을 세상에 펼쳐낼 수 있다.

공감과 배려의 에너지

넘쳐흐르는 사랑, 에로스

사람이 만일 나를 모든 곳에서 보고
모든 것을 내 안에서 본다면
내가 그에게서 잃어짐도 없고
그가 내게서 잃어짐도 없을 것이니라.[4]

세상과 교감하는 법

가끔씩 증오에 가득 찬 분노의 시선을 느낄 때가 있다. 반대로 죽이고 싶을 정도로 미운 사람이 생기기도 한다. 이상하게도 그런 일이 있을 땐 근육이 경직되고 마음도 딱딱하게 얼어붙는다. 온기가 전혀 남지 않은 시선은 정말 무섭다. 그런 시선은 그 시선이 향하는 대상뿐 아니라 시선의 주인에게도 해가 되는 기운을 가득 담고 있다.

마음고생이 얼마나 심했으면, 스트레스를 얼마나 많이 받았으면 몸이 그렇게 망가졌냐는 이야기를 나누게 될 때가 있다. 스트레스가 건강을 갉아먹는다는 것은 상식이 된 지 오래다. 마음이 항상 증오와 분노로 가득하다면 그 넘치는 기운은 반드시 몸의 각 부분들을 해치게 될 것이다. 이런 경우 으레 가장 약한 지점에서 문제가 시작된다.

몸에 문제가 생겨 병원을 찾으면, 병원은 과학적 검사를 통해 문제의 원인을 찾는다. 의사는 약을 처방하고 우리는 약을 복용한다. 그러다 얼마 후 또 다른 곳이 아프고, 또 다른 원인을 찾게 되면, 또 다른 약을 먹게 된다. 수술로 잘라내야 하는 것들이 생기고, 양성 종양이라는 결과에 기뻐하며, 수술이 깔끔하게 되었다는 말에 마음을 놓기도 한다. 그런데 이 모든 과정에서 우리의 몸이 내내 마음속 분노, 증오와 함께 한다면 어떤 약도, 어떤 수술도 몸 전체로 퍼져가는 병의 진행을 막지는 못할 것이다. 이것이 바로 에로스가 없는 삶이 초래하는 비극이다.

에로스가 없는 삶의 특징은 다음과 같이 나타난다. 언제나 불평을 하고 늘 남의 험담을 한다. 모든 것이 마음에 안 들기 때문이다. 이 삶 속에는 만족감도 편안함도 행복감도 존재하지 않는다. 화나고 원망스러운 상태로 하루하루를 살아가며 증오와 분노로 마음을 가득 채운다.

삶에는 두 가지 방향성이 있다. 더 많은 사람을 만나 더 많은 사람의 손을 잡고 더 많은 일을 하게 되는 방향성이 있다면, 사람을 떼어내고 잡고 있던 손을 놓으며, 이전에는 가능하던 일이 불가능하게 되는 방향성도 있다. 전자와 후자를 나누는 것은 물론 에로스다. 에로스가 존재한다면, 우리는 우리 너머의 존재들을 만날 수 있게 된다. 에로스는 합하고 연대하고 연결하는 기능을 맡은 에너지다.

신화에서 에로스가 모든 것에 앞서 빈 공간 속에서 처음 태어나는 이유는 그것이 삶의 출발점이기 때문이다. 둘의 만남과 하나 됨, 그 결합에서 모든 것이 창조된다. 여기에는 소통, 이해, 배려, 그리고 공감도 포함된다. 증오는 하나가 되지 못하도록 만들고 소통을 단절시키며 이해와 공감을 차단한다. 그것은 우리를 고립으로 내모는 지름길이다.

에로스가 가득한 사람을 만날 때가 있다. 그럴 땐 내 닫힌 생각이 창피해진다. 그는 모든 사람을 언제나 따뜻하게 대한다. 그의 말에는 위로가 실려 있고, 그의 선한 시선은 격려와 응원이 된다. 우리는 이들을 성숙한 사람이라고 부른다. 삶의 무게 때문에 힘겨워질 때 그들은 우리를 견디게 한다. 물리적으로 함께 있지 않아도, 그들의 믿음은 우리의 존재를 지탱한다. 그리고 시간이 지나며 우리 자신이 그들의 선한 눈빛을 닮게 된다.

에로스가 흘러넘치는 세상이 올 수는 없을까? 그보다 더 중요한 질문은, 내 마음을 에로스로 가득 채울 수는 없을까? 물론 가능하다. 가장 먼저 해야 하는 작업은 이 끔찍한 증오와 분노가 어디에서 비롯된 것인가에 대해 명상하는 것이다. 무엇이 나를 이렇게 만들었나? 이와 함께 내 마음이 행복으로 가득했던 순간을 기억해내야 한다. 에로스는 카오스가 생긴 직후 태어난 태초의 에너지다. 그것은 우리의 삶이 시작할 때부터 언제나 내면에 존재했던 힘이다. 기억을 더듬어 그 힘을 되찾아야만 한다. 그래야 앞으로 나아갈 수 있다.

불멸의 정신

이 세상에 제일 먼저 생긴 것이 카오스이며, 그다음에 태어나는 것이 대지와 에로스다. 에로스는 다른 모든 신들에 앞서 태어난 신으로 에로스에 의해 그 이후의 창조와 결합과 생성이 가능해진다. 에로스는 경직된 근육을 풀어 나와 남의 경계를 무너뜨린다. 내 것과 네 것이 있던 세상이 녹아내리며 하나로 뭉쳐지고 그 속에서 서로 다른 것들이 하나가 된다. 이건 이렇고 저건 저렇다고 떠들던 이성이 목소리를 낮추며 마침내 우리는 마음이 이끄는 대로 걸어나갈 수 있게 된다. 에로스는 명확한 것, 확실한 것, 당연한 것들을 부드럽게 감싸 그 견고한 테두리를 허문다.

에로스에 대한 또 다른 이야기도 있다. 에로스는 아프로디테의 아들로 등장하기도 하는데, 이번에는 프시케와 사랑을 나누게 된다. 이 이야기에서 프시케가 믿음을 잃었을 때 에로스는 그녀를 떠난다. 프시케는 일련의 과제들을 수행한 후 에로스와 재회하고, 이때 정신이라는 불멸의 상태로 변화할 수 있게 된다. 보다 잘 알려진 이 서사는 에로스가 최초의 신들 중 하나라는 헤시오도스의 버전과 어떻게 관련되는 걸까?

에로스의 속성을 가장 잘 설명하는 단어는 아름다움이다. 에로스를 품은 인간이라면 으레 주위에 많은 사람들이 모여 있을 것이다. 인간은 누구나 내면에 에로스의 조각을 간직한다. 그 조각들은 외부로 흘러나와 다른 이들의 에로스와 서로 이어지기도 하고, 연대하기도 한다. 초등학교 교실을 생각해보자. 언제나 학기 초의 주 관심사는 누가 내 짝이 되는가였다. 가슴 설렜던 순간은 늘 나와 맞는 사람, 호감이 느껴지는 타인과 눈이 맞는 순간이 아니었던가? 내가 싫은 사람에게 다가가 말을 걸고 함께 밥을 먹고 차를 마시겠는가? 우리가 그 사람에게 다가간다는 건 그 사람이 싫지 않다는 뜻이다. 뭔가 그와 나를 연결하는 에너지가 분명히 존재한다. 그게 바로 에로스의 작은 조각이다. 내면의 에로스를 공유하는 일은 인간과 인간 사이에 일어날 수 있는 엄청난 사건이다. 또, 같이 말하고 같이 밥 먹고 함께 차를 마시고 싶은 사람이 있다는 건 대단한 행운이다. 보고 싶은 사람, 손을 잡고 싶은 사람, 힘들 때 전화하고 싶은 사람, 밥은 먹었는지, 뭘 먹었는지 궁금한 사람이 내 삶에 존재할 때 우리가 얼마나 행복한가? 모두 에로스의 작용이다.

프시케(정신)와 에로스의 사랑 이야기는 우리에게 에로스의 속성에 대한 중요한 사실을 알려준다. 인간 프시케가 에로스를 잃게 된 이유는 그녀가 에로스의 모든 것을 낱낱이 알고자 했기 때문이다. 어둠 속에서의 사랑이 불충분했던 그녀는 밝은 곳에서 자신이 사랑한 이의 정체를 확인하고자 한다. 그 순간 에로스는 그녀를 떠난다. 사랑을 확인할 수 있나? 정확히 묘사할 수 있나? 얼마나 사랑하는지 명확히 측정할 수 있나? 물론 불가능하다. 사랑 이외의 것들에 관심이 생길 때 우리는 사랑을 잃게 된다. 사랑은 이성과 의지와 의도와 나만의 계획이 무너지는 사건이다. 그런 이상한 사건이 일어날 때 우리는 비로소 다른 사람의 손을 잡을 수 있게 된다. 태초에 인간과 인간의 결합이 존재했으며, 신화는 바로

이 신비한 하나 됨을 최초의 신 에로스를 통해 강조하고 있다.

프시케는 다시 에로스를 만나기 위해 아프로디테가 낸 네 개의 과제를 수행한다. 그녀는 섞인 곡식들을 분류하고, 황금양털과 스틱스 강물 한 사발을 구하는 데는 성공하지만 마지막 과제는 완수하지 못한다. 그것은 저승에 내려가 페르세포네로부터 아름다움 한 조각을 받아 가져오는 것이었는데, 그녀는 오는 길에 아름다움이 담긴 상자를 열어봤다가 상자에서 튀어나온 깊은 잠에 빠지게 된다. 그러나 그녀를 사랑했던 에로스의 도움으로 잠에서 깨어나 불멸을 얻고 에로스와 결합한다. 정신(프시케)이 에로스를 만나 불멸의 존재가 되는 것이다.

인간은 언제나 실수를 저지른다. 항상 바보짓을 하고야 만다. 잘못 계획하고, 잘못 말하고, 잘못 행동한다. 아무리 최선을 다해도 그런 실수들을 피해 갈 수는 없다. 인간이 완벽하지 않기 때문이다. 그러나 에로스는 그런 인간에게 불멸을 선물할 수 있는 힘이다. 인간 내면에 있는 불멸의 존재는 바로 정신이다. 에로스를 품고 이 에너지를 끝까지 포기하지 않는 인간이라면 어떤 실수와 역경 속에서도 그 정신을 불멸의 상태로 고양시킬 수 있다.

이기심 대 대양적 감정

프로이트는 자아의 사랑과 에로스적 사랑을 구분한다. 자아의 사랑이란 지극히 이기적인 반면 에로스는 나 이외의 사람과 사물에까지 넘쳐흐르는 사랑을 뜻한다. 그는 이러한 사랑을 대양적 감정이라고 불렀다. 바다 같은 사랑의 감정이 있다면 미움도 분노도, 그리고 전쟁도 존재하지 않을 것이다. 그러나 프로이트는 그러한 상태가 과연 인간에게 가능한 것인지 반문한다.

흥미로운 점은 프로이트가 어머니의 사랑을 이기심에 포함시켰다는 점이다. 모성은 명백히 에로스의 근원이 아닌가? 그는 그렇지 않은 경우가 더 많다고 답한다. 모성 역시 자식을 내 소유물로 여기고 그 대상이 내 일부인 듯 아끼고 사랑하는 경우가 많은데, 이것은 지극한 이기심의 발현이라는 것이다. 자아의 일부가 된 자식은 독립된 타인이 아닌 나 자신으로 간주된다. 그 순간 독립과 자율, 존중은 사라진다. 모든 것을 지시하고 하나부터 열까지 관리하는 부모, 매사를 직접 눈으로 확인하려 하고 한 번의 실수도 용납하지 않는 부모는 아이를 망친다. 아이의 자율이란 완벽에 대한 부모의 집착이 무너질 때 비로소 시작될 수 있는 특성이다. 자아의 폐쇄적 공간이 무너지고 자아 속에 갇혀 있던 에너지가 세상 밖으로 흘러넘칠 때 비로소 진정한 소통과 연대가 가능해진다.

신화에서는 태초에 에로스가 존재한 것으로 묘사되지만, 정신분석은 에로스가 진정으로 발현되기 위해서는 자아라는 관문을 거쳐야만 한다고 설명한다. 자아는 미분화된 에로스가 리비도[5]라는 에너지의 형태로 담겨 있는 그릇이다. 정제되지 않은 힘인 리비도는 충동이라고 불리기도 한다. 다듬어지지 않은 에너지이기에 제한된 방식으로만 표현되는데, 그 하나가 이기심이다.

나만 챙기는 것 역시 엄청난 에너지를 필요로 하는 작업이다. 내 것을 챙기기 위해 얼마나 많은 사람들이 다른 사람들과 다투어 왔던가. 태초부터 인간 내면에 존재해온 에너지가 진정한 에로스로 거듭나기 위해 우리는 일련의 수련 단계를 거쳐야 한다.

프시케는 에로스에게 가까이 가기 위해 네 가지 과제를 수행해야 한다. 미의 여신이 부과한 이 과제들은 진정한 아름다움을 갖추기 위해 자아가 수행해야 하는 일들이다. 섞여 있는 곡식을 분류하고 거친 양의 몸에서 황금양털을 수집하고 스틱스강의 물을 길어 오는 일은 우리 삶에 필수적인 과제들이다.

리비도는 먹고 배설하는 일련의 발달단계를 거치며 방향이 잡히는데, 애초에 이 에너지는 공격성이 다분한 힘이었다. 나와 내 아이를 보호하기 위해 남을 공격하는 힘도 여기에 포함된다. 그것은 가끔씩 나 자신을 공격하기도 한다. '분류'는 맹목적 힘에 질서를 부여하여 길을 내는 작업이다. 거친 황금양 역시 아름다운 존재이긴 하나 그 속에는 아직 공격성과 제어되지 않은 충동이 가득하다. 황금양털은 그러한 공격성을 제거한 보물을 뜻한다. 스틱스강은 이승과 저승 사이의 경계다. 그 경계를 넘어야 물 한 줌을 구할 수 있다. 그러므로 이는 내 것과 네 것의 경계를 허물기 위한 필수적 단계라 할 수 있다. 내 이기심의 한계를 넘어서지 않고서는 희생, 봉사, 배려가 가능하지 않다.

정신분석에서는, 아무리 발달 단계를 거쳐도 리비도는 그 자체의 한계를 가진다. 그 한계를 넘어선 에너지가 바로 에로스다. 리비도가 에로스로 승화하기 위해서는 마지막 한 단계가 필요하다.

그것은 죽음과도 같은 잠에 빠지는 것이다. 유사죽음이란 내 삶을 떠받치는 기반 자체를 내려놓는 행위를 뜻한다. 그것은 삶의 중심에서 물러나는 행위이며 그 순간 비어 있는 공백에 세상의 이야기를 받아들일 수 있게 된다. 모든 것을 잃었을 때 비로소 세상을 품을 준비가 되는 것이다. 프로이트는 우리가 모두 욕심과 이기심의 화신인 시절이 있다고 말한다. 그 끝에서 우리는 죽음을 경험하게 된다. 이전의 삶이 답이 아니었다는 것을 깨닫게 되는 순간이다. 그 이후 우리는 전혀 다른 존재로 다시 태어난다. 물론 파국과 같은 벌의 형태가 아니라 스스로 깊은 잠을 자청하는 사람들도 있다. 그들은 매우 성숙한 인간들이다. 그것은 용기를 필요로 하는 결단이다.

절망의 시간이 나를 만든다

세상의 주인이 된 제우스

결정적이 되지 못하는 생각이란 가지가 많고
끝이 없는 법이다.[6]

삶의 주인이 되다

이 날들이 언제 끝나나 싶을 때가 있다. 영원히 끝나지 않을 것 같은 답답함에 공황 상태가 되기도 하고, 또 가끔은 모든 것을 포기해버리고 싶을 때도 있다. 어떤 것도 변하지 않을 듯한 절망감 속에 시간을 견뎌야 할 때, 제우스 탄생기는 힘이 된다. 잘 알려져 있는 바와 같이, 제우스는 그리스 신화의 주신이다. 그는 모든 것 위에 있는 신으로 인간과 신과 세상을 두루 다스린다. 그는 모든것의 중심에 배치되어 삼라만상을 굽어본다. 제우스의 모습은 자신의 삶 중심에 서서 인생의 주인이 되는 어른을 상징한다.

사실 어른도 두렵다. 결정하고 선택하는 일은 늘 어렵다. 책임지는 일은 더더욱 어렵다. 얼마나 많은 일들을 그르치고, 또 얼마나 많은 실수들을 하며 살아가는가? 정말 매 순간 기저귀를 다시 둘러차고 엄마를 부르고 싶은 심정인데, 몸이 이렇게나 커져 버리고 나이도 이렇게나 많이 들었으니 그렇게 할 수가 없다. 삶의 중심에 서는 일은 매우 어려운 과제며, 그렇게 할 수 있는 사람이 많지 않다. 탓을 하거나 원망을 하면 훨씬 부담이 적어지니 스스로 모든 것을 떠안기보다는 남에게 미루거나 다른 사람의 말을 듣는다. 책임을 회피하고 누군가를 원망하기 위해서다.

또한 어른은 다른 어른들과 협업할 수 있어야 한다. 제우스는 보통 전령 신 헤르메스를 통해 전갈을 전하고, 다른 신들에게 특정 역할들을 할당하며, 전체적인 흐름을 관장한다. 체계가 존재하는 관계 속에서 세상이 운용되는 것이다. 제우스는 권력을 뜻하는 신이 아니다. 오히려 권력에 의한 압제에 저항하고 그러한 권력을 무너뜨린 신이다. 진정한 어른이라면, 그들의 관계와 협업은 권력과 위계를 중심으로 짜이지 않는다. 성숙한 어른들의 경우, 협업이란 말 그대로 힘을 합해 함께 일을 하는 것이다. 그렇게 할 수 있는 사람이 진짜 어른이다. 물론 어른이 되기까지의 과정은 녹록지 않다.

제일 큰 난관은 내 자리를 찾는 것이다. 자리 없는 떠돌이로 오랜 시간을 어둠 속에서 견뎌야만 마침내 내 자리를 찾을 수 있다. 밤이 낮을 낳고 어둠의 세상에서 빛의 세상이 태어났듯이, 어두운 시간은 밝은 세상으로 나갈 준비를 하는 곳이다. 몸과 정신을 키우고 매 순간 단련하며 결전의 날을 기다리는 곳이다. 그러다 어느 날 내 시간이 찾아온다.

면접이라는 것이 참 잔인하다는 생각을 하곤 했다. 내가 판단당하는 곳이었고, 나를 모르는 사람들이 내가 왜 부족한지 내게 설명해주는 자리였다. 끔찍한 일이다. 한 번, 두 번, 그리고 세 번 그런 일이 일어났을 때, 나는 나 자신을 더 이상 믿어줄 수 없었다. 세상도 믿을 수 없었다. 내가 그동안 열심히 준비했던 시간들도 모두 아무것도 아닌 것, 쓸데없는 것이 되어버렸다. 선택하고 결정하고 책임지는 어른의 모습이 될 수 없는 상황이었다. 힘이 전부 다 빠져나가 버렸기 때문이다. 그저 그렇게 잉여 인간으로 주저앉아 평생을 보내게 되는 건 아닌지 걱정하기도 했다. 우리 모두가 인생의 한 지점에서 대면하는 어둠이다. 그 어둠의 시간을 견딜 수 있어야 한다. 절망의 시간 속에서도 나를 믿고 내 몸과 정신을 돌보며 기다린다면 한 치 앞이 안 보이는 이 어둠이 반드시 끝나게 된다. 수련의 시간이 지나면 적시가 찾아온다. 그때 우리는 우리 세상의 주인이 된다. 내가 최선을 다할 수 있는 곳, 마음이 통하는 사람들이 있는 곳에서 내 세상이 시작될 것이다. 제우스는 우리에게 오랜 기다림 끝에 세상의 주인이 되는 어른들의 이야기를 들려준다.

삶의 시간을 위하여

가이아와 우라노스가 낳은 12티탄 신족 중 막내인 크로노스는 누나인 레아와 결합하여 헤스티아, 데메테르, 헤라, 하데스, 포세이돈, 제우스를 낳았다. 가이아와 우라노스는 크로노스에게 권력에 대한 집착이 어떤 결말을 가져오게 될지 경고했다. 크로노스 자신이 아버지를 거세하며 못난 권력욕의 끝이 무엇인지 이미 보여주었지 않은가? 그런데 그 역시 아버지의 자리에 서자 우라노스의 실수를 반복하고 만다. 그는 자신도 아버지와 같은 운명이라는 것을 알고 자신의 자리가 위협받을 수 있다는 두려움에, 태어나는 아이들을 모두 집어삼켜 위장 속에 가둔다. 막내인 제우스가 태어났을 때 레아는 아들을 크레타 섬의 동굴 깊숙이 숨긴 후 그 대신 돌덩이 하나를 포대에 싸 크로노스에게 건넸다. 제우스는 고립된 공간에서, 인간과 신을 통치할 수 있는 주신의 모습으로 성장한다. 그리고 마침내 아버지 뱃속에 있던 형제들을 구해내고, 그들과 함께 티탄 신족과의 전쟁을 시작한다. 이 전쟁에서 승리한 그는 인간과 신들을 다스리게 된다.

제우스가 세상의 중심이 될 수 있었던 것은 아버지와 할아버지의 잘못을 되풀이하지 않았기 때문이다. 크로노스는 우라노스의 죄를 그대로 물려받는다. 그 역시 권력에 매달려 두려움에 복종하고 만다. 제우스의 특징 중 가장 인상 깊은 것은 그가 인간과 신의 관계를 중재한다는 것이다. 그는 신들이 인간사에 개입하는 것을 막기도 하고, 세상일들에 마음 아파하기도 한다. 세상이 돌아가는 리듬을 존중하는 것이다. 제우스는 모든 것에 군림하여 폭압적으로 세상을 다스리지 않는다. 유일한 법으로 인간과 신을 제압하지도 않는다. 그는 그 자신이 세상의 규칙이지만, 동시에 그 속에서 인간과 신이 자유로울 수 있는 공간을 마련한다. 오랜 시간 어둠 속에서 인내한 내공일 것이다.

그리스 신화의 중심이 제우스라고 해도 과언이 아닐 정도로 제우스의 힘은 강력하다. 그 시작을 생각해보면, 그것은 이전의 과오가 종식되고 숨겨진 진실이 드러나며 그릇된 것이 바로잡히는 지점이다. 제우스의 시간은 그때부터 흐른다. 그 이전의 시간은 그와 상관없이 흐르지만, 그가 세상으로 나오는 순간, 시간이 그의 편에 선다. 잘 알려진 신화의 서사 중 두 종류의 시간을 비교하는 이야기가 있다. 크로노스와 카이로스는 둘 다 그리스어로 시간을 뜻하지만, 크로노스는 객관적으로 측정하는 시간을 뜻하는 반면 카이로스는 주관적으로 느끼는 시간 또는 기회를 뜻한다. 다양한 변주들이 존재하지만,[7] 나는 낫을 든 제우스의 아버지가 크로노스고 제우스의 아들이 카이로스라는 이야기가 제일 마음에 든다.

제우스가 동굴 속에서 세상과 단절된 채 어둠의 시간을 보내는 동안에도 시간은 흐른다. 그것은 아버지의 시간이다. 그러나 그가 세상을 다스리는 신으로 고양되는 순간 그 자신의 시간이 시작된다. 그는 이미 이전의 시간을 잃은 상태지만, 주관적인 시간은 이 지점에서 시작된다. 제우스가 동굴에 은신하는 동안 카이로스가 존재하지 않았듯이, 주관적 시간은 제우스의 삶이 시작되는 순간 태어난다.

내 시간이 오기를 기다려야 한다. 그때까지는 무한과도 같이 느껴지는 물리적 시간을 견뎌야 한다. 시간이 어긋난다는 건 지옥 같은 경험이다. 어긋난 장소에서 어긋난 사람을 만나고 이에 따라 모든 일이 다 어긋나버리기 때문이다. 내 시간이 오기 전, 나는 별 것 아닌 존재로 판단된다. 그러나 카이로스가 태어나는 순간, 우리는 삶의 중심에서 모든 것을 다스릴 수 있게 된다. 군림한다는 뜻이 아니다. 마음이 맞는 사람들 속에서 내 마음이 기쁜 일을 하게 된다는 뜻이다. 그때 우리는 내 삶의 일부를 내가 원하는 방식으로 가꾸어갈 만큼 행복해진다. 제우스는 그렇게 우리에게 내 시간을 기다리는 인내와 내 삶의 시간을 맞이하는 기쁨에 대해 들려준다.

이해하는 시간

프랑스의 정신분석가 자크 라캉(Jacques Lacan, 1901~1981)은 '이해하는 시간'이라는 표현을 쓴다. 정신분석에서 시간은 결코 모든 사람에게 동일하게 흐르지 않는다는 뜻이다. 아주 오랫동안 내 마음이 어떤지 전혀 알지 못한 채 시간을 보내는 경우도 있다. 그러다 어느 날 갑자기, 내가 지금까지 도대체 나 자신에게 무슨 짓을 한 건가 싶을 때가 있다. 그게 바로 이해하는 시간이다. 기분 나쁠 만한 일인데도 그 당시에는 전혀 개의치 않고 넘겨버릴 수도 있고, 제삼자가 보면 분명히 내가 화를 내야 하는 상황인데도 내가 오히려 남의 눈치를 보며 조심했던 경우도 있다. 그런데 시간이 흐르며 어느 순간 지도가 분명히 그려진다.

라캉은 이해하는 시간을 통해 결정하는 시간에 이르게 된다고 말한다. 우리가 어떤 행동을 할 때, 그 결정은 언제나 이해하는 시간 이후에 가능해진다는 뜻이다. '아, 이 사람이다'라는 확신을 가지게 되면 우리는 그 사람과 함께 평생을 보내겠다는 약속을 하기도 한다. 결정하는 시간에 이르기 위해 우리에게 필요한 것은 '긴박함'이다. 죽느냐 사느냐의 문제인 듯 느껴지는 긴박함, 지금이 아니면 영원히 기회가 없을 것이라는 절실함, 그것 이외의 다른 모든 것을 잊게 만드는 중요함이 느껴질 때 비로소 우리는 결정의 시간을 맞이하게 된다. 그런 절실함과 긴박함이 없다면 우리는 움직이지 않는다.

프로이트 역시 같은 이야기를 했다. 트라우마라고 불리는 정신적 외상도 이해하는 시간을 거치고 난 후 발현된다. 그 사건이 발생한 당시에는 그게 무엇인지 알지 못했지만 시간이 흐르며 그 의미를 이해하게 될 때 그것이 트라우마로 경험된다.

늘 당연하게 받아들이던 것이 이해하는 시간 도래 후 갑자기 낯설게 느껴지는 때도 있다. 부모의 양육은 아이가 반복되는 일상 속에서 자연스럽게 접하는 삶의 방식이므로 그에 대한 평가가 쉽지 않다. 그런데 자라서 보니 평생 부당한 대우를 받고 살았다는 것이 명백해지는 경우다.

온전한 나 자신으로 삶을 살아가는 사람은 에너지가 넘쳐흐른다. 만약 자신이 늘 위축되고 자신 없고 당당하지 못하다면 잠시 멈추어 내 시간이 시작되지 못한 이유가 무엇인지 생각해봐야만 한다. 크로노스적 시간은 흐르고 있었으나 카이로스적 시간은 아직 시작되지 않은 상태라면, 무엇이 내 시간을 멈추게 했는지, 어떻게 하면 내 시간이 시작될 수 있는지 고민해보아야 한다.

우리가 다른 사람의 시간에 살고 있을 수도 있다. 라캉은 셰익

스피어의 『햄릿(*Hamlet*)』에서 주인공 햄릿은 다른 사람의 시간에 살고 있는 인물이라고 설명한다. 자신의 시간에 사는 사람만이 흔들리지 않는 눈빛으로 사람을 바라볼 수 있으며, 자신이 원하는 대로 선택하고 그에 대해 책임질 수 있다. 자신의 시간이 시작될 때 비로소 우리는 삶의 주인이 된다. 그런데 햄릿은 끊임없이 다른 인물들의 이야기에 휘둘리며 그들이 그로부터 원하는 것이 무엇인지 고민한다. 다른 사람의 시간에 사는 사람의 삶은 매우 바쁘고 분주하지만 거기에는 묵직한 방향성이 존재하지 않는다. 늘 누군가의 바람을 좇아가고 있으니 방향성 역시 단편적이고 어수선할 수밖에 없다. 하나의 생각은 다른 생각으로 가지를 치고 끝없이 이어지지만 결단의 시간에는 이르지 못한다. 햄릿은 작품 마지막에 이르렀을 때 비로소 온전한 자기 자신이 된다. 그리고 마침내 자신의 결정으로 선택하고 결정하고 책임지는 어른의 모습을 보여준다.

삶의 시간은 상대적이다. 우리의 템포는 각자 다르다. 두 아이에게 같은 속도로 밥을 먹게 하면 둘 중 하나는 꼭 체한다. 천천히 먹는 아이가 있고, 빨리 먹는 아이도 있다. 늦게 이해하는 사람도 있고, 듣자마자 이해하는 사람도 있다. 오래 명상해야 통찰할 수 있는 사람이 있고, 감각적으로 반응하는 것이 쉬운 사람도 있다. 그래서 인간 유형이 있는 것이다. 자기 세상의 주인이 되는 저마다의 시간이 모두 다르다는 뜻이다.

인간 욕망의 중심에는 공백이 있다

삶을 수호하는 헤라

그는, 모든 물이 바다로 흘러들어 가득 차면서도
넘치는 일 없듯이, 모든 애욕이 속으로 흘러들어도
평화를 지킨다. 그러나 애욕을 즐기는 사람은
그렇지 못하다.[8]

가정의 수호신[9]

부당한 일을 당해서 너무나 억울할 때, 누군가가 "그 사람이 그렇게 하면 안 되는 거야. 그건 나쁜 짓이야"라고 말해주면 위로가 된다. "그 사람 벌받을 거야"라고 말해주면 조금 더 위로가 된다. 헤라가 하는 역할이다. 제우스가 바람을 피울 때 헤라는 분노한다. 그녀가 결혼의 신이기 때문이다. 가정이란 행복한 곳이고 가족들이 서로를 위하며 자신의 미래를 꿈꾸는 곳이어야 하는데, 우리에게 가정은 자주 이와는 정반대의 공간으로 느껴진다.

시간이 많이 흘러도 벗어날 수 없는 기억들이 있다. 우리를 괴롭히는 기억들 중에는 가장 가까운 사람에 관련된 것들이 많다. 오랜 시간 함께 시간을 보냈기 때문이다. 분노와 절망과 고통 속에 끝없이 견뎌야 하는 날들, 벗어나지 못할 것 같은 끔찍한 반복이 모두 가정이라는 가장 원초적인 공간과 관련되는 경우도 있다. 가끔 우리는 충분한 사고 과정 없이 다른 감옥으로 피해버리거나, 대책 없이 일단 그 공간을 탈출하고 본다. 이 경우 이전의 반복은 새로운 관계 속에서도 반복된다. 아버지 같은 남편, 어머니 같은 아내와 살게 되는 경우다. 또는 모든 것을 포기한 채 그냥 그 속에 남기로 결정하는 경우도 있다. 이때 그 사람은 삶의 에너지를 잃게 된다. 자신의 삶을 포기하기로 결정하면 인간은 더 이상 앞으로 나아갈 수 없게 된다.

그렇다면 어떻게 해야 할까? 무엇보다 먼저 반복에서 벗어나야 한다. 나를 괴롭게 하는 것이 무엇인지 파악한 후 그 괴로움을 어떤 방식으로 없앨 수 있는지, 누구의 도움을 받아야 하는지, 가장 먼저 무엇을 해야 하는지 고민해야 한다. 일련의 단계들을 통해 이르게 된 감정들이므로 그 단계들을 되짚어 문제를 해결하거나 그 단계를 다른 행동으로 대체하거나, 문제의 원인을 분리시킴으로써 반복을 막을 수 있다.

중학교 때 화장품 이름 공모전에 내 아이디어를 적어 내본 적이 있다. 그때 나는 '헤라'를 제품명으로 제안하며, 여성들을 돕는 우리의 신이기 때문이라고 이유를 적었다. 몇 년의 시간이 흐른 뒤 정말 헤라라는 화장품이 나왔다. 그들도 헤라가 여성에게 힘이 되는 이름이라고 생각했던 모양이다.

우리를 지켜주는 강한 신이 있다는 것 자체로 위로가 된다. 그런데 사실 그 신은 내 안에 존재하는 힘이다. 잘못된 것을 지적하고 부당한 것에는 목소리를 높이는 힘, 그래서 삶을 수호하는 힘,

바로 그것이 내 안에 존재하는 여신 헤라다. 헤라는 나를 보호하는 적법한 힘이다. 그렇게 생각하면 제우스와 헤라의 아들이 전쟁의 신 아레스라는 것이 이해된다.

천상낙원은 존재하지 않는다. 모든 가정에 문제가 존재한다. 그 문제를 어떻게 해결하는가가 관건이다. 문제들을 대면하여 우리 안의 신들을 깨워야 한다. 배려하고 존중하고 사랑하는 가정을 만들기 위해, 함께 문제를 해결하기 위해 우리는 싸워야 한다. 그 가정에 부당한 일이 일어나고 그것이 누군가의 희생으로 유지된다면, 가정의 신 헤라에게 도움을 청해야 한다. 그녀는 우리에게 싸울 수 있는 힘을 준다.

헤라가 상징하는 것

제우스와 헤라 사이에서 태어난 신들은 청춘의 신 헤베, 전쟁의 신 아레스, 그리고 출산의 신인 에일레이티이아이다. 제우스가 머리에서 아테나를 길러 출산하자 헤라는 자신도 제우스의 도움 없이 혼자 세공의 신 헤파이스토스를 낳는다.

그런데 일반적으로 알려진 바와 달리, 제일 처음 기록된 신화에는 헤라가 제우스의 마지막 부인으로 언급된다. 헤시오도스는 제우스의 첫 부인이 메티스(지혜, 사려)라고 말한다. 메티스는 대양을 관장하는 오케아노스와 테티스가 낳은 지혜의 여신으로 인간과 신을 통틀어 가장 지혜로운 존재였다. 제우스는 그녀가 자신보다 더 지혜로운 아이를 낳게 될 것이라는 두려움에, 임신한 메티스를 자신의 몸속에 집어넣는다. 그러자 이상한 일이 벌어진다. 제우스가 메티스와 하나가 되어 그녀의 지혜를 흡수하게 된 것이다. 그리고 메티스가 임신하고 있던 그들의 아이는 제우스의 머리에서 온전한 여신으로 자라게 된다. 그렇게 해서 아버지의 머리를 열고 태어난 딸이 아테나다. 그 후에도 제우스는 많은 여신과 결합하여 인간사를 관장할 수많은 신들을 낳는다. 제일 마지막으로 그의 아내가 된 것이 바로 헤라다. 그리고 이때 첫 부인의 아이인 아테나가 태어난다.

헤라는 아테나의 탄생에 화가 나서 자신 역시 혼자 헤파이스토스를 낳는다. 헤라는 제우스의 과거에 대해 화를 낸 셈이다. 물론 이것은 우리 모두가 자주 하는 실수이기도 하다. 헤라가 늘 남편에게 화를 내는 여신으로 각인된 것은, 그녀가 인간의 특정 실수를 상징하고 있기 때문이다. 배우자의 과거까지 내 마음대로 바꿀 수는 없다. 연인, 아이, 배우자가 내 소유물이라면 그들이 태어나는 순간부터 눈감는 날까지 내가 원하는 대로 말하고 행동하고 결정하게 하겠지만, 그들은 결코 내가 원하는 것만을 말하거나 내가 원하는 대로만 행동하며 살아오지 않았다. 그들의 과거를 모조리 알 수도 없고 그 과거를 내 입맛에 맞게 바꿀 수도 없다.

헤라는 가정을 수호하는 신이자 가족 구성원들이 빠질 수 있는 덫을 경고하는 신이기도 하다. 행복한 가정을 위해 우리가 어떤 노력을 해야 하는지, 어떤 일들을 해서는 안 되는지 설명해주는 신이라고도 할 수 있다. 견고한 가정은 어떤 시련을 만나도 바다에 비가 내리듯 평온함을 유지한다. 헤라와 제우스는 부부 사이에 일어날 수 있는 최악의 상황을 제시함으로써 극약 처방으로 우리를 고무시키고 있는지도 모른다.

제우스가 지혜로운 이유는 그가 과거에 사랑한 첫 부인 때문이다. 우리는 우리가 그동안 만난 사람들의 총합이라고 할 수 있다. 부모, 친구, 스승, 연인, 배우자 모두가 합하여 나를 지금의 나로 만들었다. 제우스 몸속에 그가 만난 첫 연인인 지혜의 여신이 존재하기에 그가 지혜로울 수 있는 것이다. 메티스에 대한 기억을 도려내면 제우스가 여전히 제우스일까? 가끔 우리는 그런 끔찍한 상상을 하지 않나?

1년 365일 하루 24시간 내 애인이, 파트너가, 배우자가 내가 원하는 대로만 살았으면 좋겠다. 제발 이렇게 좀 했으면 좋겠고, 이렇게 좀 하지 말았으면 좋겠고, 제발 그 사람 이야기 좀 하지 않았으면 좋겠고, 제발 저 사람이랑은 친해졌으면 좋겠다. 그게 될까? 혹은 1년 365일 하루 24시간 애인이나 파트너나 배우자와 상관없이 제발 그냥 내 마음대로 즐기고 싶다. 그게 가능한가? 이 신화에서 제우스의 외도와 헤라의 분노는 부부 사이에 해서는 안 되는 일들을 의미한다. 가정의 신 헤라는 몸소 이 특단의 조치를 통해 온전히 한 사람을 사랑하는 데 가장 필요한 요소와 가장 경계해야하는 요소가 무엇인지 우리에게 알려주는 사례다.

공백을 사랑하는 사람들

인간 욕망의 중심에는 공백이 있다. 공백을 느끼는 순간은 정말 괴롭다. 뭔가 허전한 느낌이 얼마나 불편한가? 우리는 공백 때문에 자주 잘못을 저지른다. 정신분석에서 가장 중요한 개념 중 하나인 공백은 결여라고도 불리는데, 결코 채워지지 않는 인간 내면의 빈 곳을 뜻한다. 사람이 자신의 공백과 어떤 관계를 맺는지를 보면 그 내공을 가늠할 수 있다. 공백을 견디고 그 공허함을 이해하는 사람이 있고, 공백을 견디지 못해 그것을 채울 방법을 찾아 이리저리 헤매는 사람도 있다. 전자는 든든한 사람이고 후자는 미숙한 사람이다. 가장 성숙한 사람은 공백을 이용할 수 있는 경지에 이른 사람이다.

먼저 미숙한 사람이 공백과 맺는 관계를 생각해보자. 그는 공백이 채워질 수 있다고 착각한다. 그래서 자극에 따라 이리저리 흔들린다. 그는 한 사람을 사랑할 수 없으며, 언제나 또 다른 사람의 또 다른 장점에 눈이 멀어 실수를 저지른다. 내 애인보다 더 좋은 사람이 보이고, 그렇게 되면 내 애인은 별 볼 일 없는 구차한 존재로 전락한다. 물론 새로 만난 연인에게도 머지않아 여지없이 지겨움을 느끼게 될 것이다. 공백이란 채워지지 않는 것이므로, 그 공백을 완전히 메워줄 사람을 아무리 찾아 헤매도 결국 남는 것은 더 큰 실망과 공허함뿐이다. 그 공허를 견딜 수 없기에, 그들은 다시 새로운 사람을 만나 또다시 새로운 잘못을 반복한다.

미숙한 이들의 그룹에는 또 다른 유형이 있다. 그들은 상대방의 공백을 인정하지 않는다. 아무리 가깝다 해도 우리는 결코 다른 사람을 완전히 이해할 수 없다. 그래서 부모가 아이들을 위해 중요한 결정들을 대신 내려줄 수 없는 것이다. 부모는 늘 그들이 아이를 위한 최선을 안다고 생각하지만, 사실 우리가 가장 경계해야 하는 것은 우리 자신의 못난 욕망 그 자체다.

이들보다 든든한 사람들은 공백을 대면하고 인정하는 이들이다. 공백을 인정한다는 것은 모든 것을 완벽하게 통제하려는 마음을 내려놓는다는 말이다. 그럴 때 우리는 숨을 쉴 수 있게 된다. 진정으로 자유로워지는 것이다. 상대방의 자율을 허용하는 순간, 우리는 비로소 그들의 말을 경청하고 그들이 어떤 표정을 짓는지 제대로 바라볼 수 있다. 공백을 대면한다는 것은 2퍼센트 부족한 그 느낌이 결코 사라지지 않으리라는 사실을 받아들인다는 뜻이다. 그러고 나면 더 이상 공백 때문에 불안해하지 않아도 된다. 그것이 인간의 기본적인 생리이기 때문이다. 공백을 인정한 사람은 자극들이 밀려와도 여전히 평온함을 유지할 수 있다.

우리는 늘 불안하다. 뭘 해도, 결과가 어떻게 드러나도 항상 조금은 불안하다. 공백이 인간의 삶 중심에 존재하기 때문이다. 성숙한 사람들은 공백이 어떤 역할을 하는지 이해하고 이를 활용한다. 내면의 공간 일부가 언제나 비어 있다는 것은 우리가 결코 한마디로 정의될 수 없다는 뜻이다. 우리는 끊임없이 변하고 있다. 공백이 있기에 우리는 새로운 무엇인가를 삶에 받아들일 수 있다. 모두 채워져 있다면 더 이상 무언가를 필요로 하지도 않을 것이며, 무언가가 부족하다는 느낌도 받지 못할 것이다. 빈 공간은 우리가 앞으로 나아가도록 만드는 동력이다. 그러한 변화를 위해 우리가 치러야 하는 대가가 바로 불안이다.

한 사람과 연애를 하는 것은 지겨운 일이다. 한 명의 친구와 어떻게 30년이 넘게 계속 절친일 수 있나? 스물넷에 결혼해 아흔 넷이 되도록 어떻게 한 명의 배우자와 70년 동안 같이 살 수 있나? 그러나 우리가 오늘 저녁에도 30년 지기 친구와 술 한잔을 기울이고, 내 나이 든 배우자와 마주 보며 웃는 것은 그들이 내 공백을 채우기 때문이 아니라 내가 내 공백에도 불구하고 그들을 선택했기 때문이다. 제우스와 헤라의 이야기는 우리가 공백을 마주했을 때 저지르기 쉬운 실수를 경고하며, 동시에 온전히 상대를 이해하고 행복한 관계를 일구어나가는 데 필요한 성숙함과 지혜를 알려준다.

우리 내면의 괴력 조절하기

분노의 질주 포세이돈

사람이 감각의 대상을 골똘히 들여다보면
거기[에] 대한 집착이 생긴다. 집착에서 애욕이
일어나고 애욕에서 분노가 나온다.[10]

분노 조절

나이가 들며 점점 더 분노 조절이 어려워진다. 한순간 항상성이
깨지고 감정이 폭주한다. 사람이 어떻게 그런 말을 할 수 있는지,
어떻게 그렇게 무심할 수 있는지, 어쩌면 그토록 뻔뻔하고 못된
짓을 하는지, 장면 장면 필름을 돌리며 부들부들 떨다 보면 몸도
마음도 만신창이가 된다. 이 시점에 소리치고 있는 이는 내 안에
살고 있는 낯선 사람이다. 그는 내 속에서 튀어나와 내가 손쓸 틈
도 없이 사람과 사물을 공격해댄다. 그 결과 내가 오래 공들여온
관계들이 하루아침에 파괴된다.

포세이돈만큼 이런 분노의 질주를 잘 보여주는 신은 없다. 물
로 쓸어버리고 나면 꿈도, 희망도, 계획도, 그리고 귀향도 다 물거
품이 된다. 포세이돈의 파괴력은 우리 모두가 내면에 가지고 있는

괴력을 뜻한다. 모든 것을 망칠 수 있는 힘, 나 자신의 내면까지 파괴할 수 있는 그런 낯선 힘은 오직 내 안에서만 나올 수 있다.

보통 때 그 힘은 도대체 어디에 숨어 있을까? 평소 우리가 쓰는 에너지를 생각해보자. 우리의 경험을 남에게 들려주고 이해시키는 건 번거로운 일이다. 너무 많은 걸 설명해야 하기 때문이다. 이 하나하나의 걱정과 사건과 관계들이 모두 에너지를 필요로 한다. 하나의 일을 성취하기 위해서는 엄청난 에너지를 써야만 하지 않나? 관계의 마술을 부리곤 하는 멋진 사람을 떠올려보자. 온전한 그 자신이 되어, 남까지 살피고 도울 수 있는 사람이 가진 에너지는 실로 무한하다. 적절한 때를 아는 것도, 적절한 반응을 하는 것도, 적절하게 화내는 것도 모두 에너지가 필요한 일들이다. 우리가 일상에서 하는 일들은 하나하나 다 엄청난 에너지를 요하는 과제들이다. 마음의 균형이 깨질 때 이 에너지가 한데 모여 터져 나와 남을 해치는 괴력으로 돌변한다. 해운대 모래사장의 물이 해일로 변하는 순간이다.

그러다 폭주 기관차가 되어 파투를 내버리는 버리는 경우도 있다. 늘 듣던 말인데, 갑자기 참을 수 없이 화가 나기도 하고, 가족들의 얼굴을 도저히 볼 수가 없을 때도 있다. 미움과 원망과 분노로 나 자신까지 해칠 지경이 되어버리면 정말 보이는 게 없어진다. 그들 때문에 내 삶이 망가졌다는 생각을 하면 그 공간에 더 이상 머물 수 없게 된다.

이와 같은 폭주를 인간의 성장 발달 단계에 공통적으로 나타나는 요소로 간주하기도 한다. 사람들은 이 공통된 시기를 사춘기라고 부른다. 어른이 된다는 건, 정신의 여정 속에서 내 집으로 돌아가는 여행을 뜻한다. 한집에 함께 있더라도 마음이 구만리 떨어진 사람들이 분노와 증오 속에 괴롭게 살아가고 있을 수도 있다. 귀향이란 다시 집으로 돌아가는 것을 뜻하지만, 동시에 그 집에 살고 있는 사람들과 다시 관계를 형성하는 여정을 뜻하기도 한다. 돌아가야 하는 '집'은 학교나 직장일 수도 있다. 감정의 우여곡절을 겪은 후 귀향하여 사람을 다시 품을 수 있게 된 상태를 우리는 어른이라고 부른다. 귀향한 사람은 이전의 상황을 다른 태도로 대면하게 된다. 다시 돌아가 새롭게 대처하는 것이다. 그러려면 예전의 반복에서 빠져나와야 한다. 사람들이 나를 정의하는 방식으로는 나 자신에 대한 답을 제시할 수 없다. 그건 그 순간에 그들이 정답으로 부과한 오답이다. 내가 나만의 시간을 찾아 나 자신을 정의할 수 있어야 한다. 온전한 나 자신이 되어 내 목소리를 내고 내 이야기를 해야 한다. 이와 동시에 내 앞에 있는 사람을 온전한 그 자신으로 바라봐줄 수도 있어야 한다.

귀향에 성공한 후 우리는 해일이 쓸고 간 도시를 재건하는 작업에 착수해야 한다. 시간이 흐르면 빛나는 모래사장에 누워 잔잔한 파도 소리를 들으며 삶을 기뻐하게 될 수도 있다. 나를 죽고 싶게 만들었던 문제가 달라 보일 것이다. 어른이 된다는 건 그런 것이다. 현재를 새롭게 대면할 수 있다. 아직 내 옆의 사람과 마음을 섞지 못한 채 서로를 해치는 시선만을 주고받는다면, 가능한 한 빨리 귀향을 서둘러야 한다. 공평한 크로노스적 시간은 해변의 행복을 조금씩 잡아먹으며 모든 이에게 공평한 미래를 선물한다. 귀향을 서둘지 않으면, 가차 없는 시간의 흐름 속에서 귀향의 기회 자체가 사라질 수도 있다.

떠돌이와 영웅

포세이돈은 신화가 처음 기록될 때부터 언제나 바다와 관련해서만 언급되었을 것 같지만, 처음 등장했을 때 이 신을 설명하는 단어는 '대지'였다. 그래서 포세이돈은 자주 "대지를 흔드는 자"나 "대지를 붙들어주는 신"으로 묘사된다.[11] 그는 크로노스와 레아의 자식 중 한 명으로 제우스의 형제이기도 하다. 그런데 대지는 제우스의 영역이 아니던가? 물론 제우스는 신과 인간 모두를 다스리는 신이지만, 그래도 영역을 나누자면 물은 포세이돈, 저승은 하데스, 그리고 지구 표면 중 바다를 제외한 뭍은 제우스의 주 무대로 간주되지 않나? 왜 포세이돈이 대지를 붙들고 있으며 또 대지를 흔들기도 하는 신으로 언급되는 것일까? 그것은 물이 가장 근본적인 힘을 뜻하기 때문이다. 물은 대지의 모든 것을 파괴할 수 있는 힘을 가지고 있다. 대지를 갈라버릴 수도 있고, 또 반대로 대지를 하나로 붙들어줄 수도 있다. 그 힘을 어떻게 쓰는가가 관건이다.

　포세이돈이 상징하는 것은 인간 내면의 에너지다. 그 에너지는 우리를 붙들어줄 수도 있고, 또 이따금씩은 내 주변 세상을 파괴하는 힘으로 분출될 수도 있다. 그 힘이 대상에 달라붙으면 집착이 되고, 집착은 애욕과 분노로 이어져 대상을 파괴한다. 물론 이

괴력은 나 자신을 파괴할 수도 있다. 대지를 붙들어주는 역할과 대지를 갈라버리는 파괴적 역할 중 바다가 어떤 쪽을 맡는가는 우리의 선택에 달려 있다. 그것이 내 안의 힘이기 때문이다. 그 힘은 분노로 치달을 수도 있고, 귀향의 조력자가 될 수도 있다.

사람들은 바다의 조절되지 않는 힘이 폭주하지 않도록 제사를 드리고 신께 항해의 목적을 아뢰었다. 좋은 마음으로 염원하고 기원하는 것, 바로 그것이 바다를 잠재우는 방법이었다. 우리 안의 에너지와 소통하는 법 역시 동일하다. 여행을 염원하고 무사 귀향을 바라며 우리의 소원을 설명하는 작업은 삶의 방향성과 관련된다. 내가 어디로 가는지, 어디로 가고 싶은지, 그리고 왜 그리로 가야만 하는지 이야기하는 것이다. 나 자신조차 내 목적지를 명확하게 알지 못한다면 어떻게 포세이돈에게 우리가 가는 길을 설명할 수 있겠는가? 항해만을 이야기하는 것이 아니다. 여기에는 모든 길이 포함된다. 포세이돈이 대지를 붙들거나 갈라놓는 신이기 때문이다.

오디세우스는 포세이돈의 아들인 폴리페모스(키클롭스)를 눈멀게 한 죄로 포세이돈의 분노를 사 10년 동안 고향에 이르지 못한다. 방황한다는 것은 길을 잃는다는 뜻이다. 길을 잃고 귀향에 실패하는 이야기는 누구나 인생의 어느 지점에서 맞닥뜨리게 되는 시련에 다름 아니다. 그러나 10년의 방황 끝에 그는 귀향한다. 떠돌이가 귀향했을 때 그는 영웅이 된다.

이렇게 바다는 우리가 영웅으로 다시 태어나는 장소이기도 하다. 방황은 운 없는 사람들이 걸려 넘어지는 덫이라기보다는 성숙을 위한 기본 요소다. 방황이 없이는 귀향도 없다. 집착과 분노를 경험해보지 못한 사람이 그것을 극복하는 힘을 이해할 리 만무하다. 성숙이란 집을 떠나 밖을 경험한 이들이 다시 집으로 돌아오는 여정을 뜻하는 말이다. 섬과 섬을 거치며 다양한 사람들을 만나고, 그 경험들을 축적하여 집으로 돌아온 이는 떠날 때의 모습과는 전혀 다른 얼굴을 가지게 된다.

지금 현재 증오와 미움과 분노가 정신을 파괴하며 내 대지를 흔들어놓고 있을 수도 있다. 고대 사람들은 마음속에서 그런 해일이 일 때 포세이돈에게 기도를 시작했다. 내면의 에너지에게 말을 거는 것이다. 우리도 마음속 에너지에게 우리가 이렇게 하고 싶고, 그곳으로 가고 싶으니 제발 도와달라고 간청해야 한다.

리비도와 포스

정신분석과 분석심리학에서 포세이돈의 바다가 뜻하는 것은 인간 내면의 정신 에너지인 리비도이다. 리비도는 인간 내면에서 흐르며 감정의 톤과 무게를 결정한다. 재미있는 사실은, 리비도라는 바다가 감정으로 표현되기 위해서는 반드시 언어라는 말의 지평을 거쳐야만 한다는 것이다. 다시 말해 바다가 대지를 붙들고 있는 모양처럼, 리비도는 언제나 언어에 달라붙은 상태에서 언어의 덩어리와 함께 움직인다. 예를 들어 우리 아버지의 빨간색 차는 아버지를 의미하는 여러 단어 중 하나일 것이며, 이때 빨간색은 노란색, 파란색, 검정색보다 훨씬 큰 에너지를 가진 단어가 된다. 단어 속의 단어, 단어와 단어가 합쳐진 단어가 주제어인 경우에도, 관련 단어 모두가 에너지를 이양받을 수 있다. 예를 들어 옥수수수염차를 보면 '옥수수'와 '수염'과 '차'로 나뉠 수 있다. 그런데 어릴 때부터 키웠던 강아지 이름이 수염이라면, 그리고 수염이가 안락사를 당했다면, 수염이라는 단어는 매우 큰 에너지를 품은 조각으로 느껴질 것이다. 그 때문에 '수염'이라는 단어를 담고 있는 '옥수수수염차' 역시 큰 에너지를 가지게 된다. 어릴 적 신장염에 걸렸을 때 어머니가 말린 옥수수수염을 달여주신 사람 역시, 옥수수와 수염이 어머니로 이어지는 조각들이 된다. 옥수수수염차를 명시하지 않아도, 옥수수나 수염이나 차 모두 어머니를 의미하는 힘 있는 단어가 될 수 있다.

정신분석에서는 리비도라는 바다보다 언어[12]라는 대지가 훨씬 중요하다. 바다의 모양과 크기를 결정하는 것이 대지이기 때문이다. 그래서 분석 역시 리비도나 감정에서 시작하지 않고 그러한 에너지가 달라붙어 있는 언어에서 출발한다. 별 감정이 느껴지지 않는 말이라고 생각했는데, 여러 이야기들을 하다 보니 그 부분이 가장 중요한 것이었다는 사실이 드러난다. 왜 옥수수수염차를 마시며 우울했는지 몰랐는데, 가만히 생각해보니 그 속에 수염이가 있다. 정신분석은 언어를 통해 내 현재의 감정과 상태를 분석하는 학문이다. 프로이트는 언제나 언어를 통해서만 에너지의 크기와 움직임을 이해할 수 있다고 설명했다.

분석심리학의 경우는 조금 다르다. 프로이트의 정신분석학에서는 그 기반이 언어인 반면, 융의 이론에서는 언어가 맡는 역할이 다소 미미하다. 대신 융은 리비도 자체를 강조한다. 그에게 에너지의 바다는 근본적으로 치유적이다. 융의 리비도 개념을 〈스타 워즈(Star Wars)〉에 나오는 '포스(force)'로 이해할 수도 있다. 제다이 기사들이 서로에게 평안을 빌어줄 때 "포스가 당신과 함께하기를"이라고 말하듯이 포스는 정신의 평안과 고요, 합일과 균형을 뜻하는 인간 내면의 에너지다. 분석심리학의 리비도는 치유에너지로서 상처가 난 곳들을 치유하며 정신을 부유한다. 포스의힘이 강한 사람은 현실 속에서 현실 너머의 일들을 성취해낼 수있다. 치유의 바다가 인간이라는 대지를 흐르며 다친 곳을 치료하고 막힌 곳을 뚫어낸다.

어쩌면 리비도에 대한 위의 두 가지 이야기를 모두 활용해야 할지도 모른다. 알지 못하는 감정이 우리를 습격할 때, 우리는 그 감정이 달라붙은 언어를 분석해야만 한다. 어디서 왔는지, 어떤 단어를 경유하여 어떤 언어를 타고 그러한 감정이 의식에 도달했는지 이해할 때 우리는 비로소 해일의 범람을 막을 수 있다. 해석은 나를 지키는 둑이 되어, 감정의 파도가 가라앉을 때까지 대지를 보호한다. 새로운 해석들에 의해 흩어진 감정의 바다는 이전의파괴적인 흐름을 바꾸어 대지를 붙드는 역할을 하게 된다. 해석은에너지를 흩어놓는다. 부들부들 떨던 내가 조금 차분해지는 걸 느끼게 될 것이다. 이제 해일을 융의 치유적 에너지로 바꿀 차례다.해일의 힘을 가진 바다가 그만큼의 에너지로 나를 지지한다고 생각해보자. 못 할 일도, 안 될 것도 없다.

삶으로 돌아오기 위한 정화의 장소

저승을 다스리는 하데스

내 사지는 맥이 풀리고, 입은 타 마르고,
몸서리치고 머리털이 곤두섰습니다.[13]

이승 속 저승

삶이 지옥에 떨어지는 시간이 있다. 돌이킬 수 없는 일들, 되돌릴 수 없는 일들이 일어나고, 스트레스가 겹겹이 쌓이다 결국 몸도 마음도 망가진다. 그렇게 지옥이 시작된다. 그런데 만약 하데스의 지옥이 제우스의 지상이나 포세이돈의 바다와 유사한 또 다른 삶의 구획이라면 어떨까? 죽은 이들만을 위한 곳, 으스스하고 후미진 땅속 공간이 아니라 이승과 마찬가지로 중요한 마음의 한 부분이라면? 하데스의 공간이 우리에게 도움이 될 때도 있다. 그 공간은 지상의 어떤 곳보다 더욱 깊은 곳이며, 어둠을 대면할 수 있는 장소이자, 밝은 세상에서는 볼 수 없는 것들이 사는 영역이다. 이승과는 단절된 공간이면서도 이곳이 있기에 그 대극인 밝은 곳이 정의된다.

나는 철학자 헤겔(Georg Wilhelm Friedrich Hegel, 1770~1831)을 좋아한다. 그의 철학은 늘 큰 힘이 되어준다. 특히 그가 『대논리학 (Wissenschaft der Logik)』에서 하는 말들은 구구절절 마음을 울린다. 그는 빛과 어둠이 어떻게 다르겠는가라고 질문하며, 그 둘이 서로 어울리는 가운데 서로의 특성을 발휘할 수 있는 것이라고 말한다. 유한과 무한도 마찬가지다. 단순히 이것과 저것으로 분리된 상태에서는 유한도 무한도 그 역량을 드러내지 못한다. 진정한 유한이란 그 안에 무한을 품고 있는 유한이며, 진정한 무한이란 유한과 대립하기보다는 유한 내부에서 능력을 펼쳐내는 무한이다.[14]

인간의 삶은 유한하다. 그저 100년 정도의 삶 속에서 수많은 실수를 하고 수많은 원수를 만들고 수많은 후회를 하며 결국 두려움에 떨며 죽음으로 생을 마감한다. 이것은 무한과 분리된 유한한 삶이다. 헤겔의 표현을 따르면 악무한, 나쁜 무한이다. 그러나 만약 유한이 자신의 타자인 무한을 내부에 품고 있다면 유한은 질적인 변화를 거치게 된다. 유한한 삶이 극복되는 것이다. 무한을 배태한 유한은 팔의 길이도 수명의 길이도 무한히 확장될 수 있다. 내 손길이 닿은 곳, 내 시선이 머문 사람 속에 모두 내 일부가 간직되니 말이다. 무한은 작은 인간이 거인으로 변신하게 만드는 내적 동력이다.

지극히 고립된 유한을 우리는 이기심이라고 부른다. 그것은 이승을 잡아먹는 지옥이자 생명을 휘발시키는 죽음의 공간이다. 이 경우 저승은 이승과의 어울림 속에서 전체를 이루어내지 못한다. 그저 사심과 집착의 유황불에 떨어져 끊임없이 남과 세상을 파괴할 뿐이다. 물론 방법은 있다. 유황불에서 걸어 나와 이승으로 되돌아오면 된다. 지옥은 힘 잃은 자의 종착역이기도 하다. 그것은 더 이상 도저히 삶의 힘을 찾을 수 없는 상태, 분노로 모든 것을 파괴해버린 상태에서 찾게 되는 마지막 지점일 수도 있다. 역시 방법이 있다. 삶의 힘을 되찾아 이승으로 걸어 나오면 된다. 하데스는 제우스의 형제다. 그들은 한 부모에게서 난 자식들로 필연적인 관계를 맺고 있다. 하데스의 저승은 이승을 더욱 이승답게 만드는 내적 동력이 될 수도 있다.

우리는 쉽게 상처받는다. 나를 존중하지 않는 사람들을 만났을 때, 부당한 대우를 받을 때 당연히 참을 수 없는 분노를 느낀다. 또는 싸울 힘조차 없이 낙담하기도 한다. 분노와 증오 속에 나 자신을 지옥 속에 던져 넣고 내 몸과 정신을 갉아먹는 것은 현명한 싸움이 아니다. '현명하게'란 더 이상 타인이 내게 부당한 행동을 하지 못하도록 전략을 세워 싸운다는 말이다.

제우스의 세상은 그런 괴로움과 분노와 고통을 표현해내기에는 약한 곳이다. 인간의 고통을 표현할 보다 깊은 공간이 필요하다. 바로 그것이 하데스의 저승이다. 그런 고통과 분노는 나 자신에게까지 해가 될 수 있기에 매우 위험하다. 하데스가 맡은 역할은 그러한 분노가 이승과의 연계 속에서 생산적으로 사용되게끔 하는 것이다. 그의 옆에 데메테르와 제우스의 딸인 페르세포네가 있다는 것은 저승과 이승의 관계를 잘 설명해준다. 하데스의 어둠은 빛과 분리된 지옥 같은 공간이 아니다. 그것은 궁극적으로 제우스의 빛이 더 빛나도록 돕는 심연일 수도 있다. 우리가 지옥을 벗어나기 위해 찾아야 하는 건 케르베로스를 진정시킬 주문이다.

들어오는 자와 나가는 자

하데스의 개, 케르베로스가 저승의 문을 지키고 있다. 케르베로스는 꽁무니에 붙은 뱀 꼬리를 흔들며 들어오는 망자들을 반기지만, 일단 한번 들어온 이들이 이승으로 돌아가려 하면 등에 붙은 뱀머리들을 곧추세우고 세 개의 머리가 으르렁거리며 길을 막아선다. 또한 망자가 아닌 산 사람이 들어오려 하는 경우에도 기를 쓰고 산 자의 방문을 막는다.

이 이상한 규칙의 의미는 무엇일까? 왜 산 사람은 막고 죽은 사람은 통과시키며 죽은 사람이 다시 돌아가고자 할 때는 다시 그 길을 막아서는 것일까? 이 이야기는 저승이라는 공간을 다시 한번 생각해보게 한다. 저승은 삶이 끝난 이들이 벌을 받기 위해 들어가는 공간이 아니다. 그렇게 분리되어 있다면, 이처럼 많은 제약과 규칙들이 있을 리 없다. 죽은 이가 다시 깨어나지 못하듯이, 인간이 필멸의 존재라는 것은 길가메시 이야기에서부터 이미 정리된 필연인데, 되돌아갈 수 없는 이들을 왜 개가 지키고 있어야만 하겠는가? 이 개가 지키는 것은 망자의 귀환이 아니다. 우리는 지금 죽음의 공간이 아니라 삶의 공간을 살펴보고 있는 것이다.

하데스의 저승은 제우스의 이승보다 규제가 더 많은 곳이다. 이곳에서는 일련의 과정을 통해 오가는 길의 흐름이 조절되고 있다.

한번 생각해보자. X의 경우 들어가는 것은 쉽고 나오는 것은 쉽지 않다. Y의 경우 들어가는 것 자체가 금지된다. 여기에는 언급되지 않은 규칙이 하나 더 있다. 만약 저승에 산 사람이 있는 경우, 그는 개를 지나야 이승으로 돌아올 수 있다는 것이다. 만약 X가 Y로 질적 변화를 거치게 된다면, Y는 다시 이승으로 돌아올 수 있다. 죽은 자는 다시 살아날 수 없으나, 마음에 대한 이야기라면 가능하다. 그냥 힘을 내면 된다. 살아 있다는 걸 보여주면 되는 것이다. 이 이상한 개가 어둠 속에서 기다리는 주문은 '삶'이 아닐까? 삶이라고 외치는 순간 이승으로의 길이 열리는 게 아닐까?

이승과 저승을 이동하는 게 마음의 한 부분일 수도 있다. 그렇게 가정할 때, 케르베로스가 걸러내고 있는 건 마음속 조각들이다. 부정적인 마음, 나를 해치고 남을 해칠 수 있는 공격성, 증오와 미움은 모두 개가 환영할 만한 X의 요소들이다. 그러나 저승에서 X가 Y로 변화하여 전혀 다른 감정 톤을 띠게 된다면, 새로운 이야기로 무장한 Y는 당당히 저승의 문을 통과하여 이승으로 돌아올 수 있다. 그렇다면 이 공간은 감정을 정화하는 하수처리장이라 할 수 있다. 정화된 맑은 물은 이곳을 떠나 다시 삶의 공간으로 돌아오게 되는 것이다.

그곳이 늘 어두운 것은 집, 직장, 거리에서 생산된 더러운 에너지들이 이 공간으로 흘러 내려오기 때문이다. 그러나 이곳은 오염된 감정들이 적체되는 공간이 아니다. 하데스가 저승을 다스린다는 말은 우리 내면에 그런 감정들을 관할하는 무엇인가가 존재한다는 뜻이다. 다스린다는 말은, 그 감정들의 사연을 듣고 이해하고 어루만지며 원한을 풀어준다는 뜻이다. 고통이 경감되면 감정의 색채도 달라진다. 그때 비로소 정화된 이야기들이 다시 의식의 세계를 찾을 수 있게 되는 것이다.

페르세포네는 저승과 이승이 연결되어 있음을 알려주는 가장 좋은 상징이다. 그녀는 이승과 저승을 오가며 8개월은 이승에서, 나머지 4개월은 저승[15]에서 생활하게 된다. 보통 그녀가 이승을 떠나 있는 4개월간 페르세포네의 어머니인 데메테르가 슬퍼하여 겨울을 맞이하게 된 것으로 알려져 있지만, 가만히 생각해보면 겨울은 고통스럽고 슬픈 기간이라기보다는 정화의 시간에 가깝다. 저승의 역할도 이와 같지 않을까? 마음의 일부가 생명력을 잃었을 때 잠시 정화의 공간을 방문하여 하데스에게 사연을 털어놓은 후 다시 생명력을 얻게 되는 것이 아닐까?

빛의 공간과 어둠의 공간은 우리 마음의 당연한 구획들이다. 문제는 어둠의 공간에서 정화되어야 할 것들이, 새 생명을 얻기 전에 빛의 공간으로 침입할 때 일어난다. 케르베로스보다 더 힘이 센 침입자는 누굴까? 우리는 이 사건을 마음을 가리는 어둠 또는 우울이라고 부른다. 저승이 구획을 넘어 이승을 덮쳐버리는 것이다. 이제 저승에 비상이 걸린다. 정화되지 않은 조각들을 회수해야만 하기 때문이다. 원귀가 나타날 때는 늘 이유가 있지 않은가. 이야기를 들어주고 그 억울함을 풀어주면 된다. 모두 나 자신이 할 수 있는 일이다.

억압된 표상들의 사연

무의식은 자주 어둠의 공간으로 묘사된다. 프로이트의 말대로 억압된 모든 것들은 다 무의식 속으로 들어간다. 억압의 마술이 풀리면 그것들은 쉽게 의식으로 되돌아올 수 있다. 그 전까지 억압된 것들은 무의식의 어둠 속에 갇히게 된다. 문제는 갇힌 내용들이 결코 온순히 그 공간에 적응하지 않는다는 것이다. 그 덩어리들은 끊임없이 무의식의 공간을 뛰쳐나와 의식으로 침입하고자 한다. 그럴 수밖에 없는 이유는 억압된 것들은 그렇지 않은 것들보다 훨씬 큰 에너지를 가지고 있기 때문이다. 사연도 많고, 할 말도 많다. 프로이트는 이 덩어리들을 '표상'이라고 불렀다. 쉽게 설명하자면, 영화 〈인사이드 아웃(Inside Out)〉(2015)에 나오는 기억의 구슬들이 바로 표상이라고 할 수 있다.

프로이트는 무의식의 내용이 바로 표상이라고 설명한다. 세제가 때의 표면에 들러붙듯이, 표상의 표면에 감정의 에너지가 붙어 있다. 감정은 표상들을 옮겨 다닌다. 새로운 해석에 의해 표상의 내용이 바뀌면 감정 에너지의 양도 변화한다. 표상의 결절들은 무의식을 구성하며, 그 표상들이 어떻게 움직이는지 알 수 있기 때문에 언어를 통해 무의식을 분석할 수 있는 것이다. 억압되는 것은 감정이 아니라 표상이다.

감정이 억압되어 무의식 속에 들어 있다면, 도대체 무엇으로 이 감정들을 가두어두겠는가? 에너지를 어떻게 가두어둔단 말인가? 하데스의 개도 에너지 자체를 감시하지는 못한다. 개가 감시하는 것은 에너지를 실은 표상이다. 무의식이 잡아두고 있는 것은 감정이 아니라 표상이다. 표상의 의미가 어떻게 바뀌는가에 따라, 즉 그 해석이 어떻게 달라지는가에 따라 표상의 운명이 결정된다. 과거의 의미를 떨쳐버릴 수 있는 방식으로 해석된 표상은 검열을 통과하여 다시 밝은 곳으로 올라갈 수 있게 된다.

표상은 이미지와 그리 다른 것이 아니다. 프로이트에게 언어는 이미지와 반대되는 도구가 아니었다. 그는 언어를 이미지와 동일한 것으로 간주했다. 우리의 꿈을 생각해보자. 모두 이미지로 나타나지 않는가? 꿈에 단어가 나오는 경우조차 그 단어가 마치 하나의 이미지처럼 떠오르지 않나? 프로이트는 그 이미지를 언어로 분석한다. 분석을 위한 기본 단위가 바로 표상이다. 표상은 독일어로 'Vorstellung'이라고 쓰는데, 여기서 'vor'는 '앞에'를 뜻하고 'stellen' 동사는 '세우다'를 뜻한다. 표상은 '앞에 서 있는 것'이라는 뜻이며, '심상' 또는 '관념'으로 번역되기도 한다. 'vorstellen'이라는 동사는 '앞에 세우다', '알도록 설명하다', '무엇을 눈앞에 있는 것처럼 생각하다', '상상하다', '표상하다' 또는 '마음에 그리다'를 뜻하는데, 마음으로 그린 것이라는 정의가 이 개념을 제일 잘 설명한다.

미술에서 사과를 그릴 때, '있는 그대로' 그린다는 게 도대체 뭘까? 표현주의와 인상주의, 사실주의와 입체주의는 모두 '있는 그대로' 그리는 나름의 방식들이었다. 눈앞에 있는 것을 보고 이해할 때도, 우리는 언제나 마음이 그린 것을 볼 수밖에 없다. 그 오브제가 객관적으로 그렇게 생겼기 때문에 그것을 그렇게 그린 것이 아니라, 우리 마음이 그 대상을 그렇게 그렸기 때문에 우리가 그 대상을 그러한 모양으로 보는 것이다. 그것이 '표상', 즉 '겉으로 드러난 이미지'다. 표상은 마음이 그린 것이다. 그래서 언어로 풀어낸다 하더라도 우리는 결국 마음이 그린 이미지에 대해 이야기하게 된다.

하데스의 저승은 나도 모르게 내 마음이 그린 이미지들이 모여 있는 곳이다. 만약 내 마음이 그린 이미지에 분노와 증오가 가득하다면, 그 표상은 그런 에너지를 정화하기 전까지는 이곳에 갇혀 있을 수밖에 없다. 문제는 엄청난 에너지를 가진 이런 표상들이 너무 많이 갇혀 있으면 표상들을 지키는 수고가 늘어나게 되며, 이에 따라 빛의 세계에서 써야 할 에너지들을 검열에 투입할 수밖에 없게 된다는 것이다. 이승으로 뛰쳐나오는 표상들을 잡으러 다니는 것 또한 만만치 않은 일이다. 에너지가 낭비되는 셈 아닌가. 에너지를 투자하는 더 현명한 방법은 막강한 에너지의 위협이 느껴질 때 그것을 감시하고 억압하기보다 왜 그 표상들이 그곳에 억압되어 있는지 그 사연에 귀 기울이며 어떻게 하면 X를 Y로 변화시킬지 고민하는 것이다. 그 끝에서 새로운 해석이 가능해진다면, 이승과 저승을 나누는 구획이 재건되고, 표상들이 정화의 의식을 거칠 수 있게 된다. 그리고 우리는 억압되었던 표상을 빛의 세상으로 다시 길어 올릴 수 있게 된다.

아이는 언젠가 부모를 떠나야 한다

데메테르와 페르세포네

일체의 애욕을 버리고 갈구하는 것도 없이,
나란 생각도 내 것이란 생각도 아니하는 사람은
평화에 이른다.[16]

내 아이의 이야기

데메테르는 부모의 이야기를 생각해볼 때 유용한 신이다. 왜 우리
는 항상 데메테르를 페르세포네와의 관계 속에서만 생각할까? 슬
픈 어머니, 슬픈 딸, 그들의 만남과 이별, 그것은 이 신화가 만들어
진 진짜 이유가 아니다. 프레이저(James George Frazer, 1854~1941)도
『황금 가지(*The Golden Bough*)』에서 데메테르와 페르세포네는 곡물
의 신을 이르는 연합체라고 설명했다. 인간은 삶, 세상, 우주의 이
야기를 묘사하고 전하기 위해 신화를 만들었다. 데메테르와 페르
세포네는 특정 역할을 가진 신들이며 현재 우리가 아는 슬픈 모녀
상은 우리 자신들의 문화에 의해 추가된 해석일 수도 있다. 데메
테르가 페르세포네 이외에는 아무것도 안중에 없는 신이라면 그
녀가 과연 곡물의 신, 농업의 신으로 불릴 자격이 있을까? 사실은

인간이 늘 하는 실수들을 전하기 위해 우리가 이 신들을 이용했던 것이 아닐까? 우리는 신들의 역할 및 상징과 이후에 부연된 이야기를 구분해야 한다. 먼저, 사람들이 이 에피소드로 경고하고자 한 인간 내면의 이야기를 들여다보자.

어른들은 매우 쉽게 아이들을 위한 최선의 길을 우리가 더 잘 알고 있다는 착각을 하곤 한다. 이것이 아이를 위한 길이라고 확신하며, 당사자가 싫다고 말하거나 하고 싶지 않아 버둥거릴 때조차 이 시기만 지나면 아이도 이해하게 될 것이라고 생각한다. 우리가 늘 더 잘 알기 때문이다. 아이를 위하는 길이 무엇인지, 아이가 뭘 해야 하는지, 아이가 어떻게 살아야 하는지 우리가 더 잘 안다. 상황이 이쯤 되면 우리는 더 이상 아이의 이야기를 듣지 않는다. 아이의 표정을 보지도 않는다. 그건 잘 모르기 때문에 하는 말이고, 아직 이해하지 못하기 때문에 보이는 표정이니 말이다.

그런데 어느 순간 정신을 차리고 보면 아이가 망가져 있다. 아이는 자신이 뭘 좋아하는지조차 알지 못한다. 적극적이지도 않고, 자발성도 없다. 자주 아프고 늘 힘이 없고 소극적이다. 한 번도 정말로 원하는 걸 해본 적이 없기 때문이다. 아이에게 그런 기회를 박탈한 사람이 바로 부모들이다.

아이의 눈을 바라보고 관찰하며 대화 속에서 나온 이야기가 아니라면, 부모의 해석은 틀렸을 가능성이 높다. 아이와 무관하게 나온 해석들은 아이보다는 부모의 소원이나 욕심에 관련된 이야기들이다.

아무리 마음에 들지 않아도 내 아이가 자신의 삶을 살아가는 방식을 존중해야 한다. 부모는 그저 아이가 눈을 반짝이는 게 뭔지, 인상을 쓰며 뒷걸음질 치는 것이 무엇인지 관찰하면 된다. 싫다고 하는 걸 내내 하게 만들고, 좋아하는 걸 금지하는 부모는 보호자가 아닌 폭군으로 군림하는 셈이다. 물론 그런 환경에서 벗어나기 위해 아이는 에너지를 쏟아부어야 하며 그 속에서 죄책감과도 싸워야 한다. 왜 그런 소모적인 싸움을 해야 하는가. 해결책은 의외로 간단하다. 아이의 삶에 대한 이야기라면, 아이의 얼굴을 보고 함께 이야기하자.

아이는 부모로부터 정신적으로 독립할 때 온전한 그 자신의 삶을 사는 것이 가능하다. 스스로 판단하고 결정하며, 그것에 대해 자신이 책임질 때 비로소 모든 것을 걸고 전력 질주할 에너지를 발산할 수 있게 된다. 좋아하는 것, 하고 싶은 것, 그리고 사랑하는 것이 생길 수 있는 전제는 정신적인 '독립'이다. 부모에게 모든 것을 물어봐야 한다면, 그리고 부모의 결정에 모든 것을 맞추어야 한다면, 그는 직장에서도, 애인이나 배우자나 자기 아이들과의 관계 속에서도 언제나 주변인으로 머물 수밖에 없다. 늘 부모의 눈치를 봐야 하니 말이다.

아이뿐 아니라 부모 역시 독립해야 한다. 아이를 위한 삶, 아이 이외에는 아무것도 남지 않은 삶에는 자신의 이야기가 존재하지 않는다. 부모도 행복해야 하지 않나? 내가 원하는 걸 하고, 내가 싫어하는 걸 하지 않을 수 있어야 행복한 삶이 아닌가? 모든 것을 아이에게 거는 삶에는 부모 자신의 이야기가 배제되어 있다.

달고 즙이 많은 과일이 주렁주렁 열린 나무를 생각해보자. 그 풍요로움은 오직 내가 온전한 나 자신일 수 있을 때, 내 삶의 중심에 설 수 있을 때만 가능한 풍경이다. 사람들에게 내 과일을 나누어줄 수 있는 경지를 '전문가'라고 부를 수 있지 않을까?

데메테르 신화에서 우리는 흔히 어머니의 이야기만을 듣는다. 데메테르와 그녀의 슬픔에 대해서는 자주 들어왔지만 페르세포네에 대한 이야기는 잘 언급되지 않는다. 마치 페르세포네가 데메테르에 속한 존재인 듯 그려지거나, 하데스와 제우스의 계약 속에 교환되는 물건처럼 언급될 때도 있다. 정작 여기에서 빠져 있는 이야기는 페르세포네 자신의 서사다.

빛을 기억하는 자, 어둠을 벗어나다

데메테르는 풍요로움을 상징하는 곡물의 여신이다. 헤시오도스의 『일과 날』은 데메테르를 주인공으로 삼아 삶과 노동에 대해 이야기한 책이다. 이 책에는 "데메테르의 신성한 곡식"이라는 표현이 반복되며,[17] 어떻게 씨앗이 신성한 대지에 튼튼히 뿌리내리는지, 언제 수확을 해야 하는지 등 농사의 법칙들이 설명되어 있다. 데메테르는 신성한 대지와 곡식과 노동을 의미하는 신으로, 늘 슬픔에 잠겨 딸을 그리워하는 신이 아니라 그 자체로 하나의 기능을 가진 신이다. 그녀는 헤라, 하데스, 포세이돈, 제우스와 함께 태어난 최초의 신들 중 하나이며, 이 세상을 구성하는 가장 중요한 요소, 바로 생산을 의미한다. 풍성한 곡물, 생명이 가득한 땅은 그녀의 선물이다. 그것은 온전한 나 자신으로 살아가는 사람만이 도달할 수 있는 경지를 뜻한다. 즉 세상 만물이 번성케 하는 풍요로움은 인간 내면의 생산력을 의미한다. 데메테르는 에로스 자체만으로는 표현할 수 없는 풍요로움의 결과를 선명히 보여주는 신이다. 과일이 주렁주렁 열린 나무, 터질 듯한 곡식들이 무르익어 가는 들판은 가장 튼실하고 아름다운 인간의 마음을 보여주는 좋은 비유들이다.

작은 것에 미친 듯이 화를 내고, 이해할 수 없는 행동들로 타인을 괴롭히는 사람들이 있는 반면, 늘 웃는 얼굴로 다른 이들의 행동과 말과 생각을 여유롭게 감싸주는 사람들도 있다. 후자는 마음이 풍성한 사람들이다. 마음속에 남과 나누어 먹을 곡물이 가득한 사람들을 만나면 우리의 마음이 풍요로워진다. 데메테르의 풍요는 바로 그런 치유적인 풍요로움이다.

그런데 이런 모습보다 제우스와의 사이에서 낳은 딸 페르세포네를 하데스에게 빼앗기고[18] 딸을 그리며 슬퍼하는 어머니의 모습이 우리에게 더 깊이 각인되어 있다. 페르세포네가 그녀를 방문하는 봄이 되면 온 세상이 아름답게 깨어나고, 그녀가 저승으로 돌아가는 겨울이 되면 데메테르의 슬픔 때문에 이 땅이 풍요롭지 못한 것이라는 이야기에서는 어머니의 사랑 또는 사랑하는 딸과의 이별 이야기가 더 강조된다.

그러나 겨울은 생산을 위한 휴식의 시간, 봄을 위해 준비하는 시간일 수도 있다. 빛과 어둠, 바다와 대지, 이승과 저승, 그리고 추위와 더위는 함께 조화와 균형을 맞춘다. 데메테르의 아들 플루

토스는 만나는 이들을 전부 부자로 만들어준다. 그렇다면 페르세포네 역시 대지의 신이 가진 특성을 물려받지 않았을까?

　페르세포네가 어머니와 함께 있을 때 세상이 가장 풍요롭다. 그녀가 저승과 이승을 왕래해야만 하는 진짜 이유는 저승의 표상들에게 삶의 힘을 전하기 위해서일 것이다. 저승 역시 삶의 공간이다. 이 공간에서 저승의 표상들은 다시 생명력을 되찾기 위해 긴 여정을 견디고 있다. 삶, 에너지, 생산이 없는 저승과 전혀 어울리지 않는 페르세포네는 저승의 표상들이 이승의 풍요로움을 기억할 수 있도록 돕는 역할을 한다. 어머니를 잊지 못한다는 것은 그녀가 풍요로움에 대한 기억을 간직하고 있다는 뜻이다. 그녀가 하데스 옆에 앉아 있는 한, 저승은 인간을 위협하는 두려움의 나락으로 추락하지 않고 이승의 삶을 돕는 정화의 공간으로 기능한다. 데메테르와 페르세포네의 이야기에서 가장 중요한 것은 '기억'과 '반복'이다. 풍요로움에 대한 기억만이 우리를 다시 그러한 생명력으로 돌아가도록 돕는다. 진짜 지옥이란 고통받는 곳, 빛이 없는 곳이라기보다는 기억을 잃은 곳을 뜻한다. 페르세포네는, 우리가 봄을 기억할 수 있다면 언젠가 반드시 어둠의 공간을 벗어나게 된다는 이야기를 들려주고 있다.[19]

내면의 신화 실현

데메테르도 페르세포네도 자신들만의 온전한 신화가 있다. 우리 모두 자신만의 온전한 역할 속에서 자신으로 가는 길 위에 있을 때 비로소 삶이 풍요로워진다. 자신의 신화를 실현하는 사람은 행복하다. 정신분석에서 행복의 전제는 '분리'와 '독립'이다. 부모와 자식이 함께 사느냐 따로 사느냐는 중요하지 않다. 따로 살아도 정신적 이유기를 거치지 않은 의존형들이 있고, 같이 살아도 정신적으로 독립된 성숙한 어른들이 있다.

하데스에 의해 데메테르와 페르세포네가 분리된다는 서사에는, 풍요로운 삶을 위한 필수적 단계가 부모와 자식의 정신적 분리라는 정신분석 이론이 반영되어 있는 듯 보인다. 흥미로운 것은 이 같은 분리 이후에 자식은 비로소 부모를 제대로 돌볼 수 있게 된다는 점이다. 그가 어른이 되었기 때문이다. 자식을 떠나보내지 못하는 부모는 자식에게 이렇게 말한다. "저 밖은 어둡고 무서운 곳이야. 여긴 안전하잖니. 내가 널 지켜주잖아. 그냥 여기 있어. 나가지 마. 떠나지 마." 그러나 부모의 품을 떠나지 못한다면 안락한 집은 곧 감옥으로 변할 것이다. 그 속에서 자신의 삶을 살아가는 것은 불가능하다. 성인이 되는 첫 단계는 부모를 떠나 어둡고 무서운 세상 속으로 들어가는 것이다. 페르세포네가 어머니의 곁을 떠나 하데스의 저승으로 내려가는 것은 이유(離乳)라는 힘든 여정을 뜻하는 상징일 수도 있다.

그것은 부모의 삶과 분리된다는 뜻이기도 하다. 보통 아이들은 부모의 감정을 모두 떠안고 살아간다. 불행한 부모, 늘 우울한 엄마를 보고 자란 아이의 마음은 똑같은 불행과 우울로 가득한 경우가 많다. 우리는 우리 눈이 마주한 것들을 마음으로 집어삼킨다.

아이는 부모의 분노와 증오와 우울과 욕설과 눈물을 모두 정신 내부로 흡수한다. 해결되지 않은 문제들로 가득한 집에서 내 미래와 행복과 삶에 대해 명상할 수 있는 아이는 극히 드물다. 그의 공간이 부모가 흘린 감정의 찌꺼기들로 채워지기 때문이다.[20] 다른 것을 할 공간 자체가 없는 셈이다. 문제는 몸이 커져도 상황이 바뀌지 않는 경우다. 여전히 내 마음이 부모의 마음과 완전히 싱크로나이즈되어 있으면, 온전한 성인으로 기능하는 것이 쉽지 않다. 부모의 삶과 내 삶이 분리될 때 내 인생이 시작된다. 쉰이 되었어도 여전히 탯줄을 달고 있는 사람도 있고, 다섯 살배기가 어른의 눈을 지그시 들여다보며 그를 위로하기도 한다. 분리와 독립이 되지 않는 한 삶의 여정은 시작되지 않는다. 몇십 년이 지나도, 여전히 그 자리에서 제자리걸음을 하고 있을 뿐이다.

부모도 노력을 해야 한다. 자식들이 하는 일이 부모의 입장에서는 답답해 보이기 십상이다. 그러나 아무리 속이 터져도, 내 자식이 사랑에 빠진 사람이 아무리 못마땅해도, 그 때문에 아무리 마음이 상해도 부모는 그저 자식의 선택을 존중하고, 지켜볼 수밖에 없다. 그것이 어른과 어른 사이에서 일어나는 일이다. 통제하고 조절하고 불평으로 마음을 상하게 하는 것은 결코 어른이 어른에게 할 일이 아니다. 물론 그 반대도 마찬가지다. 부모의 삶을 전혀 존중하지 않는 자식들도 있다. 가장 아름다운 부모 자식 관계는 모두가 온전한 자기 자신이 되는 삶의 여정 속에서 서로를 지켜보며 격려하는 것이다. 그때 내면의 풍요로움이 진정으로 분화될 수 있다.

고향, 집, 부모님이라는 말은 인간에게 필수적인 양분을 제공한다. 절대적 보살핌과 풍요로움의 극대치를 뜻하는 요소들이기 때문이다. 내 고향, 내 집, 내 부모가 아니더라도 이 단어들을 듣는 것만으로 우리는 가장 안정된 삶을 떠올리곤 한다. 이 요소들이 집약되어 있는 단어는 물론 '어머니'다. 그리운 어머니, 나를 보고 싶어 하는 어머니의 모습은 세상 무엇보다 강력한 에너지원이다. '어머니'는 가장 안정된 삶, 보호받는 삶, 춥지도 덥지도 않은 쾌적한 삶, 배불리 먹고 노곤히 드러누운 한가로움, 그리고 이 모든 삶의 풍요로움을 뜻하는 단어다. 그것이 바로 대지의 여신 데메테르가 약속하는 풍요로움이다.

지혜롭기 위해서는 전투를 치러야 한다

지혜와 전쟁의 여신 아테나

> 어떤 방면에도 애착이 없고
> 좋은 것을 얻거나 언짢은 것을 얻거나
> 기뻐도 아니하고 원망도 아니하는 사람,
> 그 사람은 지혜가 흔들림이 없느니라.[21]

지혜가 필요한 시간[22]

지혜가 절실히 필요한 상황들이 있다. 물론 언제나 지혜롭다면 더 바랄 나위가 없겠지만, 우린 늘 잘못 보고, 잘못 듣고, 매우 자주 잘못 판단한다. 그러다 보면 나 자신에게까지 해를 입히는 어리석은 실수를 하게 되기도 한다. 자, 이제 싸워야 할 시간이 왔다. 내가 늘 하던 것을 내려놓는 일도, 내가 한 번도 해보지 못한 것을 하는 일도 모두 나 자신과의 싸움들이다.

아테나는 지혜의 여신인 동시에 군대를 이끄는 무적의 여신이다. 지혜와 전투가 왜 함께 있는 걸까? 그 이유는 지혜롭기 위해서는 어쩔 수 없이 치러야만 하는 전투가 있기 때문이다. 바로 나 자신과의 싸움이다. 내 안에 있는 가장 좋은 것들이 발휘될 수 없게 만드는 내면의 온갖 적들과 겨루어야 한다. 그리고 마침내 온전한 나 자신이 되어 내 스타일을 찾아야 한다. 나는 이러하고 저러해서 이걸 못하고 저걸 못한다고 생각한다면, 그 마음과도 싸워야 한다. 어떤 스타일과 유형이든지 다 각자의 방식으로 지혜로울 수 있다.

내가 감정형이라 사고는 못 한다고 생각한다면, 그건 오산이다. 감정형도 직관형도 그리고 감각형도 모두 저마다의 개성 속에서 지혜로울 수 있다. 각자가 가진 가장 강한 무기를 사용하도록 돕는 것이 지혜다. 각자의 역량을 최고로 발휘되게 만드는 것이 바로 지혜다. 지혜는 마음과 마음이 만날 때 태어난다. 그것이 관계 속에서 생성되는 요소이기 때문이다. 아무도 배려하지 않고, 아무도 좋아하지 않고, 아무것도 소원하지 않는 사람이 지혜를 가질 수 있을까? 지혜란 보호할 사람이 있을 때, 사랑하는 사람이 있을 때 비로소 작동된다. 지킬 것도 없고, 바라는 것도 없고, 걱정하는 것도 없는데 왜 지혜를 필요로 하겠는가?

제우스의 머리에서 자란 아테나는 세상만사의 이치를 알고 그 사물들이 어떻게 움직이는지 이해하는 능력을 타고났다. 그것이 바로 지혜다. 어떤 사물이 제자리에서 벗어나면 조화와 균형이 깨진다. 그 어긋남을 포착하고 그것을 정정하여 사물들을 유연한 흐름 속으로 되돌리는 것이 그녀의 역할이다. 그건 사고에 관련된 것만이 아니다.

내가 감각형이라면 관찰이 빠른 사람이라는 뜻이니, 내 앞의 사람과 사물을 잘 관찰하면 된다. 물건이 잘못 배치되어 있거나 관계가 어긋나 있을 때 감각형은 잘못된 지점들을 쉽게 관찰할 수 있다. 늘 밝은 옷을 입던 사람이 부쩍 어두운 색만을 선택하여 입고 다닌다면, 마음을 쓸 충분한 이유가 된다. 지혜란 보이지 않는 것을 포착하고 무너진 질서를 다시 회복하는 힘이다.

내가 감정형이라면 견딜 수 없는 일을 억지로 견디고 있는 사람의 고통을 누구보다 잘 이해할 수 있다. 그게 얼마나 힘든 일인지 누구보다 잘 알기 때문이다. 뛰어난 공감 능력으로 타인의 상태를 느끼는 것은 감정형만이 할 수 있는 일이다.

내가 직관형이라면 통찰에 능한 유형이니, 누구보다 조화와 균형의 지도를 잘 파악할 수 있다. 심지어 미래의 어긋남을 예측할 수도 있을 것이다. 쉽게 가까이하기보다 조심해야 하는 사람, 경계해야 하는 일도 미리 알 수 있다. 이 역시 지혜로움이다.

사고형이라면 느껴지지 않아도, 통찰되지 않아도, 그리고 보이지 않아도 사고로 유추해낼 수 있다. 무엇이 잘못되었는지, 어떻게 해야 하는지, 어떻게 될 수 있는지 한 치의 미동도 없이 앉은 자리에서 생각해내는 사고형의 모습 역시 지혜롭다.

이 지혜들을 제대로 발휘하기 위해 우리는 마음속 어긋난 요소들을 바로잡는 전투를 시작해야 한다. 그것을 싸움이라고 부르는 이유는 잘못 놓인 사물을 제자리로 옮기는 데는 언제나 변화를 위한 파괴와 전략과 에너지가 필요하기 때문이다. 어긋난 부분들에 힘을 가해 변화시키는 것은 하나의 전투다. 내게 이 전투를 도울 군대가 있다면 더 수월하게 변화를 도모할 수 있다. 아테나에게는 그녀가 제시하는 지혜의 길을 열 수 있는 군대가 있다. 아무도 이길 수 없는 아테나와 그녀의 군대는 지혜의 힘을 상징한다.

지혜와 전투

아테나는 인간과 신들 중 가장 지혜로운 메티스와 제우스가 결합하여 생긴 딸로, 제우스의 머리에서 태어난다. 지혜라는 단어가 수식어로 동반되는 이 여신은 동시에 전투에서 결코 패배하지 않는 신이기도 하다. 그래서 아테나는 언제나 갑옷을 입고 창과 방패를 든 모습으로 그려진다. 지혜의 여신이 갑옷, 창, 방패라니 지혜와는 전혀 어울리지 않는 모습이다.

아테나는 어려움에 처한 영웅들에게 나타나 가장 필요한 조언을 들려주고, 아직 자신이 누군지 모르는 어린아이가 한 사람의 영웅으로 성장할 수 있도록 멘토가 되어주기도 한다. 아테나는 한마디로 우리가 스스로 해결할 수 없을 듯한 어려움에 처했을 때 우리에게 가장 간절한 신이다.

이 지혜로운 신은 자주 '빛나는 눈'을 지닌 것으로 묘사된다. 지혜란 현재를 관찰하고 미래를 통찰하는 능력이기 때문이다. 지혜는 시간을 관통해 볼 수 있는 능력으로, 그냥 두었을 때 망가지고 어긋나는 일과 사물과 사람을 구해내는 역량이다. 한 발 앞서 생각하고, 한 치 앞을 볼 수 있는 능력이 있다면, 우리는 그동안 우리에게 일어났던 수많은 불운들을 피할 수 있었을 것이다. 지혜는 흐름을 바꾸는 힘이다.

흐름을 바꾼다는 말은 원래 그런 것, 으레 그런 것, 자연스럽게 보이는 것, 아무도 질문하지 않는 것과 싸워 소위 당연한 것들에 대해 질문하고 그 전제 자체를 무너뜨리며 근본 구조를 바꾸는 작업을 뜻한다. 그것은 한마디로 전투의 과정이다.

아테나는 군대를 이끈다. 아테나를 묘사하며 헤시오도스는 "전투를 불러일으키고 군대를 인솔하는, 아무도 이길 수 없는 이 존경스런 여신"이라고 말한다.[23] 그런데 정작 아테나가 군대를 이끌고 나가 적을 공격하는 장면은 그리 익숙하지 않은 풍경이다. 그녀의 전투가 물리적인 싸움이 아니기 때문이다.

우리는 변화를 싫어한다. 더 정확히 말하자면, 변화를 두려워한다. 누군가에게 영향을 끼치는 것도 정말 겁나는 일이다. 그래서 가능한 한 아무 일도 일어나지 않도록 애를 써보기도 한다. 지혜는 이 같은 수동성과 싸우는 힘이다. 가만히 있고자 하는 마음, 아무것도 하지 않겠다는 의지와 싸워야만 더 좋은 상태로 나아갈 수 있다. 전쟁과 전투는 지혜가 세상의 어긋남을 바로잡기 위한 도구들이다.

지혜가 가장 필요로 하는 요소 중 하나는 '적시(適時)'다. 적시를 놓치면 또다시 변화를 위한 시간을 하염없이 기다려야만 한다. 적시를 만드는 것 역시 군사 전략을 짜는 노력에 필적하는 과제다. 물론 모든 것을 모든 사람이 알게 하는 것도 전략일 수 있으나, 매사를 동일한 전략으로 진행하는 것은 결코 지혜로운 방법이 아니다. 지혜는 잠깐 기다리는 것, 미리 이야기하는 것, 살짝 피하는 것, 눈을 질끈 감고 대면하는 것, 화내는 것 모두를 적절한 시간에 적절한 방식으로 활용한다.

무작정 하는 객기, 다 내던지는 포기, 늘 자신 있는 오만, 쉽게 생각하는 안일 등은 지혜롭지 못한 태도다. 이런 일들은 그리 힘을 들이지 않고도 쉽게 할 수 있다. 그저 가만히 있으면 되기 때문이다. 지혜는 가만히 있지 않는 것이다. 현재의 상태와 싸워 더 나은 상태로 변화시키는 것, 그것이 바로 지혜다. 그렇기에 지혜는 언제나 무장을 갖추고 현재에 돌진한다. 우리는 책의 후반부에서 크리슈나의 조언을 통해 삶의 전투와 지혜로운 삶에 대한 이야기를 더욱 자세히 풀어볼 것이다.

에로스와 타나토스

프로이트는 인간 정신의 축을 에로스와 타나토스로 설정했다. 하나는 삶의 힘이고 다른 하나의 파괴의 힘인데, 그는 이 두 힘들의 싸움으로 인간의 삶을 설명할 수 있다고 생각했다. 그러나 삶 충동, 죽음 충동이라고도 불리는 이 축은 긍정적인 것과 부정적인 것으로 나눌 수는 없는 대극들이다. 그 이유는 죽음 충동이 부정적인 힘으로 정의되지 않기 때문이다.

정신분석에서 타나토스는 공격 충동 또는 파괴 충동으로도 정의된다. 신화에서 타나토스는 닉스(밤)의 아들로 죽음을 뜻하지만, 프로이트는 그런 죽음의 특성 중 파괴력과 공격력을 의미하기 위해 이 개념을 사용했다. 삶 충동의 기능은 합하고 모으고 연대하는 것인 반면 죽음 충동의 역할은 떼어내고 분리하고 파괴하는 것이다. 그런데 여기서 프로이트는 그러한 분리와 파괴와 공격이 인간의 삶에 꼭 필요한 요소라고 말한다.

하나가 다른 하나와 연대하는 가장 아름다운 과정이 사랑이라면, 사랑에도 어느 정도의 공격성이 필요하다. 내가 좋아하는 사람에게 말 한마디 못 건넨다면 그는 영원히 내 마음을 알지 못할 것이다. 자발성과 방향성은 둘 다 힘과 에너지를 필요로 하는 요소다. 즉 결합을 위해서는 반드시 그 속에 나 자신의 껍데기를 부수는 파괴의 과정이 전제되어야만 한다. 하나를 고수하고자 하는 마음이 파괴될 때 나 자신이 다른 사람에게 열린다.

그래서 프로이트는 죽음 충동이 결국은 삶 충동에 봉사한다고 말한다. 프로이트의 정신분석학에서 죽음 충동은 자살 충동과 같이 자신과 세상을 파괴하는 마음보다는 삶 속에서 에로스적 결합을 돕는 전투력으로 정의된다. 치유의 이야기 속에서 죽음 충동은 언제나 삶의 방향으로 움직인다. 에로스와 타나토스가 결합하여 삶의 방향으로 나아가게 만드는 것이 바로 정신 치유의 목표다.

지혜란 행복으로 나아가는 길을 창조하는 능력이다. 돌보지 않으면 생명도 삶도 그 에너지를 잃게 된다. 지혜는 우리가 삶의 방향으로 나아가는 데 꼭 필요한 전략이다. 우리가 전략이라는 단어를 사용하는 이유는 그것이 관계에 대한 이야기이기 때문이다.

사람과 사람이 이어지고, 그들이 연대하여 더 많은 사람들과 손을 잡게 되는 것, 바로 그것이 에로스의 최대치인 대양적 감정을 뜻한다면, 그러한 관계는 오직 이기심과 전능감을 극복할 때만 가능하다. 관계는 현재 상태의 변화를 전제하는 개념이다. 관계 속에서는 나만의 규칙과 나만의 세상이 이전과 같은 형태로 보존될 수 없다. 외연이 넓어진다는 것은 이전의 경계가 파괴되며 삶이 확장된다는 뜻이다. 모르던 것, 알지 못했던 사람을 내 삶에 받아들이게 된다는 뜻이기도 하다. 여기에는 엄청난 에너지가 필요하다. 이것을 하나의 전투라고도 할 수 있다. 나 자신과의 싸움에서 이길 때, 비로소 나는 새로운 미래로 나아갈 수 있다.

지혜로운 삶 속에서는 혼자 할 수 없던 것들이 가능해지고, 그동안 꿈꾸지 못했던 것들을 꿈꿀 수 있게 된다. 이 여정 또는 이 전투를 시작하는 이들에게 연대하는 법, 또는 잘 싸우는 법을 알려주는 것 역시 지혜다. 그런 지혜를 갖춘 이를 우리는 멘토라 부른다. 멘토는 멘티가 자신의 삶을 확장할 수 있도록 이끌어준다. 성숙의 여정을 잘 거친 이들은 그들 자신이 다시 멘토가 될 수 있다.

라캉은 죽음 충동이 기존의 구태의연한 모든 틀을 붕괴시키는 힘이라고 설명한다. 뱀이 허물을 벗듯 현재의 나를 정의하는 것들에 종말을 고할 때 비로소 새로운 삶의 창조가 가능해진다.

사랑은 진공 속에서 자라지 않는다

아프로디테의 탄생

> 행동의 감각 기관을 억제하고 있으면서도
> 그 마음은 감각의 대상을 생각하고 있는
> 사람은 미혹된 혼이니 그런 사람을 위선자라
> 부르느니라.[24]

사랑의 비너스

어떤 사랑이 정답일까? 육체적인 사랑과 정신적인 사랑, 지금 나는 어떤 사랑을 하고 있나? 내 과거의 사랑은 어떤 사랑이었나? 모든 것이 처음인 상태에서는 육체적 사랑이 마치 나쁜 것, 악한 것으로 느껴지기도 한다. 그렇게 교육받았기 때문이다. 안전한 사랑은 정신적인 사랑이지만, 오랜 시간 그런 사랑에 멈추어 있으면 연애가 성립되지 않는 경우도 있다. 한 사람과 사랑에 빠지고, 그와 모든 것을 공유하게 될 때 몸과 정신의 구분이 사라지는 순간이 있다. 하나가 된다는 표현에서와 같이 경계가 무너지는 그 지점을 우리는 사랑이라 부른다. 그럼에도 불구하고 우리는 육체적 관계와 정신적 관계를 구분한다. 과연 사랑을 대극으로 나누는 것이 가능할까?

어떤 정신적 교감도 없는 육체적 관계를 생각해보자. 여기에는 이야기가 없다. 의미란 사연 속에서 태어나는 것이다. 그 사람과의 이야기가 없으므로, 이 관계는 의미와 연동되지 않는다. 물론 의미가 생성될 수 없다는 뜻은 아니다. 그러나 '어떤 정신적 교감도 없는 관계'라는 것이 전제라면, 여기에는 어떤 의미도 존재할 수 없다.

어떤 육체적 관계도 존재하지 않는 정신적 교감을 생각해보자. 여기에는 약속이 없다. 정신적 교감의 정점은 모든 것을 공유하는 경지일 텐데, 정신적 교감뿐인 관계라면 그때의 교감은 언제나 육체라는 경계를 테두리 삼아 그 외연을 정의한다. 그 이상 넘어가면 안 되는 경계가 있다는 것은 정신적 교감이 제한되었다는 뜻이다. 이 상태에서는 모든 것을 공유하겠다는 약속이 불가능하다.

아프로디테(비너스)가 남근 주변의 거품으로부터 태어났다는 이야기는 매우 불편하게 느껴진다. 사랑 이야기를 하는데 남근이라니, 이게 웬 말인가! 그런 생각에는 우리가 교육받아온 방식이 고스란히 배어 있다. 물과 남근이 만나 그 거품 속에서 가장 아름다운 여신이 탄생했다는 이야기가 왜 불편한가? 더 이상 누군가에게 소속되지 않은 남근이 바다라는 시원적 생명의 공간 속에서 스스로 아이를 낳았다. 보티첼리의 유명한 그림 〈비너스의 탄생〉에는 커다란 조개를 타고 긴 머리를 휘날리는 여신만 보일 뿐이다. 천사들 몇이 그녀의 머리 위를 떠다니지만 아무리 살펴봐도 남근은 보이지 않는다. 남근에 대한 불편함이 아프로디테의 이야기를 둘로 나누어버렸을 수도 있다. 잠시 후 우리는 이와 관련하여 천상의 비너스와 일상의 비너스라는 구분에 대해 살펴볼 것이다.

가장 아름답고 숭고한 것으로 인식될 수도 있는 성을, 가리고 숨겨야 하는 더러운 것으로 간주하게 되면 사랑의 공식 자체가 깨져버린다. 말로는 균형과 조화가 중요하다고 했지만, 정작 몸과 마음의 조화는 고려하지 않는다면 그 역시 모순이 아닌가? 과연 몸을 무시한 상태에서 마음의 평안이 가능할까? 건강한 정신이라는 말처럼 건강한 성이라는 말을 편안하게 쓸 수 있을 때 비로소 건강한 사랑도 가능해진다.

물론 어려운 일이다. 특히 부모에게는 더욱 어려운 일이다. 자녀의 성생활을 인정할 수 있는 성숙한 부모가 얼마나 있을까? 부모 역시 서툴고 모든 것이 처음인데, 과연 그 정도로 열린 마음을 가진 부모가 있을까? 그렇지만 답은 명백하다. 금지와 억압은 언제나 자식을 망친다. 언제까지 아이들을 보호할 수 있다고 생각하나? 사실 '보호'라는 단어도 적절하지 않다. 부모는 '보호'라고 말하지만 그것은 개입이자 간섭에 다름 아니다.

아프로디테의 그림에서 남근을 빼는 것, 바로 그게 우리가 늘 해온 일이 아니었나. 우리는 그렇게 자랐지만 우리 아이들에게는 조금 다른 방식으로 사랑에 대한 이야기를 들려주어야 한다.

두 명의 아프로디테

헤시오도스의 『신들의 계보』에서는 크로노스가 아버지 우라노스의 남근을 잘라 바다로 던졌을 때 그 주위에서 거품이 일며 소녀가 자라난다. 그녀가 바로 아프로디테다. 아프로디테가 걸어 나오며 밟는 땅에서 풀이 자라기 시작한다. 내내 그녀의 탄생을 지켜보던 에로스는 여신이 땅으로 나오자 그녀와 동행한다.

그런데 또 하나의 버전이 있다. 헤시오도스와 비슷한 시기에 활동했던 시인 호메로스에 따르면 아프로디테는 제우스와 바다의 요정 디오네의 딸이다. 여기서는 에로스가 아프로디테의 아들로 나온다. 앞선 에로스와 프시케의 사랑 이야기에서도 아프로디테는 에로스의 어머니로 등장했었다. 두 명의 아프로디테와 두 명의 에로스가 있다는 뜻인데, 이에 대해 플라톤(Platon, BC 427~BC 347)은 『향연(Symposion)』에서 나이 많은 아프로디테와 젊은 아프로디테, 그리고 그와 관련된 두 명의 에로스를 구분해야 한다고 주장한다.

그는 나이 많은 아프로디테를 우라노스의 남근에서 태어난 천상의 여신이라 부르고 젊은 아프로디테를 일상의 여신이라 부른다. 나이 많은 천상의 여신은 젊은 일상의 여신보다 성숙하고 정신적으로 고양된 경지를 상징한다. 이에 따라 에로스 역시 천상의 여신과 관련된 에로스는 성숙하고 완전한 사랑을 의미하는 반면, 일상의 여신, 백성들의 아프로디테가 낳은 에로스는 일상 속에서 경험하는 평범하고 세속적인 사랑을 의미한다.

물론 두 가지는 모두 사랑의 다양한 얼굴들일 것이다. 가장 높은 것과 가장 낮은 것, 천상의 것과 지상의 것, 정신적인 것과 육체적인 것, 고양된 것과 원시적인 것, 성(聖)과 속(俗)은 모두 사랑의 모습이다. 하나를 다른 하나로부터 분리해 칭송하거나 경멸하는 태도는 어느 것이나 온전한 사랑을 위한 좋은 방법이 아니다.

늘 좋기만 한 사람이 있던가? 수많은 사건들과 사연들 속에 오랜 시간을 보내다 어느 순간, '아, 그가 나를 정말 사랑하는구나!'라는 생각이 마음을 관통하게 된다. 사랑하는 사람의 가장 초라한 모습을 못 봤기에 내가 아직 그 사람을 사랑하고 있는 것인가? 그걸 알면서도 그를 사랑할 수밖에 없는 것이 아니었던가?

무균의 진공 속에서는 사랑이 자라지 않는다. 일상의 시간 속에는 으레 실수와 잘못과 이기심과 분쟁과 오해와 질병과 게으름과 미움이 떠다닌다. 온 마음을 다하는 숭고한 천상의 사랑에는 이 부분들까지 전부 포함된다. 마음속 감정의 소용돌이를 잠재우고 자신의 이기심을 극복하지 못한다면 내 안에 남을 받아들이는 것은 가능하지 않다. 진정한 사랑이란 두 발을 이 세상에 딛고 일상의 괴로운 일들을 감수하며, 그럼에도 불구하고 모든 고통을 넘어서는 현상이다. 그러한 극복이 없이는 남이라고 불리는 내 앞의 타인을 두 팔 벌려 끌어안고 그의 존재를 긍정할 수 없다. 늘 뭔가 불만이고, 뭔가 마음에 들지 않고, 감정 상하는 어떤 일이 항상 일어난다.

극과 극이 하나가 되었을 때 비로소 가장 높은 것과 가장 낮은 것이 한데 어울려 온전한 사랑을 할 수 있다. 신화에는 아프로디테가 개입하여 사랑으로 결합하게 되는 인연의 이야기가 자주 나온다. 왜 사랑을 나누는 한 쌍 이외에 아프로디테가 필요하겠는가? 그것은 이 여신이 온전히 한 사람을 내 안에 받아들이기 위해

필요한 방법을 알려주는 역할을 하기 때문이다. 바로 대극의 합일
이다.

대극의 합일

융의 분석심리학에서 가장 중요한 치유와 성숙의 방법론은 대극
의 합일이다. 뭐든 골고루 적당히 할 수 있는 삶이 가장 건강하다
는 말인데, 이 쉬운 말이 막상 실천하기는 상당히 어렵다. 우리의
삶이 자주 한쪽 극으로 치우치기 때문이다. 우리는 공부도 적당히
하고, 동시에 적당히 놀기도 하는 삶을 배우지 못했다. 오랜 시간
치우친 삶, 균형이 깨진 생활을 강요받아온 후 갑자기 자신을 찾
으라거나 온전한 나 자신으로 살라는 말을 들으면 당황하게 된다.
그래본 적도 없고, 그런 걸 배워본 적도 없기 때문이다.

두 가지 사랑, 두 명의 비너스, 두 명의 에로스는 우리에게 진정
한 삶은 언제나 두 가지 대극이 합일된 상태라는 것을 가르쳐준
다. 사랑은 숭고하고 아름다운 것이지만, 그런 숭고함과 아름다움
속에 현실이 포함되어 있지 않다면, 그건 허상에 지나지 않는다.
달콤한 연애 시절이 영원할 수도 없고, 영원히 스무 살일 수도 없
다. 현실 속에서 우리는 내가 어쩌다 이 인간을 만났나 한숨 쉬기
도 하고, 어느 순간 주름이 늘었다는 걸 깨닫게 되기도 한다. 현실
은 달콤하지 않다.

그러나 그래도 내가 이 사람을 떠나지 않은 이유가 분명하다면,

그리고 얼굴 가득 주름을 만들며 서로 바라보고 웃고 있다면, 그게 바로 대극의 합일을 이룬 사랑이 아닐까? 어릴 적 장밋빛 세상이 무너진 후, 수많은 돌발 상황과 변수들 속에서도 여전히 지금의 인생이 나쁘지 않다면, 이 역시 대극이 합일된 성숙한 상태라고 할 수 있다.

이 말은 나 역시 두 사람이어야 한다는 뜻이다. 공부하는 나와 노는 나가 내 안에 함께 어울려 있어야 한다. 디스크가 빠질 때까지 공부를 했다는 말은 균형이 깨져 있다는 말이다. 청결 역시 마찬가지다. 손을 씻는 습관은 중요하지만, 매번 세균을 모조리 박멸하려는 노력은 삶의 균형을 깨뜨린다. 손을 씻는 데 대부분의 에너지를 소진하게 될 테니 말이다. 너무 걱정을 하는 것도 치우친 삶의 태도다. 생각을 멈추는 지점이 있어야 숨을 쉴 수 있다. 감각적인 방식으로 원하는 일을 하는 것도 필요하다. 배가 고프면 밥을 먹는 것처럼, 자연스럽게 내면에서 밀려오는 욕망에 답해줄 필요도 있다. 너무 짓누르다 보면 더 큰 문제가 발생한다.

그런데 대극을 합일하는 데 별 관심이 없다면 어떨까? 공부도 하고 놀기도 해야 한다는 건 쉬운 사례다. 정신적인 사랑과 육체적인 사랑, 숭고한 사랑과 현실적인 사랑이 함께 있을 때 모든 것을 공유하는 사랑이 된다는 것 역시 이해할 만하다. 그런데 내향성, 외향성의 경우는 조금 다르지 않나? 대극의 합일에 대해 이야기하다 보면 가끔씩 받는 질문이 있다. "왜 굳이 대극을 합일시키려고 노력해야 해요? 내가 제일 편한 걸 하면 되잖아요?" 맞는 말이다. 사람들과 어울리는 것이 편한 사람이 있고, 혼자 일을 하는 것이 편한 사람도 있다. 왜 내가 편하지 않은 걸 해야 하나? 그 이유는 대극이 합일되었을 때, 언젠가 반드시 마주치게 될 수많은 돌발 상황들에 더 잘 대응할 수 있기 때문이다.

육체적인 사랑이 꼭 동반되어야 한다는 말이냐고 물을 수도 있다. 물론 다채로운 사랑이 존재할 것이다. 손 한번 잡지 못했으나 삶에 큰 영향을 준 사랑도 있을 테고, 반대로 육체적인 관계이기만 했다고 생각했으나 지나고 보니 마음을 공유한 사랑이었음을 알게 되기도 한다. 두 명의 비너스가 우리에게 알려주는 것은, 그런 사랑은 온전한 사랑일 수 없다는 이야기가 아니다. 무수히 많은 현실의 계기들 속에서 다양한 상황이 연출될 수 있다. 그 모든 것들이 사랑의 일면이다. 두 명의 비너스가 경계하는 것은 가장 높은 것을 정해두고 그것을 좋은 것으로 간주한 뒤, 가장 낮은 것을 정의하고 그것을 나쁜 것으로 배척하는 태도다. 사랑에 나쁜 것이란 존재하지 않는다. 나와 타인이 만나 마음이 결합하고 몸이 하나가 되고 삶이 공유되는 일은 세상에서 가장 아름다운 사건이다. 모든 경우의 수를 다 사랑으로 인정하기 위해 우리는 사랑에 관한 한 나쁜 것과 좋은 것을 구분해서는 안 된다는 말이다.

상처가 드러난 곳에 새살이 돋는다

질병과 치유의 신 아폴론

> 마음의 통일 없는 사람에게 이성 없고,
> 마음의 통일 없는 사람에게 영감도 없다.
> 영감이 없는 사람에게는 평화가 없고
> 평화가 없는 사람에게 어디서 즐거움이 있겠느냐?[25]

독이 되는 것, 약이 되는 것

마음은 이상한 공간이다. 극과 극이 통일되는 곳이기 때문이다. 한 극이 다른 극과 명확히 분리되면 우리 마음이 병든다. 치유의 신인 아폴론이 동시에 질병을 줄 수 있는 역병의 신이기도 하다는 게 늘 이상했다. 낫게 하는 신이 병을 주는 신이라니, 무슨 뜻일까? 그런데 가만히 생각해보면, 우리 주위에는 병이 되는 게 약이 되기도 하고, 약인 줄 알았던 것이 질병의 원인으로 밝혀지기도 한다. 성창(聖槍) 이야기에서 창은 상처를 만들지만, 그 상처를 낫게 할 수 있는 유일한 치유의 도구이기도 하다. 또 어떤 것이든 약은 용량을 엄격히 지키지 않으면 몸에 독이 된다.

우리는 의식의 태도와 상관없이 무의식적인 의도에 따라 내 앞에 있는 사람을 치유할 수도, 해칠 수도 있다. 관계가 깊어지고 상대의 삶에 난 틈들을 보게 되면, 우리에게는 두 가지 선택이 주어진다. 약점을 파악한 후 그 틈을 공격하여 그를 해칠 것인가, 아니면 가장 약한 부분에 살이 돋고 튼튼해지도록 도울 것인가는 우리의 의도에 달려있다. 우리 자신이 약이 될 수도 있고 병이 될 수도 있는 것이다.

무의식이 의도한 바는 정확히 과녁에 꽂힌다. 언젠가 기분이 나빴고, 그 사람의 뭔가가 늘 마음에 들지 않았다면, 언젠가 우리의 작은 제스처가 화살이 되어 그의 드러난 살을 꿰뚫을 수도 있다. 도움이 되고자 하는 마음, 인간을 사랑하는 마음, 상처를 이해하는 배려는 드러난 살에 박힌 화살을 제거하는 약이 되기도 한다. 이것은 한 인간이 다른 인간에게 할 수 있는 신비로운 일 중 하나다.

말은 상처를 내는 화살이 될 수도, 상처를 치유하는 약이 될 수도 있다. 마음 깊이 울림이 있는 말을 들었을 때 우린 그런 경험을 '위로'라고 부른다. 말이 그 반대의 역할을 하는 경우도 많다. 마음에 상처를 내는 말, 괴로움을 싣고 날아오는 말이 있다. 그런 말을 듣고 나면 회복을 위해 한동안 숨을 가다듬어야 한다. 우리를 숨 쉬게 하는 말이 있고, 숨 막히게 만드는 말이 있다. 영혼을 감싸는 시선이 있는 반면, 살의 가득한 시선도 있다. 전자는 치유하고 후자는 해친다. 같은 기관이 가진 두 가지 기능이다.

하나의 기관이 두 가지 기능을 가지고 있으며, 우리가 기관의 기능을 선택할 수 있다. 그 선택에 따라 우리는 치유자가 되기도 하고, 가해자가 되기도 한다. 인생의 어떤 시기 동안 만나는 모든 사람에게 해치는 시선을 남발할 때가 있다. 그런 시선은 마음의 상태가 연장된 고통이라 할 수 있다. 마음이 불행하다 보니 시선에도 그런 불행이 실린다. 반면 화낼 만한 일인데, 뭔가 좀 여유로운 사람들도 있다. 마음이 행복한 사람들이다. 화살을 쏘아야 할 상황에서도 화살들이 마음을 타고 미끄러져 내린다.

해가 되는 말과 시선은 내가 나 자신에게 끊임없이 쏘고 있는 독화살이다. 물론 건강과 성숙의 관건은 이 말과 시선에서 독을 뺄 수 있는가이다. 내 말이고 내 시선이니 당연히 독을 제거할 수 있다. 어떻게 해야 할까? 일단 관찰하자. 내 말과 시선이 어떤 역할을 하는지 가만히 살펴보자. 하루 중 몇 발의 독화살을 쏘고 있나? 하루 중 몇 발의 약화살을 쏘아주었나? 남에게 쏘는 화살의 수를 측정하면, 나 자신을 향해 날아온 화살의 종류와 수를 가늠할 수 있다. 내가 쏜 화살들이 결국 나 자신에게 되돌아오기 때문이다.

내 마음의 화살은 죽이는 화살인가 아니면 살리는 화살인가? 오늘 하루 동안 나는 몇 명을 죽였고, 몇 명을 살렸나? 오늘 하루 나는 나 자신을 몇 번이나 죽였고, 또 몇 번이나 살렸나? 숫자를 기록해보자. 우리에게 주어진 과제는 명백하다. 물론 그것은 살리는 화살의 수를 늘리는 것이다.

병과 약과 빛의 관계

아폴론은 제우스가 헤라를 아내로 맞아들이기 직전 레토와 사랑으로 결합하여 낳은 쌍둥이 중 한 명이다. 다른 한 명은 아르테미스로 두 신 모두 활쏘기에 능하다. 아폴론은 질병을 낫게 하는 의술의 신이지만, 반대로 그의 화살로 질병을 줄 수도 있다. 그는 음악과 예언술에 능한 신이기도 하다. 적극적인 신이라 인간에게 복수를 명하기도 하고, 인간 여인들에게 구애를 하기도 하는데, 이 이야기들은 후에 부연된 부분들이다. 포이보스(Phoibos, 찬란한)라는 수식어에서 알 수 있듯 아폴론은 빛, 태양과도 관련되는 광명의 신으로도 여겨진다.

니체는 아폴론과 디오니소스를 각각 빛과 어둠의 신, 또는 모든 것을 명료하게 설명하는 합리성과 그 너머에 있는 비극의 신비로 나누어 후자를 더욱 강조했다. 여기서 아폴론은 모든 것을 일일이 다 말로 설명하려는 태도나 비극의 신비를 알지 못하는 무지와 관련된다.

아폴론에게 부여된 특징들은 오랜 시간에 걸쳐 드러난 삶의 관계들이다. 왜 같은 신에게 약, 병, 빛, 음악, 예언이 연동되었겠는가? 호메로스에 따르면 그는 화살을 쏘아 그리스 진영에 역병을 퍼뜨리기도 하고, 아킬레우스에게 활을 겨누는 트로이의 왕자 파리스의 뒤에서 파리스가 아킬레우스의 발뒤꿈치를 맞히게 돕기도 한다. 또한 아폴론의 아들 아스클레피오스는 죽은 이를 살릴 수도 있었다. 이 이야기들이 어떻게 연결되는 걸까?

아폴론은 어느 부위에 활을 쏘았을 때 병이 생기는지 아는 신이다. 아킬레스건을 맞힐 수 있다는 건, 약점을 파악하고 그 지점을 공격하여 치명적 상처를 입힐 수 있는 신이라는 뜻이다. 남에게 숨기고 싶어 하는 저마다의 약점이 아폴론 앞에서는 밝은 대낮의 풍경과 같이 만천하에 드러난다. 그러나 덮었던 약점이 열리고 그 상처가 드러났을 때 비로소 그 부분에 새살이 돋기 시작하는 게 아닐까? 상처를 만드는 그의 화살이 치유를 위한 필수적인 단계라면 어떨까?

삶의 힘과 빛과 정의와 음악과 행복과 예지와 치유는 아폴론에게 어울리지만, 질병은 이 주제들과 동떨어진 것처럼 보인다. 그러나 만약 질병이 앞서 열거한 것들을 위한 하나의 관문을 상징한다면? 우리는 쓴 말과 가식 없는 태도보다 달콤한 말과 태도에 호감을 갖기 쉽다. 입에 달고 눈에 아름다워 보이기 때문이다. 그러나 후자에서는 진정한 변화나 진실한 관계가 가능하지 않다. 변화란 현재의 상태를 파괴하는 현상인데, 감언에는 그러한 파괴를 도모할 힘이 없다. 변화를 위한 지적과 조언은 언제나 내 혀에 쓴맛을 흩뿌린다. 병처럼 다가오는 말에는 두 종류가 있다. 하나는 우리에게 진짜 상처가 되는 해로운 말이다. 다른 하나는 약이 되는 쓴 말이다. 해로운 말들이 모이면 병을 만들고 약이 되는 쓴 말들이 모이면 상처가 치유된다.

가장 친한 친구와 마주 앉아 어떤 말을 나누었는지 떠올려보자. 늘 달콤한 말만 섞었나? 세 시간 동안 마주 앉아 친구는 내게 진정한 말, 영혼의 울림을 만드는 말, 내 아픔을 감싸는 말을 들려준다. 그 말은 달지 않지만, 약이 된다. 내 존재의 가려진 이야기를 밝은 세상에 드러내는 작업은 괴롭지만, 이를 통해 우리의 상처가 치유된다.

무의식의 진실

무의식은 의식과는 다른 이야기를 한다. 한마디로 의식의 마음에 들지 않는 쓴소리를 한다. 애초에 그것들이 내 삶에 해롭다고 판단했기 때문에 그 이야기들을 무의식 속으로 밀어 넣었을 것이다. 그러나 우리가 그 이야기들을 무의식의 '진실'이라고 부르는 이유는 그것이 내 진정한 삶의 이야기를 들려주기 때문이다.

무의식의 진실을 찾기 위해서는 나 자신에 대해 잘 알고 있어야 한다. 아이는 양육 과정을 거치며 자신이 누구인지 알아나간다. 그런데 양육은 매우 오랜 기간 느린 속도로 진행되기 때문에 아이는 자기 안에서 울려 퍼지는 소리가 정말 자신의 목소리인지, 아니면 부모의 목소리인지 처음에는 정확히 구분하지 못한다. 우리 모두 정체성을 찾는 여정이 중요하다는 것은 잘 알고 있으면서도, 정작 내 아이에 관한 한 아이의 정체성을 인정하는 것이 쉽지 않다. 사정은 아이의 편에서도 그리 다르지 않다.

'착한 아이'의 경우라면 더 난감하다. 부모를 기쁘게 하기 위해 노력하다 보면, 드러낼 것과 숨길 것이 명확히 나뉜다. 이때 숨길 것이 안배되는 장소가 바로 무의식이다. 무의식의 진실이란 숨겨진 이야기를 뜻하며, 이를 드러내는 과정을 정신분석이라고 부른다. 물론 정신분석은 현재의 삶을 혼란스럽게 만든다. 이 과정에 현재를 바꾸는 변화가 필수적으로 동반되기 때문이다. 그러나 그것은 궁극적으로 온전한 삶을 살아가기 위한 묘약이다.

불편한 소리는 하지 않으면서 아무 말 않고 사는 게 훨씬 편하지 않을까? 그냥 가만히 있으면 안 되나? 아주 간단한 예를 들어 보자. 내가 언제 화장실에 가야 하는지 남이 알려줄 수 있을까? 물론 부모님은 나를 사랑하지만, 그 사랑으로 내 방광의 용량과 현재 상태까지 파악하실 수 있을까? 내 신체의 변화와 느낌을 알 수 있는 건 오직 나 자신밖에 없다. 만약 부모가 아이의 리듬과 삶의 템포를 인정하지 않거나, 그 리듬을 바꾸고자 하거나, 아이가 자신의 리듬을 알지 못하면, 아이는 이 집에서 몸과 대화할 충분한 시간을 가지지 못한다. 존중되지 못하는 부분들은 모두 무의식행이다.

무의식의 진실이란 존중받았어야 하는 이야기들, 삶의 일부가 되었어야 하는 조각들을 의미한다. 그것들을 꺼내 삶으로 품을 때 내가 완성된다. 완성된 인간은 더 이상 눈치를 보지 않는다. 자신이 하고 싶은 이야기가 생기고, 하고 싶은 일이 떠오르며, 가고 싶은 곳이 보인다. 아이가 자신에 대해 이야기하기 시작할 때 우리는 그가 정신적으로 '독립'했음을 알게 된다.

이것은 우리 모두의 이야기다. 너무 참게 만드는 것은 무엇이든 몸에 해롭다. 지나친 억제는 질병이 생기는 지름길이다. 억압된 모든 것들은 무의식 속으로 들어간다. 한번 그 안으로 들어가면, 다시 문턱을 넘어 빛의 세상으로 돌아오는 것이 쉽지 않다. 여기에는 큰 힘이 필요한데, 그 힘을 의지라고 부른다. 우리에게 필요한 것은 나 자신을 찾겠다는 의지와 현실의 변화를 꿈꾸는 용기다. 한때 나쁜 것으로 지목되어 묻어둔 이야기들은 몸과 마음의 건강에 꼭 필요한 필수 요소들이었다. 그 요소들이 없었기에 자꾸 아프고 매사가 힘들고 짜증이 났던 것이다.

묻어두었던 이야기들을 꺼내어 보면, 그 속에 내가 버린 삶의 조각들이 보인다. 먼지를 털어 그 조각들을 길어 올려야 한다. 위험한 것처럼 보이지만, 우리 삶을 윤택하게 만들 수 있는 에너지다. 나 자신이 된다는 건 하나의 모험이다. 한때 나쁜 것으로 분류한 것을 다시 찾아 그것에 새로운 이름을 지어주는 과정이기 때문이다. 우리는 이 과정을 치유라고 부른다.

나 자신의 존중을 위한 싸움

활을 든 여신 아르테미스

> 진리를 알려면 개성의 흔적이 조금이라도
> 남아 있어서는 아니 된다. 우리의 모든 편견과
> 성벽을 다 없애버리지 않으면 아니 된다.[26]

화살통을 집어 들 시간

내 존재가 존중받지 못하는 순간들이 있다. 어긋난 장소, 어긋난 시간에 어긋난 사람들과 함께 있으면 내 존재는 아무것도 아닌 미천한 것으로 추락한다. 그 순간 영혼이 상처를 입게 된다. 내가 아무것도 아닌 것이 되고, 내 생각이 중요하지 않은 것이 되는 순간 나는 투명인간이 된다. 존재 자체가 없어지는 것이다.

존중받는다는 건, 다른 사람과 다른 나만의 생각과 말과 행동이 의미 있는 것으로 여겨진다는 뜻이다. 내 개성이 인정된다는 뜻이기도 하다. 내가 그런 말을 했다면, 분명히 그 말은 어떤 사연들 속에서 떠오른 이야기일 것이다. 그 사연에까지 관심을 기울이는 사람을 우리는 '친구'라고 부른다.

그러나 그 한명의 친구를 아직 만나지 못했다면? 그래서 존재가 위협받는 이 끔찍한 순간을 나 혼자 견뎌야 한다면? 내 모든 것을 감싸줄 친구를 기다리며, 그동안 나 자신을 지키기 위해 묵묵히 잘 싸우고 있어야 한다. 이때 우리에게 필요한 신이 바로 아르테미스다. 아르테미스는 삶에 대한 존중을 강조하는 신이다. 나 자신을 보호하는 신, 내 가장 신성한 공간을 넘보는 이가 있으면 벌하는 신, 정절을 중요시하는 신인 아르테미스는 우리 내면의 가장 소중한 핵심을 보호하는 신이다. 정절이란 성관계를 갖지 않는다는 뜻이 아니라, 누구도 함부로 범할 수 없는 존재의 순수함을 강조하는 단어다.

우리의 영혼이 들판에서 마음껏 뛰노는 상태라면, 어떤 어려움도 대면하여 극복할 수 있을 것이다. 인간은 자신의 영혼이 가장 평안한 상태를 유지하도록 스스로를 보호할 수 있어야 한다. 성인이란 정신적으로 독립한 사람만을 가리키는 것이 아니다. 성인의 조건에는 영혼을 더럽히는 일, 말, 행위로부터 자신을 보호할 힘을 가지는 것 역시 포함된다.

가끔씩 폭력에 무력해지는 순간이 있다. 존재에 상처를 내는 폭력이 존재한다. 그 폭력과 맞서 싸우고 나 자신을 보호하는 일은 모든 것에 선행하는, 인간다움의 전제다. 미투 운동 역시 존재의 순결을 되찾는 전투다. 함께 화살을 쏘면 세상이 바뀐다. 아무 두려움 없이 내 영혼이 마음껏 뛰어놀기 위해서는 내 자유를 위협하는 세력과 싸워야 한다. 아르테미스가 무장을 갖출 수밖에 없는 이유다.

우리는 폭력이라는 단어를 배려하지 않는 자의 행동으로까지 확대할 수 있다. 방어하지 못하는 사람이 배려하지 않는 자들을 만나게 되면, 어김없이 몸과 마음에 생채기를 얻게 된다. 이때 필요한 신이 바로 아르테미스다. 활을 쏘는 것은 쉽지 않다. 그러나 보호하기 위해, 방어하기 위해 활을 쏘아야만 한다.

예전에 나는 남의 눈치를 참 많이 보는 사람이었다. 나와 템포가 다른 사람이 있으면 그 사람의 리듬에 맞추었다. 그러다 보니 신장이 나빠지는 우스운 일이 생겼다. 앞에 있는 사람과 템포를 맞추느라 늘 화장실을 참았던 것이다. 화장실에 가고 싶을 때 편안하게 가는 것도 화살을 쏘는 일이다. 집중하고 화살을 쏘는 여신의 모습을 떠올려보자. 누군가의 눈치를 보는 순간 화살은 과녁을 빗나가 다른 곳으로 날아간다. 아예 화살을 쏠 생각조차 하지 못하는 경우들도 있다. 그렇게 교육받기도 한다. 착한 사람, 얌전한 사람이란 화살을 내려놓는 사람이라고 교육하기도 한다. 그러나 화살통을 내려놓는 순간, 나는 내 존재에 가해지는 모든 폭력에 무력해진다. 지금은 화살통을 집어 들 시간이다.

신성을 지키는 삶

이와 같이 아르테미스 신화는 한 사람의 내면에 대한 이야기이기도 하다. 아르테미스는 하나의 개체가 자신을 지켜내는 일, 그리고 자신을 지켜낼 수 있는 경지까지 힘을 키우는 일을 관장한다.

그런데 왜 동물의 새끼와 어린아이들을 보호하고 순결과 정절을 보호하는 아르테미스가 사냥의 여신일까? 사냥은 활로 짐승을 잡는 일이 아닌가? 여기서 짐승은 우리를 공격하고 존재를 위협하는 공격성과 폭력이라고 해석해도 좋을 것이다. 아르테미스는 순수함을 위협하는 것들에 활을 쏘고 있다.

공격과 폭력으로부터 안전한 상태에서 가능해지는 것이 바로 놀이다. 목욕을 하며 자신의 몸과 마음을 가다듬는 아르테미스의 모습은 인간에게 필수적인 안정감을 상징한다. 어떤 위협이나 공격도 없는 환경 속에서 내면의 신성을 지킬 수 있는 생활, 그것이 바로 아르테미스가 보호하는 삶이다.

그래서 아르테미스는 그러한 즐거움을 방해하는 이들을 용서하지 않는다. 범하면 안 되는 순수함이란 일상 속에서 인간이라면 누구나 보호받아야 하는 존엄성을 뜻한다. 우리는 자주 범하면 안 되는 신성이 짓밟히는 경험을 당하거나 목격한다. 너만 참으면 된다는 말, 나만 참으면 된다는 생각도 여기에 포함되는 잔인함이다. 진리를 가려 덮는 온갖 편견과 성벽들 역시 폭력이다. 그러한 폭력과 잔인함이 나타날 때 우리 마음속 아르테미스가 화살통을 집어 든다.

산과 들을 마음껏 노닐며 즐긴다는 건 오롯이 삶을 즐길 수 있는 상태를 뜻한다. 그것을 방해하는 모든 것에 분노하는 아르테미스는 나 자신의 삶을 지키는 데 필수적인 내면의 방어력이다. 내 삶의 공간에 침입하는 폭력에 대해 내가 그렇게 하지 못하도록 저지하지 않는다면, 그것은 끔찍한 일상의 반복이 된다. 물론 그런 상황에서 우리는 온전한 우리 자신이 될 수 없다.

아프로디테와 달리 아르테미스는 독신을 고집한다고 알려져 있지만, 사실 신들의 특성으로 판단할 때 아르테미스는 진정한 사랑을 위해 필수적인 내면의 힘을 강조하는 신으로 해석할 수 있다. 아프로디테의 대극처럼 보이지만, 사실 아르테미스적 에너지는 사랑의 비너스를 활용하기 위한 전제다.

자신의 순수함을 지킬 내면의 힘이 없다면, 그 사람은 결코 누군가를 만나 온전한 관계를 가지지 못할 것이다. 처녀성이라는 건 순수함을 나타내는 여러 요소 중 하나다. 사랑에 수만 가지 종류가 있듯이 무수히 많은 종류의 순수함이 존재한다. 그중 가장 중요한 순수함은 나 자신의 신성이다. 누군가가 내게 나는 그런 취급을 받아도 된다는 듯 못된 짓을 하고 있다면 나를 보호하기 위해 말과 행동의 화살을 거침없이 쏴야 한다. 아르테미스는 어느 것도, 그 누구도 겁내지 않는다. 힘 빠진 아르테미스를 상상할 수 없듯이, 우리 자신의 순수함을 지키기 위해 절대로 화살통을 내려놓아서는 안 된다.

이 작전에 필수적인 또 하나의 요소는 꿈의 전갈이다. 의식의 감각이 무뎌질 때, 내 몸과 마음의 상태를 알려주는 것이 바로 꿈이다. 우리가 참고 넘어갈 때 꿈은 그 하나하나에 이의를 제기한다. 꿈은 상황을 파악하고 위험을 경고하고 행동을 촉구한다. 작전 수행을 위해 꿈과 소통해야 하는 이유다.

꿈이라는 내 마음의 전갈

분석심리학에서 꿈은 신이 말하는 신탁의 장소이자 내 무의식의 전갈이다. 꿈이 우리에게 이야기를 들려주는 이유는 우리를 '각성'시키기 위해서다. 꿈은 우리가 늘 반복하는 어리석은 일들을 그만두라고 조언한다. 나는 뭐 그래도 괜찮다고 생각할 때 꿈은 그게 괜찮지 않은 일이라고 말한다. 내가 숨죽이고 가만히 있을 때 꿈은 가만히 있을 일이 아니라고 소리친다. 내가 억울하지만 그냥 참기로 결정할 때 꿈은 절대로 그냥 넘기면 안 된다고 경고한다. 꿈은 끊임없이 의식으로 화살을 전달해주고 있다.

정신분석학에서도 꿈은 현실의 자극과 관련된다. 내 삶의 균형을 깨뜨리는 자극들은 언제나 꿈의 단골이다. 상황을 해결하기 전까지, 그렇게 만드는 사람과 그 일 자체가 꿈에 반복적으로 나타난다. 가끔은, 뭔가를 해야 한다고 소리치는 꿈의 목소리가 시끄러울 지경이다. 이렇게 꿈은 참지 않는다.

그래서 꿈과 대화를 나눌 필요가 있다. 우리는 자신의 순수함이 상처를 입었다는 사실조차 모르고 살아가기도 한다. 제삼자가 보면 명백한 것들이 자기 자신의 일일 때는 흐릿하게 보이기 쉽다. 분명히 상처를 입었는데도 아무렇지도 않은 듯 넘어가고, 한마디도 없이 그 상황을 받아들인다. 그렇게 되면 그 일은 반복이라는 끔찍한 순환 속으로 편입된다.

일단 반복이 시작되면 아무리 모른 척하려 해도 몸이 말을 하기 시작한다. '너는 그냥 아무 말도 하지 말고 시키는 대로만 해'라는 폭압적 요구에 그대로 복종하다 보면 정신의 불행이 몸을 통해 이야기하는 시점에 이르고 만다. 몸이 소리를 지르면 그때서야 자신이 정말 힘들고 불행하다는 걸 깨닫게 된다.

문제를 알지 못하면 싸울 수도 없다. 나 자신을 어떻게 보호해야 하는지 알지 못한다면 어떻게 나를 지키겠는가? 내 순수함이 위협당했다는 사실을 인지하지 못하면 그 위협과 싸울 수 없다. 모든 미세한 자극들을 포착하여 내 몸과 마음의 상태가 어떤지 알려주는 건강의 지도가 바로 꿈이다.

별것 아닌 듯 지나간 일인데 꿈이 그 장면을 포착했다면 우리는 잠시 멈추어 꿈과 대화할 필요가 있다. 꿈이 왜 그 장면을 보여주었겠는가? 그 사람이 꿈에 나왔다면, 그 역시 멈추어 명상해볼 부분이다. 물론 좋은 일, 좋은 사람도 꿈에 나온다. 꿈속 좋은 이미지들은 내가 내 존재를 보호할 수 있도록 돕는 힘이다. 그런 긍정적인 요소들은 화살을 만드는 재료라 할 수 있다. 화살은 공격하는 무기인 동시에 나를 감싸고 보호하는 보호막이기도 하다.

꿈은 우리를 자유롭게 만들어주기 위해 우리에게 말을 건다. 꿈을 분석하면, 내가 힘들어하는 일, 내가 좋아하는 일, 내가 좌절했던 일, 내가 상처받았던 일들이 드러난다. 그렇게 꿈은 우리가 각성하게 돕는다. 각성이 현실 속에서 행동으로 이어질 때 변화가 가능하다. 움직여야 한다.

먼저 생각하는 마음

프로메테우스의 불

스스로 죄지은 줄을 알면서도 감히 '인간의 연약'으로
방패를 삼으려 하지 않고 심중에 아파하고 슬퍼하는 자는,
회개와 죄짓기를 번갈아 하는 데서 그 무조건 은혜 줌과
다름이 없는 듯하지만, 다르다. 그 아파하는 마음, 슬퍼하는
눈물이 그 영혼을 지켜 죄의 물이 들지 않게 한다.[27]

타인의 고통

프로메테우스는 '미리 생각하는 자'를 뜻하는 이름이다. 미리 생각하는 사람은 고통을 받을 수밖에 없다. 왜냐하면 일어날 수 있는 모든 일을 생각하고, 내 행동이 남에게 끼칠 영향에 대해 생각하고, 타인의 입장이 되어 또 생각하고, 다른 사람이 원하는 것에 대해 생각하다 보면, 언제나 타인의 아픔과 슬픔과 고통에 대한 이야기를 공유할 수밖에 없게 되기 때문이다.

그러나 미리 생각할 수 있는 능력에 의해 알게 된 타인의 고통은 우리의 몸을 결딴내는 진짜 고통은 아니다. 프로메테우스의 간이 늘 다시 생성된다는 이야기는 그 고통이 그에게 치명상을 입히는 상처가 아니라는 뜻이다.

미리 생각하지 않는 사람을 만날 때가 많다. 그들은 내 상황이

어떨지, 내가 무슨 생각을 할지, 내 하루가 어땠는지, 그래서 내가 어떻게 느낄지 미리 생각하지 않기 때문에 고통을 받지 않는다. 자신들이 원하는 대로 말하고 행동하면 그뿐이다. 그런 배려 없는 무심함은 우리에게 진짜 상처를 남긴다. 가뜩이나 힘든 상황에 그런 사람을 만나면 회복하지 못할 정도의 상처를 받게 되기도 한다. 그들은 무심함으로 우리를 공격한다.

미리 생각하지 않고 사람을 만날 때가 있다. 나는 아무 생각 없이 한 말인데, 그 말을 들은 사람은 밤새 뒤척이며 괴로워했다. 미리 생각했다면 말과 행동을 조심할 수 있었는데도 생각 없이 실수를 하는 일이 허다하다. 미리 생각한다는 건 당겨 생각한다는 뜻이기도 하다. 어떻게 될지 염려하는 태도는 사고를 막는다. 그 중심에는 관찰이 있다. 상대의 얼굴이 어떻게 변하는지, 어떤 말들을 했는지 관찰하다 보면 그 사람이 어떻게 느낄지 미리 생각할 수 있다. 그의 하루를 생각해보는 것, 그의 삶을 생각해보는 것 역시 미리 생각하는 것이다. 그 끝에서 우리는 그가 안고 살아가는 고통을 체험하게 된다. 그 고통을 기꺼이 공유할 수 있는 사람, 바로 그가 진정한 '인간'이다.

미리 생각하는 인간이 미리 생각하는 인간을 만나면 서로의 삶이 치유된다. 물론 가장 이상적인 만남이 이뤄지면, 인류 문화가 진일보하게 된다. 미리 생각하는 인간이 미리 생각하지 않는 인간을 만나면, 전자가 후자에 의해 착취당하게 된다. 전자가 자신을 보호할 능력이 없다면, 그는 돌이킬 수 없는 상처를 입게 된다. 자신을 보호할 능력이 있다면, 이 관계를 가능한 한 빠른 시간 안에 끝낼 것이다. 미리 생각하지 않는 자가 미리 생각하지 않는 자를 만나면, 지극히 계산적인 이기적 관계만을 가지게 된다. 친구도 마음을 털어놓는 대화도 치유도 불가능하다. 이 관계는 어른 대 어른의 만남이 될 수 없으며, 그 속에는 진정한 이해나 배려가 존재하지 않는다.

왜 미리 생각했을 때 늘 타인의 고통을 느끼게 되나? 그것이 긍정적인 감정일 수는 없을까? 우리의 삶을 생각해보자. 삶 속에 들어 있는 것들 중 내 기본 성격과 태도를 만든 것들은 무엇인가? 아무리 좋은 부모도 가끔은 싸운다. 그런데 아이가 어리다면, 그 한 판의 싸움이 가진 어두운 색깔이 아이의 작은 마음 가득 칠해진다. 아이를 놀라게 하고 울게 하고 괴롭게 했던 모든 것들이 합쳐져 아이의 마음에 바탕색이 그려진다. 부모의 문제뿐 아니라 부모의 부모가 가지고 있던 문제들까지 우리 안에 고통으로 고스란히 자리 잡고 있다. 우리가 충분히 이겨내지 못한 고통들은 우리 아이에게 전달될 것이다. 물려받은 고통들이 삶 속에서 겪은 고통들과 하나가 되어 우리의 삶 어딘가에 버티고 있다. 우리가 걷다 걸려 넘어지는 장애물은, 우리가 그것을 의지와 전략과 용기로 걷어내지 않는 이상 언제나 우리의 삶 어딘가에 포진해 있다. 미리 본다는 건, 바로 그 장애물을 바라봐 준다는 뜻이다. 그건 고통일 수밖에 없다.

그러나 고통을 공유하면, 장애물을 걷어낼 힘이 배가된다. 교감 속에서 고통뿐만 아니라 각자의 강점도 함께 공유되기 때문이다. 서로의 강점은 각자의 장애물을 부수는 도구로 쓰일 수 있다. 이 과정에서 마음의 바탕색이 바뀌는 기적이 일어난다. 미리 본다는 건 이처럼 상대방의 고통과 치유의 여정을 함께하겠다는 의지라 할 수 있다.

진정한 아름다움

프로메테우스가 인간에게 불을 선물한 이야기는 다양한 방식으로 변주되는데, 그중에는 그가 흙과 물로 빚은 인간이 불을 통해 영혼을 얻게 되었다는 버전도 있다. 인형에 불과하던 껍질에 온기를 더하니 인간이 되었다는 것이다. 이번에도 다시 프로메테우스를 내면의 신으로 간주해보자. 그는 껍데기로 살던 우리가 인간이 되게끔 돕는 핵심 요소를 선물하는 신이다. 프로메테우스의 불이란 먼저 생각하는 '마음'을 뜻한다. 그것은 타인의 아픔을 함께 아파하고 그의 슬픔에 눈물을 흘리는 태도다.

　프로메테우스는 인간이 인간다워지도록 도운 신이다. 이따금씩 그는 인간을 만든 창조주로 간주되기도 한다. 그가 제우스에게 벌을 받은 이유는 인간을 배려했기 때문이다. 인간이 먹을 음식을 챙기고, 인간이 인간답게 살 수 있는 문화를 선물한 그는 영원한 형벌을 받게 된다. 그런데 그 형벌이란 비가역적 고통이 아니다. 그것은 창조와 생성으로 이어지는 재생이다. 형벌은 프로메테우스에게 어떤 영구적 상처도 남기지 못한다. 즉 우리는 지금 상처가 아니라 고통에 대해 이야기하고 있는 것이다.

인간다움과 고통의 관계는 무엇일까? 프로메테우스는 미리 생각하여 인간을 배려한 대가로 고통을 당한다. 그것은 이기심에서 비롯된 결과가 아니며, 남을 해친 것에 대한 형벌도 아니다. 그 고통은 인간다움과 문화를 위해 필수적으로 감내해야만 하는 대가다. 해치고 싶으면 해치고, 물어뜯어 죽이고 싶으면 죽이고, 하고 싶은 말을 전부 내뱉는 건 문화가 아니다. 해치고 싶어도 참고, 죽이고 싶은 마음을 다스리고, 하고 싶은 말이 마음대로 튀어나오지 않도록 자제하는 건 고통스럽지만, 여기서 더 나아가 내가 고통을 받으면서까지 내 이웃의 삶이 따뜻해지도록 돕는 이들도 있다. 끝나지 않는 고통 속에서도 그들의 마음은 행복하다. 테레사 수녀가 그랬을 테고, 나이팅게일이 그랬을 것이다.

이 경지가 되면 고통은 더 이상 마음을 괴롭히는 자극이 아니다. 고통으로부터 해방되는 단계는 신화에서도 언급된다. 제우스의 아들 헤라클레스에 의해 프로메테우스의 고통이 끝나게 되는 것이다. 그런데 이 부분에서 우리는 제우스가 아들의 행동을 허락했다는 사실을 알게 된다. 그것은 도망이 아니라 적법한 해방이다.

처음부터 물리적 사물로서의 사슬은 존재하지 않았을 것이다. 그것은 타인과 이어진 끈을 뜻하는 상징이다. 고통으로부터 해방된다는 건 그 고통을 자발적으로 수용할 수 있게 되었다는 뜻이 아닐까? 스스로 기꺼이 고통을 자청하는 단계에서는 더 이상 독수리도 사슬도 필요하지 않게 되니 말이다. 아무도 요청하지 않는데 스스로 타인의 아픔을 고스란히 껴안는다면 굳이 그 사람을 묶어둘 필요가 없다.

내 행복을 위해 이웃에게 고통을 주는 사람들이 있고, 내 행복에 눈이 가려 타인의 고통에 무심한 사람들이 있다. 그들은 불을 선물받지 못한 이들이다. 내 자식을 위한 사랑이란 인류애적 온기라기보다는 이기심의 확장이라는 프로이트의 말처럼, 내 영역만을 밝히는 불은 프로메테우스적 사려의 결과가 아니다. 세상을 밝히는 불, 인간을 인간답게 만드는 불은 언제나 타인의 고통을 기꺼이 떠안겠다는 결심에서부터 시작된다. 그건 매우 불편한 일이다. 그것이, 안락한 내 세상을 벗어나 내 시간과 내 공간과 내 소유물들을 포기하는 결단을 전제로 하는 일이기 때문이다. 그러나 우리가 그 고통을 기꺼이 긍정할 때 세상이 온기로 채워진다. 이와 같이 프로메테우스는 진정한 인간다움이 무엇인지 알려주는 내면의 신이다.

인셉션

영화 〈인셉션(Inception)〉(2010)에서 주인공은 타인의 꿈속에 들어가 마음에 생각의 씨앗을 심어둔다. 씨앗은 무럭무럭 자라 의식적 생각과 결정으로 세상에 드러난다. 이것은 정신분석 이론에서 쉽게 성취될 수 있는 기법이다. 어떤 씨앗을 심는가에 따라 우리는 누군가의 친구가 될 수도, 원수가 될 수도 있다.

씨앗을 심는 방법은 매우 간단하다. 표상 하나를 각인하면 된다. 만약 그 사람이 좋아하는 표상들과 내가 연관될 수 있다면, 나 역시 긍정적인 요소로 받아들여질 것이다. 내가 한 행동과 말과 분위기가 나쁜 표상들과 관련된다면, 그 사람은 나를 만날 때마다 이상하게 기분이 나쁘다는 생각을 하게 된다. 내가 어떤 표상으로 그 사람의 마음속에 자리 잡고 있는가, 나를 상징하는 표상이 어떤 표상들과의 연관관계 속에 배치되는가에 따라 나에 대한 인상이 결정된다.

재미있는 사실은 내가 똑같은 말을 하고, 동일한 행동을 해도, 나와 관련된 표상들의 위치에 따라 내 말과 행동이 전혀 다르게 해석된다는 사실이다. 내가 누군가에게 진심 어린 조언을 한다고 해보자. 그것은 '정말 나를 위하는 사람이구나'로 해석될 수도 있고, '늘 잘난 척이지. 자기는 다 안다는 거지. 웃기지도 않네'로 해석될 수도 있다.

그렇다면 그 사람이 내게 호감을 가지게 만들기 위해서는 어떤 표상을 공략해야 할까? 물론 그 사람이 좋아하는 표상들, 그 사람이 꼭 필요로 하는 표상들을 겨냥해야 한다. 내 말과 행동이 좋은 표상들에 연결되도록 만들어야 한다. 무엇보다 먼저 할 일은 관찰이다. 영화에서도 사기꾼들은 인셉션을 위해 오랜 기간 대상을 관찰한다.

매우 계산적이고 비인간적인 것처럼 보이지만, 하나의 요소를 추가하면 이 과정이 전혀 다른 국면을 맞게 된다. 그 요소는 바로 진심이다. 정말 그 사람에게 관심이 있다면 이야기는 달라진다.

어떤 사람에게 관심이 있다면 누가 시키지 않아도 시간을 내고 정성을 들여 그를 관찰한다. 그가 언제 망설이는지, 언제 웃는지,

언제 난감해하는지, 언제 기뻐하는지, 무엇을 아끼는지, 무엇을 기다리는지, 무엇을 꿈꾸는지 이해하기 위해 고군분투한 후 표상의 지도를 통해 기어이 그에게 다가갈 수 있는 방법을 찾아내고야 만다. 한 사람에게 마음을 쓴다는 건, 그를 웃게 하는 표상들을 그에게 더 많이 선물하고 싶고, 움츠러들게 만드는 표상들로부터 그를 보호하고 싶어지는 현상을 뜻한다. '마음을 쓴다'는 '온기를 전한다'는 뜻이 아닐까? 그것은 미리 생각하는 사람이 하는 일이다.

이 과정은 매우 번거롭고 까다롭고 구차한 단계들로 이루어져 있다. 그가 편안하게 느끼도록 만들기 위해 내가 애써야 하는 일들이 있고, 그의 고통을 덜어주기 위해 내가 함께 져야 하는 짐이 있다. 모두 고통스러운 작업들이다. 그러나 마음을 전한다는 건, 그런 번거로움을 기꺼이 감수하겠다는 결심을 뜻한다.

조작은 진심을 따라가지 못한다. 진심은 무의식적인 방향성을 가지고 있기에 끊임없이 고통받으면서도 동시에 끊임없이 재생된다. 그러나 조작의 경우, 표상 게임이 무한히 반복될 수 없다. 새살이 돋아나지 않기 때문이다. 오래지 않아, 모든 것이 사기였다는 게 드러나고야 만다. 그들이 전하는 마음은 유효기간이 있는 불인 셈이다.

안타까운 것은, 사랑한다고 말하면서도 사랑하는 이의 표상들을 미리 읽어내지 못하는 경우가 있다는 사실이다. 아낀다고 말하면서도 아끼는 이의 표상들에 대해 오리무중인 사람들도 있다. 보호자로 자청하면서도 보호하고 있는 이가 어떤 표상을 가지고 있는지 관찰하지 않는 이들도 있다. 그들은 진심과 마음이라는 단어를 사용하면서도 조작과 다름없는 폭력을 행사하게 될 수밖에 없다. 몸과 마음의 지도인 표상을 읽지 못한다는 것은 그를 이해하지 않겠다는 결심과 같다.

희망은 선택할 때 나타난다

판도라의 상자

난 자는 반드시 죽는 것이요,
죽은 자는 반드시 나기 때문이다.
그러므로 피할 수 없는 것에 대해
너는 근심하지 마라.[28]

희망을 꺼낼 시간

신들이 협력하여 아름다운 여인 판도라를 만들고, 에피메테우스
에게 선물한다. 에피메테우스는 '사후에 생각하는 자'라는 뜻이
다. 그는 신들의 함정에 빠지게 되고, 그 때문에 인간은 예전의 평
화로운 안락함을 잃게 된다. 판도라 이전의 세상은 병도 없고 재
앙도 없고 노동도 없는 행복한 곳으로 그려진다. 사람들은 저마다
의 행복한 삶을 누리다 편히 잠자듯 죽음을 맞았던 것처럼 묘사된
다. 판도라 때문에 질병을 얻었고, 고통이 시작되었다는 것이다.
판도라가 금기를 어기면서 좋은 것들이 가득하고 먹을 것이 넘치
며 늘 한가롭고 여유로운 삶, 모든 것이 풍성하고 아름다운 삶이
사라져버렸다.

　열면 안 되는 항아리를 그녀가 열었을 때 슬픔, 질병, 고통 등 모

든 나쁜 것들이 세상으로 쏟아져 나왔고, 오직 '희망'만이 그 속에 남는다. 이 신화 이야기는 보통 희망이 끝까지 남아 우리를 위로 하는 것처럼 끝을 맺는데, 그러려면 희망도 그 항아리에서 나왔어 야 하지 않나? 뭔가 앞뒤가 맞지 않는다.

누구나 어린 시절 행복했던 시간을 그리워하곤 한다. 엄마 품이 라는 말은 최고의 위안이 된다. 그런데 아무 걱정 없이 모든 것을 어머니가 돌봐주던 시절이라는 게 정말 있기는 했나? 기저귀를 찬 채 엄마 품에 안기는 아이였다면 부모가 20대 또는 30대였을 텐데, 그 어린 사람들이 성숙한 부모 역할을 그렇게 잘했었단 말 인가? 늘 실수하고 싸우고 우울하진 않았다 하더라도 가끔은 싸 우고 상당히 자주 실수하고 또 이따금씩은 우울했을 것이다. 그런 데도 아이는 늘 행복했을까? 그렇게 행복한 시절이라면 아이들은 왜 그렇게 목청껏 울까? 뭔가 불편하고 뭔가 마음에 안 들었기에 우는 게 아닐까?

그러나 아무리 늘 아프고 우울하고 화를 냈다 하더라도 '엄마 품'은 여전히 우리에게 푸근함을 선물하는 단어다. 누군가 나를 그렇게 품어주었기에 내가 한 사람의 인간으로 성장할 수 있지 않 았나? 아무리 힘들어도 다시 일어날 수 있도록 나를 토닥이는 목 소리를 내 안에 가지고 있다는 건 큰 힘이 된다.

만약 그런 목소리가 내 안에 없다면 어떨까? 각박한 세상 속에 나 혼자 내버려진 느낌, 아무도 나를 사랑하지 않고, 아무도 나를 돕지 않는 세상 속에 홀로 남겨져 있다는 생각을 하게 된다면? 그 게 바로 판도라의 항아리가 만든 세상, 병과 슬픔과 고통만이 있는 세상의 풍경이다. 인간이 살아가려면 이 지옥의 풍경에서 그를 구하는 목소리 하나를 들을 수 있어야 한다. 그것은 최초 양육자의 목소리일 수도 있고, 무조건 나를 감싸고 사랑해준 사람들의 목소리일 수도 있다. 아무것도 남겨지지 않은 듯한 폐허 속에서도 나를 지키는 목소리, 이 세상에서 나를 구하는 목소리가 울리면 우리는 다시 힘을 낼 수 있다. 우리가 마음의 항아리를 열어 희망을 꺼내는 순간, 그 목소리가 울려 퍼진다.

희망만이 그 안에 남는다는 건, 희망이라는 요소가 질병이나 고통처럼 필연적으로 주어지는 게 아니라는 뜻이다. 희망은 우리가 선택할 때 세상에 나타나는 요소다. 그것을 꺼내 내 세상에 받아들일 것인가, 아니면 가두어둘 것인가를 내가 결정해야 한다. 희망을 꺼내는 행위는 '기억'이다. 살아오며 우리가 만났던 한 명의 고마운 사람을 떠올려보자. 한 사람의 대단한 인간을 기억해보자. 우리가 아이에게 좋은 이야기들을 하고, 좋은 사람들을 알려주며, 위인전을 선물하는 이유는 '희망'의 존재를 기억하게 돕기 위해서다. 세상에는 분명 좋은 사람들이 있다. 사심과 이기심과 편견 없이 행동하는 사람들, 선행의 대가를 바라지 않는 사람들, 희생하는 사람들, 남 잘되라는 마음으로 살아가는 사람들이 분명히 존재한다. 그들을 만나는 경험을 통해 나는 내 안의 희망을 모을 수 있다. 그들을 기억해야 한다. 판도라의 이야기는 우리에게 이 고통스러운 세상을 어떻게 살아가야 하는가에 대한 팁을 선물한다. 내 안의 희망을 꺼내는 방법은 의외로 간단하다. 마음의 항아리를 열기만 하면 되는 것이다.

희망을 선택하는 자

판도라는 창조될 때부터 악역을 맡는다. 가장 좋은 것들로 만들어 지지만, 그것은 단지 인간을 유혹하여 그들에게 고통을 주기 위한 미끼일 뿐이다. 그러나 판도라 신화의 서사 중 우리 마음에 가장 깊이 남아 있는 것은 항아리에 남겨진 마지막 요소인 희망이다. 말 그대로 정말 희망이 항아리 속에 '남아' 있다.

미리 생각하는 프로메테우스가 마음의 온기를 뜻하는 인물이 라면, 나중에 생각하는 에피메테우스는 인간의 실수와 판단 착오 의 합을 상징하는 인물이다. 이 둘이 합하여 인간을 이루고 있다. 인간들이 늘 미리 생각하기만 하던가? 그보다는 자주 너무 늦게 생각하거나 아예 생각 자체를 하지 않는 통에 많은 일들을 그르친 다. 미리 생각하기도 하고 나중에 생각하기도 하는 것이 바로 인 간이다.

판도라는 나중에 생각하는 자와 관련된 특성이다. 헤시오도스 는 『일과 날』에서는 판도라를 '함정'이라고 부른다. 그녀 때문에 인간 세상이 재앙으로 가득 차게 되었다는 것이다. 어리석은 에피 메테우스가 판도라를 아내로 맞이하고, 어리석은 판도라가 재앙 이 가득한 항아리를 열어 세상을 병들게 했다. 그러나 이 재앙이 라는 건 새삼스러운 게 아니다. 실수와 질병과 슬픔과 우울은 사 실 필멸의 인간에게 익숙한 고통들로, 인간이 결코 피할 수 없는 것들이다.

판도라는 '모든 선물'을 의미한다. 마지막 남은 희망은 그렇다치더라도 그 모든 재앙이 어떻게 선물이란 말인가? 그것은 신들이 인간에게 내린 저주가 아니었나? 질문을 바꾸어보자. 판도라의 항아리에서 쏟아져 나온 재앙들이 희망과 마찬가지로 선물이라면 어떨까? 늘 행복하고 건강하고 풍족한 사람은 누군가를 진정으로 이해할 수 있는 능력을 결여하고 있다. 고통을 경험해본 적도, 그것을 극복해본 적도 없기 때문이다. 그러나 불행과 질병과 빈곤을 경험한 사람은 불행한 이, 병든 이, 가난한 이들의 마음을 누구보다 더 잘 이해할 수 있다.

그렇다면 마지막 남은 희망의 역할은 무엇일까? 그건 이전에 풀려난 고통의 극복을 의미하는 요소라 할 수 있다. 희망은 질병과 슬픔과 우울을 극복할 수 있게 돕는다. 존재를 무너뜨리는 고통 역시 마찬가지다. 의연하게 삶의 마지막 순간을 맞이하는 이들, 극복할 수 없다고 알려진 고통 속에서도 삶을 가꾸어가는 이들이 있다. 그들의 삶과 고통은 고통을 경험하는 많은 이들에게 희망이 된다. 그러므로 희망이란 그럼에도 불구하고 살아가는 용기 자체를 뜻한다.

고통은 어느 누구도 피해 가지 않는다. 그것은 삶의 선택 사항이 아니다. 그러나 희망은 항아리를 열기로 결심하는 이에게만 허락된 선택 사항이다. 모든 인간에게는 희망할 것인가 아니면 고통 속에서 좌절할 것인가라는 선택이 주어진다.

인간의 정신은 미리 생각하는 이, 나중에 생각하는 이, 희망을 선택하는 이로 구성된다. 우리는 실수를 저지르고, 재난과 질병과 슬픔 속에 고통을 받지만, 그 속에서 희망할 수 있는 능력도 가지고 있다. 희망을 통해 고통을 극복하는 순간, 우리는 타인의 슬픔을 미리 생각할 수 있게 된다. 이 세 가지가 함께 어울려 우리의 정신을 운용한다면, 가장 성숙한 경지에 이를 수 있다. 지금 내 정신은 이 세 요소들 중 어떤 영역의 지배를 받고 있나? 나는 과연 판도라의 항아리를 열어 희망을 꺼내주었는가?

현재를 충실히 살아야 할 의무[29]

정신분석학은 고통에 대한 이론이다. 고통이 어디서 비롯되었는지 분석하고, 어떻게 하면 고통을 극복할 수 있는지 연구하는 게 정신분석학의 일이다. 그런데 여기서 고통의 '극복'이란 두 개의 서로 다른 극복 과정을 포함하는 여정이다. 독일어에는 이 두 가지 극복 과정을 잘 나타내는 두 개의 동사가 있다. 우선 'verwinden(극복하다)'은 고통을 대면하고 그것을 이겨내는 과정이다. 철학자 게오르크 가다머가 강조하는 단어로, 과거의 고통을 없애거나 뛰어넘는 것이 아니라 그것을 품고 고통을 통해 성장한다는 뜻이다. 과거는 바뀌지 않으며, 고통의 강도는 경감되지 않는다. 그러나 그것을 대하는 내 태도와, 고통에 대한 역치는 달라질 수 있다.

또 다른 극복 과정은 니체가 언급한 'überwinden(극복하다)'[30]으로 표현할 수 있다. 그것은 탈바꿈(Verwandlung)과 같은, 질적 변화를 수반한 변신을 뜻한다. 과거와의 관계 속에서 변하는 것이 아니라 그 너머로 나아가는 변화라고 할 수 있다.

정신분석적 치유에는 이 두 과정이 모두 포함된다. 타임머신이 발명되지 않는 한 과거로 돌아가 지난 일을 되돌릴 수는 없다. 과거는 바뀌지 않는다. 옷을 벗어버리듯 과거에서 비롯되는 고통으로부터 완전히 벗어날 수는 없다. 그러나 이런 상태라면, 현재는 언제나 과거에 얽매인 채로, 과거의 일부로서만 존재하게 된다. 고통의 연장선상에서 현재 내가 할 수 있는 일과 할 수 없는 일, 해야 하는 일과 하면 안 되는 일이 정해진다. 이 경우 삶은 끝없는 과거의 반복으로 채워지며 새로운 현재란 존재하지 않는다.

혹시 지금 그게 맞다고 생각하고 있나? 내가 잘못했고, 내 실수였고, 내 미숙함이 낳은 결과니 현재를 즐겨서는 안 되며 그저 평생 고통 속에서 속죄하는 마음으로 살아가야 한다고 생각하는가? 잠깐 고개를 들어 당신을 사랑하는 사람들을 쳐다보라. 그들이 당신과 함께 그 고통을 공유하며 같은 속죄의 의식을 수행하고 있지는 않나? 물론 과거는 바뀌지 않는다. 그러나 과거에 대한 내 해석과 태도는 달라질 수 있다. 지향해야 하는 방향은 명백하다. 우리는 현재를 과거에 파묻고 멈추어진 시간에 정체될 수도 있고, 과거를 들쳐 업고 현재의 시간 속에서 한 걸음씩 전진할 수도 있다. 물론 후자가 긍정적인 방향성이다.

프로이트는 나도, 그리고 내가 사랑하는 사람들도 모두 현재를 충실히 살아야 할 의무가 있다고 말한다. 그는 삶에 대한 의무를 삶 충동이라고 불렀다. 삶에 대한 의지가 없는 인간보다 더 무서운 존재는 없다. 그런 사람은 자신을 포함한 주위의 모든 것들을 파괴한다. 희망이 없는 고통, 바로 그게 삶의 의지를 잃은 인간을 움직이는 축이다.

판도라의 항아리 속에 들어 있던 희망은 고통을 대면하고 견디어내는 힘을 뜻하는 동시에, 과거의 고통이 나와 내가 사랑하는 이들의 현재를 가려 덮지 않도록 고통과 싸우는 힘을 의미한다. 고통과 싸워 그것을 넘어서는 과정은 그 고통을 부인하거나 고통으로부터 도망치는 것이 아니다. 그것은 그럼에도 현재를 충실히 살아간다는 말이다. 내가 할 수 있는 모든 것들을 하고, 모든 가능성을 시험하며, 내 안에 있는 가장 좋은 것들을 최대한 발휘하는 삶을 만들어간다는 뜻이다. 그러면, 우리는 이 세상에 동일한 과거가 반복되지 않도록 누군가의 삶을 보호할 수 있게 된다. 대면하고 견디는 것, 그리고 넘어서는 것, 바로 그것이 희망과 고통이 어울리는 치유의 좌표다.

누구나 하나의 지구를 짊어지고 있다

하늘을 떠받치는 아틀라스

그러나 훈련된 자아는 아트만으로 감각을
잘 다스리고, 곱고 밉고를 떠나 있으므로 대상
가운데 걸으면서도 평화에 도달할 수 있다.[31]

삶이 무거워지는 시간

삶이 무겁게 느껴질 때가 있다. 오감의 즐거움을 추구하는 사람들
을 보면 딴 세상 이야기인 듯하다. 따뜻한 봄날 야외 테라스에 앉
아 커피를 즐기며 담소를 나누는 사람들이 뼈저리게 부럽기도 하
다. 삶이 걱정으로 가득 채워질 때, 그런 이미지들은 참 가볍게 느
껴진다. 그럴 땐 내 인생도 언젠가 그렇게 가벼워질 수 있을까 스
스로에게 질문을 해보기도 한다.

프로이트는 모든 삶의 무게가 다 무겁다고 말한다. 정신분석학
공부를 하며, 정신적 외상이 대물림된다는 사실을 알게 되었다.
어머니의 어머니가 가졌던 문제는 어머니에게 전해지고, 그 문제
에 어머니의 문제가 더해져 내게 고스란히 내려온다. 즉 세대를
반복하며 문제가 눈덩이처럼 불어나는 것이다. 그건 시작에 불과

하다. 나 자신이 내 인생에서 겪은 정신적 충격과 사건들에 대한 이야기는 아직 시작도 하지 않았다. 눈덩이같이 불어난 유전된 문제들에 내 문제를 더하면 그 크기는 지구만큼 커져버린다. 업이라고 불리는 카르마가 대를 거치며 쌓여가는 셈이다.

문제 없는 인간이 있나? 문제 많은 인간이 또 다른 문제 많은 인간을 만나 한 인간을 낳고, 그렇게 태어난 인간 역시 크고 작은 문제들로 가득한 삶을 살게 된다. 그래서 언제나 문제의 총 무게는 우리의 존재를 짓누를 수밖에 없다. 견디기 힘든 나날들이 끝없이 계속될 때면 정말 이러다 죽겠구나 싶기도 하다. 육체는 아침부터 지쳐 있고, 무너질 것 같은 느낌이 지속되며 갑자기 두 무릎에 힘이 빠진다. 그렇게 휘청하다 다시 절레절레 머리를 흔들고 몸과 마음을 다잡아 지친 육체를 일으킨다. 이렇게 우리는 저마다 하나의 지구를 들쳐 메고 살아간다.

두 어깨로 하늘을 떠받치고 있다는 아틀라스의 이야기를 처음 접했을 때 가장 먼저 무엇이 생각났는가? 정말 힘들겠다는 생각도 들지만, 이와 함께 아틀라스의 어마어마한 힘이 신비로워 보이지 않았나? 어떻게 세상 전체를 들고 있을 수 있을까? 아무리 과장을 해도 저렇게까지 해서는 안 된다는 생각마저 들었다. 힘뿐만 아니라 영원한 고통에 대한 그의 자세에도 매료되었다. 그는 곧 쓰러질 사람처럼 보이지 않는다. 당황하거나 불안해하지 않고, 오히려 그 힘든 상황 속에서도 왠지 자세가 평화로워 보인다. 그 무게가 얼마든, 그 시간이 얼마나 오래이건 간에 영원의 시간 동안 그 짐을 지고 있는 것이 가능하다는 사실 자체가 돌연 큰 위로가 됐다. 그는 무너지지 않는다.

가끔씩 무너지는 사람들이 있다. 책임을 내팽개치고 어떤 의무도 없이 홀가분하게 사는 사람도 있고, 삶에 대한 최소한의 의무마저 벗어버린 채 자신의 삶을 스스로 끝내는 사람도 있다. 사랑하는 이를 버리거나, 자신의 자리에서 도망을 치거나, 삶으로부터 달아나는 일이 가깝게 느껴졌던 순간도 있지 않았나? 바로 하늘을 내려놓는 순간이다. 그때 그렇게 한 걸음 물러서면, 세상이 무너진다.

아틀라스가 들고 있는 세상은 바로 나 자신이다. 내 무게를 결정하는 것은 중력만이 아니다. 나는 걸을 때도, 심지어 잘 때도 언제나 나 자신의 무게를 두 어깨로 떠받치고 있어야만 한다. 내 앞에 있는 사람 역시 마찬가지다. 내 가족, 동료, 내가 싫어하는 사람, 내가 좋아하는 사람 모두 그들의 무게를 힘겹게 들쳐 메고 있다. 타인이 나를 위해 들어줄 수도 없고, 잠시 내려놓고 쉴 수도 없는 내 몸의 일부다. 그것이 운명이라고 불리는 이유는 어깨 위의 하늘과 나 자신이 분리될 수 없기 때문이다.

가끔씩 내 일부를 억지로 뜯어내는 사람들이 있기는 하다. 내가 내 하늘을 내려놓고 홀가분해지면, 그 무게는 내가 사랑하는 이들의 어깨 위로 배분된다. 내가 하늘을 벗어던지고 내 존재를 포기해버리면 내 존재의 무게만큼이 내가 사랑하는 이들의 어깨 위로 올라간다. 그러나 삶이 끝날 때까지 지치지 않고 하늘을 둘러메고 있다면, 우리는 자기 하늘의 무게를 싣고 이 세상을 떠날 수 있다. 이 지점부터 내가 짊어지고 있던 하늘의 무게는 대물림되지 않게 된다. 이제 우리가 사랑한 사람들은 오직 그들의 존재만큼만 견디면 된다.

아틀라스의 선택과 책임

우리는 프로메테우스와 에피메테우스를 인간의 정신이 가진 측면들로 해석했다. 그들의 형제인 아틀라스 역시 우리 삶의 이야기를 전하고 있는 것이 아닐까? 아틀라스는 '지탱하는 자, 참고 견디는 자'를 뜻한다. 헤시오도스는 아틀라스가 "강력한 필연"에 의해 "머리와 지칠 줄 모르는 두 손으로 넓은 하늘을 떠받치고 있다"라고 말한다.[32] 그는 그것이 제우스가 그에게 할당한 "운명"이라고도 설명한다.[33]

이 말들을 다시 한번 생각해보자. 왜 헤시오도스는 아틀라스가 하늘을 떠받치고 있는 상황을 "강력한 필연"이라고 말했을까? 더구나 아틀라스는 지친 모습이 아니다. 그는 "지칠 줄 모르는 두 손"으로 하늘을 둘러메고 있다. 그것은 주신이 그에게 준 운명이기도 하다. 그렇다면 이 말은 선택의 여지가 없는 상황을 묘사하고 있는 것이 아닌가? 내려놓을 수 있거나 던져버린 후 다른 일을 할 수 있는 상황이 아니라는 말이다. 운명 같은 짐이란 도대체 뭘 뜻하는 걸까? 물론 그것은 각자가 짊어져야만 하는 삶의 무게를 의미한다.

그리스 신화에서 제우스가 주신이 되는 것은 거인 신족과의 전쟁 이후다. 제우스와 그 형제자매들은 올림포스 산에 자리를 잡고 티탄 신족과 전쟁을 벌인다. 물론 그들이 전쟁에서 승리했기에 제우스가 주신의 자리에 앉게 된다. 우라노스와 가이아 사이에서 태어난 열두 명의 티탄 신 가운데 다섯째 아들인 이아페토스가 바로 프로메테우스, 에피메테우스, 아틀라스의 아버지다. 즉 아틀라스 역시 거인 신족이었다는 뜻이다. 그는 티탄족의 편에서 제우스에 맞서 싸웠기에 그러한 벌을 받은 것으로 알려져 있다.

자, 전체 지도를 다시 보자. 아틀라스가 하늘을 떠받치게 된 것은 그의 결정 때문이었다. 그 결정은 순조로운 현실의 흐름에 반대되는 것이었고, 그러한 선택 때문에 그는 짐을 지게 된다. 결정의 대가인 셈이다. 너무나 멋있는 기백이 아닌가? 우리는 누구나 선택과 결정을 두려워한다. 결정에는 그에 따른 책임이 수반되기 때문이다. 가장 쉬운 일은, 남이 하는 대로 따라하거나 끝까지 결정을 하지 않는 것이다. 우리가 이 쉬운 방법을 자주 사용하는 이유는, 그렇게 했을 때 책임을 전가할 수 있기 때문이다. "너 때문에 그렇게 됐잖아. 네 말을 들어서 이렇게 됐잖아. 네가 책임져"라는 원망을 할 수 있기에 상대적으로 책임이 가벼워진다.

이것은 성숙한 어른의 태도가 아니다. 그런 식이라면 언제까지나 남의 눈치를 보며 원망 속에 파묻혀 살 수밖에 없다. 온전한 나 자신을 선택할 수 없으니 당연히 내 삶의 이야기가 펼쳐지지 않는다. 책임을 회피하니 몸은 가볍지만, 그만큼 남에게 종속되어 있다. 그들이 내 짐을 대신 지게 되기 때문이다.

아틀라스는 선택한 후 그에 대한 운명적 결과를 의연히 받아들인다. 이 필연 속에서 그는 지치지 않고 두 손으로 책임의 무게를 감당한다. 이것은 어른만이 할 수 있는 행위다. 그가 든든히 하늘을 떠받치고 있다는 게 가끔은 큰 힘이 된다. 내 안의 아틀라스가 지치지 않고 내 삶의 무게를 평온히 떠받치고 있다는 뜻이기 때문이다. 그는, 틈만 있으면 다 내팽개쳐 버리겠다는 속셈으로 호시탐탐 기회를 노리지 않는다. 그저 묵묵히 불가능해 보이는 무게를 감당할 뿐이다.

어쩌면 우리는 우리가 생각하는 것보다 훨씬 큰 내면의 힘을 가지고 있는지도 모른다. 삶이라는 이 무거운 문제를 죽을 때까지 짊어지고 그 무게를 견디니 말이다. 인간이라면 단 한 명도 이 운명적 필연을 피할 수는 없다. 삶이라는 무게, 그건 어쩌면 내 존재와 분리된 것이 아닌지도 모르겠다. 그렇다면 우리는 그것을 더 이상 짐이라고 부를 수 없다.

아버지의 빚

프로이트가 치료한 환자들 중 쥐 인간으로 알려진 사람이 있다. 그의 원래 이름은 에른스트 란저(Ernst Lanzer, 1878~1914)로, 젊은 변호사였다. 란저는 쥐 이야기를 무서워했고, 쥐 한 마리를 돈의 단위로 생각하기도 했다. 분석 과정에서 프로이트는 쥐(Ratte)와 할부금(Rate)의 발음이 같다는 사실을 발견하고, 또한 그가 아버지를 노름꾼(Spielratte)이라고 생각했다는 정보도 얻게 된다.

란저의 아버지는 가난한 여인을 버리고 돈이 많은 여자를 선택했으며, 그 여자와의 사이에서 쥐 인간이 태어난다. 란저 역시 장성한 후 가난한 여인을 사랑하게 되었는데, 부모는 그에게 부잣집 아가씨를 소개하려 했다. 쥐 인간의 아버지는 예전에 공금 횡령으로 위기에 처한 적이 있었고 당시 친구의 도움으로 상황을 해결했으나, 훗날 상황이 좋아졌음에도 불구하고 친구에게 빚을 갚지 않았다.

쥐 인간 사례에서 가장 이해할 수 없는 증상은 그가 안경 값을 대신 지불해 준 사람을 찾아 그 대금을 갚기 위해 비합리적인 방식으로 과도한 노력을 한다는 것이었다. 분석 과정에서, 이 증상이 아버지의 이야기와 관련된다는 게 드러난다. 그의 증상은 아버지처럼 살지 않겠다는 발언이자 아버지의 빚을 갚으려는 노력이었다. 즉 그는 아버지가 세상 사람들에게 진 빚을 자신이 대신 갚고자 한다. 아버지는 가난한 여자를 버리고 그녀에게 상처를 주었다. 자신은 그런 아버지의 잘못을 되풀이하지 않겠다는 것이다. 아버지는 친구에게 빚을 갚지 않았지만, 그는 아버지와 달리 안경 값을 어떻게든 지불하려 한다. 그는 지금 부모가 진 빚을 대신 갚고 있다.

정신분석에 따르면 우리는 모두 부모로부터 물려받은 빚이 있다. 어머니가 했어야 하는 일을 한 세대가 지나 내가 지금 하거나, 아버지가 세상에 진 빚을 내가 대신 갚는 사례들이 있다. 아버지처럼은 살지 않겠다는 생각을 할 때, 어머니 같은 인생은 살지 않겠다고 다짐할 때 우리는 그들의 빚에 대한 이야기를 하고 있는 셈이다. 온전한 자기 자신이 되어 충만한 삶을 누리지 않은 부모, 진정으로 삶과 사람과 세상을 사랑하지 않은 모든 부모는 자식에게 빚을 물려주게 된다.

가끔은 빚의 무게가 너무 큰 나머지 존재 자체가 무너지기도 한다. 2017년 12월 한 입양인이 쓸쓸히 고독사했다는 뉴스가 보도되었다. 입양된 후 노르웨이에서 자란 채성우 씨는 고국으로 돌아와 5년간 친부모를 찾아 헤맸지만 결국 혈육을 찾지 못한 채 한 고시텔에서 사망했다. 한국에 묻히고 싶다는 말을 남겼지만, 그의 유해는 노르웨이로 돌려보내졌다.[34]

우리 모두가 그의 부모였으며, 그는 우리 모두의 아이였다. 우리 한 사람 한 사람이 부모의 나라, 한국을 의미하기 때문이다. 우리가 그의 짐을 함께 들어줄 수 있었다. 누군가 혼자 한쪽 어깨와 두 팔로 세상을 떠받치는 게 불가능해질 때 우리는 어깨와 팔을 빌려줄 수 있다. 함께 하늘을 떠받치면 그의 하늘이 무너지지 않는다. 그의 부모가 되어주고 그의 가족이 되어주고 그의 하늘을 함께 들어줄 수 있었다. 어려운 일이 아니었다.

분노로는 세상을 바꾸지 못한다

메두사의 시선

분노는 미망을 낳고,
미망에서 기억의 상실이 오고,
기억의 상실에서 이성의 파멸이 온다.
이성이 파멸되면 그 사람은 완전히 망해버린다.[35]

살인적인 시선

어떤 시선은 사람을 해친다. 메두사와 눈이 마주치면 그 사람은 돌로 변한다. 생명이 사라진다는 말이다. 삶의 온기를 말려버리는 응시는 비단 메두사만이 가진 저주가 아니다. 증오와 분노로 가득 찬 시선을 받아본 적이 있는가? 그런 시선으로 타인을 바라본 적이 있는가? 그게 바로 메두사의 시선이다.

그런 시선은 자신의 삶과 밀접하게 관련된 분노다. 마음이 행복한 사람은 남을 그렇게 바라보지 않는다. 삶의 분노와 대상에 대한 분노가 이어질 때 메두사의 시선이 태어난다.

프로이트는 우리를 움직이는 것이 무의식 속의 표상들이라고 말했다. 무의식 속에 내가 어떤 표상들을 심어두는가에 따라 우리의 말과 행동과 생각이 결정된다. 그 속에 무시무시한 괴물들과

피 흘리는 혼령들과 굶주린 아이들과 사랑받지 못한 사람들이 가득하다면 그 기억으로 만들어진 우리 역시 생지옥 속을 살아가게 된다. 햇빛이 찬란히 비치고 현실의 일들이 잘 풀려나갈 때조차 우리 마음은 언제나 지옥 한복판을 걷고 있다. 마음속 지옥은 내 말과 행동과 사고와 시선을 통해 외부로 전달된다.

고르고 자매들 중 다른 두 명과 달리 메두사가 필멸의 존재라는 것은 메두사의 시선이 극복될 수 있는 것이라는 사실을 말해주는 듯하다. 그 시선에는 삶의 모든 통증들이 실려 있다. 내 상처만큼의 고통을 타인에게 실어 보내는 것이다. 그것은 상처를 다루는 최악의 방식이다. 서로를 보듬으며 상처를 치유하는 관계는 영혼의 고단함을 달래는 휴식이지만, 메두사의 시선으로 서로의 상처를 헤집는 관계는 애써 만들어놓은 삶의 휴식처를 파괴하는 폭력이다. 그 시선을 멈출 수 있어야 한다.

어떻게 멈출 수 있을까? 신화는 명확한 해답을 제시한다. 영웅이 나타나 메두사의 목을 베야 한다는 것이다. 생명을 소진시키는 그 시선을 몸에서 분리할 때 위험이 사라진다. 해치는 시선이 사그라지는 순간이다.

영웅은 내 시선을 멈추는 나 자신을 뜻한다. 더 정확히 말하자면, 메두사의 시선은 우리가 극복해야 하는 과제다. 사실 그것은 외부인의 도움으로 간편하게 잘라버릴 수 있는 것이 아니다. 내면의 고통이 내 시선을 타고 타인을 향할 때 방향을 돌릴 수 있는 사람은 오직 나 자신뿐이다. 무의식 속 표상이 어떤 분석이나 해석도 없이 밖으로 흘러넘치면 그 표상이 닿은 세상은 빛이 바랠 수밖에 없다. 표상들에 고통과 증오와 미움과 슬픔이 가득 묻어 있기 때문이다. 밖으로 털어버리고 싶은 마음에 내가 소진될 때까지 배출하지만, 그렇게 배출된 시선은 결코 내 내면을 고치지 못한다. 그 표상들은 털어내지지도 않는다. 분석과 해석을 통해 표상의 의미가 바뀌어야 비로소 고통이 경감될 수 있는데, 정제되지 못한 표상들을 고스란히 마음에 담아둔 채 이와 무관한 것들에 분노를 쏟아내고 있으니 말이다.

영웅이란 그 표상들을 보듬어 나를 보살피는 자다. 그는 나를 보살필 뿐만 아니라 내가 해칠 수 있었던 많은 이들과 그들의 고통도 함께 보살필 수 있다. 물론 그는 나 자신이다. 영웅이 될 것인가, 아니면 메두사의 시선으로 내 삶의 온기를 말려버릴 것인가? 그 선택은 나만이 할 수 있다.

메두사의 목으로 나를 보호하다

메두사의 무시무시한 시선은 모든 살아 있는 것들을 돌로 변하게 만들었다. 영웅 페르세우스가 그녀를 죽일 때, 메두사를 마주 보지 않고, 거울에 비친 상으로 가늠하여 목을 벤다. 그때 흘러내린 메두사의 피에서 하늘을 나는 말 페가소스가 태어난다.

메두사에 대해서도 다양한 이야기가 전해진다. 변신의 사연 없이 원래부터 괴물이었다는 이야기도 있고, 원래는 아름다운 여성이었으나 아테나 여신과 미모를 겨루자 아테나가 분노하여 머리

카락을 뱀으로 변하게 했다는 이야기도 있으며, 아테나 신전을 돌보던 여성이었는데, 신전에서 포세이돈과 사랑을 나누자 이에 노여워한 아테나가 괴물의 모습으로 만들었다는 설도 있다. 추가된 이야기에서 강조되는 부분은 아테나의 부당함이다. 그것은 헤라가 헤라클레스를 괴롭히는 방식과 유사한 종류의 부당한 폭력이다. 더욱 이상한 것은 메두사가 죽자 아테나는 자신의 방패 중앙에 메두사의 머리를 박아 넣는데, 그 후 인간을 해하던 괴물이 이제는 도시를 지키고 전투에서 승리를 이끄는 기능을 수행하게 된다. 이 이야기는 도대체 무엇을 상징할까?

오랜 시간 사람들이 이 신화를 통해 이야기하고 싶었던 것은 마지막 부분에서 언급되는 기능의 변화가 아닐까? 인간을 해하던 시선이 인간을 구하는 시선으로 바뀐다는 이야기가 제일 마음에 남는다. 메두사의 시선으로 세상을 바라본 적이 있었기에 더 마음이 가는 부분이다. 그런데 메두사의 분노에는 이유가 있지 않았던가?

메두사의 시선은 폭력과 부당함에 의해 만들어진다. 메두사를 만드는 것은 신의 저주가 아니다. 그건 인간이 의도를 가지고 행한 악행의 결과다. 우리는 한 사람을 그렇게 만들 수 있다. 피해를 입히고 다치게 한 후, 그 상처를 돌보지 못하도록 끊임없이 괴롭히면 된다. 그러면 마음의 괴물이 탄생한다. 어떤 인간다움도 없는 곳, 배려나 관심이나 이해가 존재하지 않는 그곳에서 괴물이 태어난다.

괴물의 시선이 살아 있는 모든 것을 돌로 바꾸어버리는 것은 당연하다. 증오와 미움이 얼마나 크면 바라보기만 해도 생명이 사라지겠는가? 메두사의 시선을 통해 우리는, 한번 이 세상에 태어난 외상과 고통은 그 고통이 사그라지기 전까지 세상을 돌아다니며 끊임없이 생명을 소진시킨다는 사실을 깨달을 수 있다. 우리가 한 사람이 지옥 같은 세상으로 내던지는 폭력을 방치할 때, 그 고통은 넓고 강렬히 이 세상 전체에 퍼져나가게 된다.

메두사의 분노로는 세상을 바꾸지 못한다. 세상을 무작정 파괴하는 것만으로는 폭력과 부당함에 대처할 수 없다. 그래서는 연대와 관계가 불가능하기 때문이다. 삶의 온기와 에너지가 소진된 상태로 어떻게 잘 싸우겠는가? 세상을 바꾸려면 파괴하는 시선을 잠시 멈추어야 한다. 그리고 어렵지만, 그럼에도 불구하고 일어나야 한다. 신화에서는 영웅이 메두사의 목을 벨 때 고통의 여정이 끝나며 그곳에서 변신의 기적이 일어난다. 괴물이 있던 자리에서 힘세고 아름다운 천마가 태어나는 것이다. 그 에너지로 이제 진정한 전쟁을 시작해야 한다.

고통을 분리한다는 건 괴로움을 승화시킨다는 뜻이다. 높이 솟아올라 찬란히 빛나게 되면, 메두사의 머리 역시 전혀 다른 기능을 수행하게 된다. 그것이 이제 우리를 보호하는 것이다. 메두사의 죽음은 내가 나 자신과, 고통받는 다른 이들을 보호할 수 있게 되는 변신의 순간을 의미한다.

승화

정신분석은, 한때 나를 해쳤던 것이 그 반대로 나를 보호하는 것으로 변화했을 때 그것이 승화되었다고 말한다. 신화에서는 영웅이 머리를 벴을 때 메두사의 해치던 시선이 보호하는 시선으로 바뀐다. 끊임없이 악순환을 반복하던 증오와 미움의 고리가 끊어지고 분노가 생산적 전략과 긍정적 에너지로 전환된다는 뜻이다. 사람을 해치던 충동이 사람을 살리는 에너지로 바뀔 때 우리는 그것을 치유라고 부른다.

아이들의 싸움을 생각해보라. 공격성을 제어하지 못하는 상태에서 가장 미숙하게 싸우는 상황을 떠올리면, 정제되지 않은 분노가 어떤 방식으로 표출되는지 그려볼 수 있다. 어른이라고 다 성숙하게 싸우는 것은 아니다. 어떤 어른은 아이처럼 싸우고 아이처럼 아무렇게나 자신의 분노를 드러낸다. 반면 성숙한 어른은 자신의 외상과 현재의 관계를 재정립한다. 현재를 과거의 반복 또는 연장으로 만드는 과거의 덫으로부터 벗어나야 한다. 무엇보다 먼저 현재를 파괴하는 부정적 에너지를 영웅적으로 극복해야 한다. 그러면 과거를 새롭게 조명할 수 있게 된다. 치유된 사람이 그렇게 할 수 있는 게 아니라, 그렇게 해야만 치유가 시작된다. 메두사와 협상하여 친구가 되는 건 불가능하다. 영웅적 결단으로 그 분노에서 벗어나야 한다.

분노와 고통과 슬픔을 끊임없이 되새기며 그것으로 현실을 물들이기보다, 현재 속에서의 연대와 새로운 가능성으로 미래를 바꾸는 것이다. 프로이트는 그것을 '충동의 변화'라고 부른다. 통제되지 않던 것이 통제되기 시작하는 순간이 있다는 것이다. 내 안의 에너지가 아닌가? 내가 내 마음으로 그 에너지를 운용할 수 있다. 그 에너지로 할 일이 무수히 많다. 부정적인 옷을 입혀 나 자신을 공격하게 만드는 건 답이 아니다. 내가 아무 일도 못 하게 되지 않나? 삶을 보호하기 위해 우리는 내면의 에너지와 소통해야 한다. 그리고 일어나 싸워야 한다.

프로이트는 통제되지 않던 것이 내 마음과 이어지는 현상을 승화라고 불렀다. 삶의 방향으로 에너지가 선회하는 것이다. 우리는 그렇게 변화된 에너지를 융적인 리비도라고 부를 수도 있다. 리비도는 전투에 필요한 근본적인 동력이다.

과거의 사건을 대면하여 그것을 극복한다는 것은 제대로 전투를 개시한다는 뜻이다. 잘 싸우려면 충동을 승화시킬 필요가 있다. 남녀노소를 가리지 않고 모든 살아 있는 생명을 돌로 바꾸는 분노에서 적들을 물리치는 아테나의 방패로 변신하는 과정이 바로 승화다. 현재로 돌아온 우리는, 이제 타인과 연대할 수 있다.

어른이 아이보다 강한 이유는 아이보다 힘이 세기 때문만은 아니다. 어른은 혈연으로 이어지지 않은 타인과도 그만큼 깊이 있는 관계를 형성할 수 있다. 함께 바라보고 함께 싸우고 함께 성취하는 일은 오직 성숙한 어른에게만 허락된 선물이다. 방향성 없는 분노는 사람을 모을 수 없고, 주위 사람을 해치는 시선으로는 타인과 연대할 수 없다. 그것은 타인뿐만 아니라 나 자신을 파괴하는 폭력으로 작용한다.

자기 손으로 자신의 목을 베는 것은 쉬운 일이 아니다. 그러나 나와 남을 해치는 분노의 순환을 멈추지 않는다면, 우리는 결코 과거를 극복할 수 없다. 언제까지 구원자를 기다릴 것인가? 융은 나를 구할 구원자가 바로 나 자신이라는 사실을 거듭 강조한다. 그 구원자는 바로 내 안에 존재한다. 구원의 증거는 우리 안에서 솟아오르며 비상하는 페가소스다. 천마라는 에너지를 길들여 타는 일 역시 나만이 할 수 있는 과제다.

머리로만 되지 않는 것이 있다

일상을 멈추는 디오니소스

그러나 지식이 없고, 믿음이 없고,
의심하는 성질의 사람은 망하느니라.
의심하는 자에게는 이 세상도 없고
저 세상도 없고 안락도 있을 수 없느니라.[36]

디오니소스의 시간

삶의 균형이 깨질 때가 많다. 일이 늘 너무 많기 때문이다. 따로 운동은 못 하더라도 하루에 한 시간씩은 꼭 걸어야지 생각해도, 야근에 날씨에 컨디션 등을 더하면 한 달에 몇 번도 못 걷게 된다. 집과 직장, 그리고 다시 집과 직장. 그렇게 무리를 하다 보면 아침에 출근할 때부터 피곤하다.

끝내야 하는 건 왜 그렇게 많고, 마감일은 왜 또 그리 빨리 다가오는지 이해할 수 없지만, 그렇게 하루하루가 돌아가다 보면 어느 날 관계도 삶도 다 피폐해진다. 시간이 없어 죽겠는데 마음을 써야 하는 일과 사건이 이어진다. 이런저런 일들을 챙기려면 기본적으로 여유가 있어야 하는데 도대체 그 여유라는 게 나질 않는다.

이렇게 살다 보니 늘 짜증이 나고, 필요 이상으로 감정적인 반응을 해버리고, 관계들은 점점 엉망이 되어간다. 정말 너무나 어이가 없는 일들이 많이 일어난다. 말도 안 되는 인간, 말이 안 통하는 인간, 자기만 잘난 인간, 자기밖에 모르는 인간, 남을 이용하는 인간, 아무 말도 안 하는 인간, 말이 너무 많은 인간 모두 다 나를 너무나 화나게 한다. 이러다간 결국엔 어떤 이도 내 곁에 남지 않게 될 수도 있다.

이럴 때 우리에게 필요한 게 바로 바쿠스로도 알려진 디오니소스다. 우연한 기회에 술잔을 기울이게 된 동료가 말을 시작한다. 형식적으로 잔을 부딪치며 대화를 주고받는데 리듬이 생기더니 이내 뭔가 이해가 된다. 이야기가 차곡차곡 쌓여가며 그의 입장에서는 충분히 그럴 수 있겠다는 생각이 들기 시작한다. 디오니소스의 효과다. 이성이 멈추는 것이다. 평소 보이지 않던 것들이 보이고 들리지 않는 말들이 들린다. 이것저것 다 의심스럽던 사람인데, 갑자기 너무나 미덥다. 다음 날 내가 그를 친구라고 부르는 기적이 일어난다.

머리로 안 되던 걸 가슴이 해결했다. 늘 그 인간이 마음에 안 들고 그가 말하는 것마다 신경을 긁었었는데 이상하게 그날 그가 달라 보였다. 머리는 뭐라고 해야 하는지 모르는데 어느새 내가 고개를 끄덕이고 있다. 우리가 같은 편에 있다는 강한 느낌이 밀려온다. 사실 꼭 술이어야 할 필요는 없다. 밥 한 끼, 차 한 잔으로도 비슷한 효과를 볼 수 있다.

가끔씩 머리를 쉬게 해줄 필요가 있다. 멈추어 생각을 중지할 필요도 있다. 재고 따지지 않을 필요가 있다. 아주 가끔은 이상한 것, 화낼 만한 것, 미덥지 않은 것, 걱정할 필요가 있어 보이는 것에 대해서까지도 그냥 가벼운 미소로 반응할 줄 알아야 한다. 화낼 만한 것에 대해 모두 분노하고, 따질 것 다 따지며 살면 금세 몸이 아프다. 그리고 그렇게 했을 때 일을 더 망치게 되는 경우가 태반이다.

다른 부서 직원과 일을 하는데, 이 인간이 참 대책이 없는 사람이다. 이렇게 했고, 저렇게 했어야 한다며 분노하다 보면 어느새 일을 그르치기 쉽다. 그런데 '네 하늘은 또 얼마나 무겁겠니'라는 생각으로, 미소로 반기며 그의 어깨를 감싸주면 이상한 일이 일어난다. 변한 건 별로 없는데 일이 진행되는 것이다. 아이를 키울 때도 화낼 만할 때 늘 화내고, 벌할 만할 때 늘 벌하면 아이가 망가지지 않나? 물론 그게 정답이다. 아이가 이불에 오줌을 싸면, 잘못을 저질렀으니 벌해야 한다. 화도 내야 한다. 그러나 "불안했구나. 피곤했구나. 우리 딸, 우리 아들"이라고 말한 후 숨이 안 쉬어질 정도로 꼭 껴안아주면 아이가 안심한다. 그건 존재 자체에 대한 믿음만이 줄 수 있는 포근함이다.

벌받는 사람들

신화에서 디오니소스는 자신을 믿지 않는 도시가 있으면, 그 도시의 사람들을 벌한다. 이성을 마비시켜 자신의 아이를 잡아먹게도 만든다. 이성만으로 사는 자들에 대한 경고라 할 수 있다. 그는 사람들에게 포도 재배를 가르치기도 한다. 술 담그는 법을 가르친다는 뜻이 아니다. 지금 디오니소스는 이성이 아닌 다른 기능을 사용할 수 있도록 가르치고 있다.

축제가 광기와 연결되는 이유는 그가 축제의 신이기도 하지만, 그를 부정했을 때 그가 우리에게 광기라는 벌을 줄 수도 있기 때문이다. 디오니소스적 감성을 거절하고 이성만을 따르는 자가 이성의 끝에서 만나는 것은 광기 그 자체다. 극심한 이성을 생각해보라. 한 치의 오차도 없고, 어떤 어긋남도 용납되지 않는 세상, 더 이상 어느 누구도 믿을 수 없는 지옥 같은 세상, 그건 카프카적 법정이다. 자신들은 매우 합리적으로 일을 처리한다는데, 우리는 그것을 광기라고 부른다.

디오니소스는 제우스의 머리가 아닌 허벅지에서 태어난 신으로, 머리가 익숙한 것과는 전혀 다른 방식으로 움직이다. 그에게는 머리의 명령에 따르지 않을 수 있는 힘이 있고, 몸이 하는 말을 들을 수 있는 귀가 있다. 또한 그는 중심이 아닌 주변을 강조하며, 밝은 것만큼이나 어두운 것도 소중히 대한다. 분명히 실패할 수밖에 없는 일에도 디오니소스는 여지를 남긴다. 다 끝난 일에도 그는 그 속에 '시작'이라는 씨앗을 다시 심는다. 안 되는 게 되기도 하는 세상이 익숙한 그에게 심란한 일이란 존재하지 않는다. 늘 방법이 있고 항상 길을 찾는다.

디오니소스의 아내는 아리아드네다. 그녀는 테세우스가 미노타우로스라는 괴물을 처치한 후 다시 미로를 빠져나올 수 있도록 도왔던 여인인데, 테세우스에게 버림받은 후 디오니소스를 만나 결혼하게 된다. 우리에게 잘 알려진 아리아드네의 실은 실패한 사랑의 쓰디쓴 한 조각이었던 것이다. 절망과 끝, 이별과 후회가 디오니소스를 만나 기쁨과 시작, 만남과 소망으로 바뀐다. 새 삶이 시작되는 것이다.

그는 일상을 멈추는 신이다. 일상이 때때로 멈추지 않으면 우리는 제대로 살아갈 수 없다. 단 한 번의 휴식도 없이 24시간 일상을 살아가는 건 가능하지 않다. 잠시 생활을 벗어나 머리를 식히도록 돕는 것이 바로 이 신의 역할이다. 머리가 멈추는 곳에서 우리는 새로운 가능성을 발견할 수 있다. 재미있는 일이 아닌가? 생각하는 게 머리인데, 머리가 생각을 멈추니 새로운 생각이 떠오른다.

그게 바로 디오니소스의 주요 기능이다. 그는 우리를 쉬게 한다. 머리가 채찍질을 멈추는 동안 우리는 마음껏 쉴 수 있다. 몸은 몸대로, 마음은 마음대로 편안하게 시간을 보낼 수 있다. 그래야 다시 머리가 작동할 수 있다. 나가 놀지 않고 공부만 하면 아이의 몸이 망가진다. 몸을 잃으면 아주 오랜 시간 '약한 사람'으로 살 수밖에 없다. 일상이 파괴되고 마음도 함께 무너진다. 이성이 광기를 휘두를 때 생기는 파국적 사건이다.

이성의 폭력으로부터 우리를 구하는 게 디오니소스의 역할이다. 그는 이성으로부터 우리를 보호하고, 이성과 싸울 수 있도록 우리를 무장시킨다. 니체는 그 무기를 '디오니소스적 세계관'이라고 부른다.

디오니소스 대 아폴론[37]

니체는 디오니소스와 아폴론의 특성을 구분한다. 그는 아폴론적 명료함보다 디오니소스적 신비가 삶의 진실을 더 잘 전달한다고 주장하며, 모두 다 설명하고 남김없이 이야기하는 것보다는 말로 명료히 표현할 수 없는 지점을 보존하는 디오니소스적 세계관을 높이 평가한다.

정신분석에서 가장 중요한 이야기는 오이디푸스 신화다.[38] 오이디푸스는 세상에서 가장 재수 없는 사람으로, 너무나 지혜롭고 배려심 많은 영웅임에도 불구하고, 그의 삶은 신탁이라는 말도 안되는 족쇄에 묶여 있다. 그가 어떻게 해도 아버지를 죽이게 되어 있고, 어떻게 하든 상관없이 어쨌든 언젠가 어머니와 결혼하게 된다. 그 끔찍한 신탁은 전부 이루어진다.

디오니소스적 세계관의 힘을 이해할 수 있는 부분은 그다음이다. 오이디푸스는 절망에 파묻혀 자신의 삶을 포기하는 실수를 저지르지 않는다. 그는 삶의 교착상태에서조차 다시 일어나 매 순간을 온전한 자기 자신으로 살아간다. 그는 자신이 행한 죄에 대해 기꺼이 책임은 지겠으나, 한 가지만 분명히 하자고 말한다. 자신은 아무것도 몰랐으며, 그러므로 무죄라는 것이다. 그렇게 말한 후 그는 자신의 방식으로 신탁을 따른다. 소포클레스(Sophocles, BC 496~BC 406)의 비극, 『콜로노스의 오이디푸스(Oidipous epi kolono)』는 오이디푸스의 죽음을 매우 신비롭게 묘사한다. 그가 경이롭게 사라지는데, 그것은 돌연사가 아니다. 이 신비한 장면 속에는 절망이나 원망과 같은 정념이 존재하지 않는다.

이것이 바로 비극의 신비다. 여기에서 디오니소스적 힘이 발휘된다. 물론 아폴론적 명료함은 사물과 인간을 이해하기 위한 필수 요소다. 그러나 진정한 이해를 위해서는 디오니소스적 신비가 동반되어야 한다.

명료함의 끝에서 우리는 자주 더 이상 설명할 수 없는 모호함을 대면하게 된다. 프로이트는 『꿈의 해석』에서 아무리 모든 것을 다 해석하려 노력해도 언제나 모든 해석에 저항하는 지점이 남는다고 말하며, 그 부분을 '꿈의 중심'이라고 부른다. 꿈의 중심은 설명될 수 없는 것으로, 삶의 중심에 있는 모호함을 의미한다.

모든 것이 설명될 수 있다면, 우리는 사랑하는 이에게 그가 나를 얼마나 사랑하는지 딱 한 번만 제대로 물어보면 된다. 그러나 이 질문에는 어떤 대답도 충분하지 않다. 그것이 말로 명확히 전달할 수 없는 것이기 때문이다. 삶 자체가 그렇지 않은가. 이 일이 내게 이로운지 해로운지, 이 사람이 좋은 사람인지 그렇지 않은지, 이걸 해야 하는지 거절해야 하는지를 단번에 가려내는 논리적 사고는 늘 우리를 속인다. 사람에 대해서도 그렇게 따지다 보면 누구도 믿지 못하게 된다. 논리보다 더 중요한 것은 존재 자체에 대한 긍정과 믿음이라는 신비다.

디오니소스는 의식의 확신, 밝음에 대한 맹신, 그리고 흐트러지는 것에 대한 불안을 종식시킨다. 의식을 전적으로 믿거나 밝은 것만을 추구해서는 안 되며, 가끔씩은 흐트러져야 한다는 뜻이다. 그래야 무의식과 소통할 계기가 생기고, 밝음 아래 감추어져 있던 신비한 세상을 이해할 수 있으며, 몸과 마음이 편안히 쉴 수 있다.

디오니소스적 세계관 속에서는 삶에 대한 우리의 태도가 보다 유연해진다. 틀린 것이라고 생각했던 것에 대한 인식이 바뀌고, 내가 피해오던 것이 건강을 위한 필수적인 요소들이라는 것을 깨닫게 될 수도 있다. 오답이라고 생각되던 것이 오히려 내 삶의 답이었다는 것이 드러나는 순간 현실의 지도가 바뀐다. 바로 그것이 디오니소스적 신비다.

과거의 답은 현재에서만 찾을 수 있다

뒤를 돌아본 오르페우스

> 잊으려고 하는 일이 잊고자 하는 물건을
> 기억하게 만든다. 이렇게 되어서는 안 된다.[39]

사랑을 잃는 법

프랑스의 극작가 장 아누이(Jean Anouilh, 1910~1987)는 『에우리디케(*Eurydice*)』에서 오르페우스와 에우리디케의 이야기를 흥미롭게 재해석한다. 오르페우스가 저승에서 에우리디케를 데리고 나올 때 한 가지 금기가 주어진다. 절대로 뒤를 돌아보아서는 안 된다는 것이다. 아누이는 돌아보는 행위를, 연인의 과거를 궁금해하는 우리의 못된 마음에 대한 상징으로 해석했다.

　모두 알고자 하는 마음 때문에 일을 그르칠 때가 있다. 사랑하는 사람을 만났을 때, 그냥 좋은 현재에 충실하면 될 텐데, 지난 일을 샅샅이 알아내고야 말겠다는 마음을 먹고 질문 공세를 펼치다 관계를 망치기도 한다. 지금 모습을 보고 사랑해주면 되는데, 전모를 알겠다고 덤비다 결국 상대를 놓치게 된다.

정말 무슨 일이 있었던 걸까? 나를 만나기 전 누구를 만났으며, 어떤 이야기들을 나누었으며, 어떤 시선으로 서로를 바라보았을까? 어떤 사연들을 만들었으며, 어떤 감정들을 공유했을까? 언제 손을 잡았고, 언제 포옹했으며, 언제 그리고 어떻게 사랑을 나누었을까?

이 길로 끝까지 가면 우리는 사랑하는 사람을 잃게 된다. 전 남자친구, 전 여자친구, 전부인, 전남편과의 관계를 이모저모 뜯어보고 싶은 마음이 솟을 때 잠시 멈추어 자신의 궁금증과 대화를 나눌 필요가 있다. 왜 그것들이 궁금한가? 나는 지금 과거와 경쟁을 하고 있다. 내가 사랑을 하는데, 그 사랑을 제삼자의 눈으로 바라보고 있는 것이다. 참 못난 사랑이다. 그래서 실패하는 것이다.

선생님은 나를 옆 친구와 비교하고, 어머니는 나를 옆집 아이와 비교한다. 이 상황이 익숙하다 보니 이제는 스스로 기꺼이 비교의 대상이 되고자 한다. 연애를 할 때도, 결혼을 하고 나서도 연인 또는 배우자의 이전 상대들과 나를 비교한다. 온전한 나 자신이 되지 못했을 때 일어나는 일이다.

온전한 내가 되지 못한 사람들은 늘 불안하다. 사랑은 두 가지 믿음이 만나는 장소다. 나 자신에 대한 믿음과 내가 사랑하는 이에 대한 믿음이다. 이 두 가지가 만나지 않으면, 든든한 사랑을 하는 것이 불가능하다. 낱낱이 캐려는 마음은 결국 아무것도 알아내지 못한다. 무엇인가 알아낸다 하더라도 그로부터 아무것도 얻지 못한다. 사랑은 과거에서 찾는 것이 아니라 현재 속에서 만들어가는 것이기 때문이다.

앞만 바라봐야 하는 이유는 뒤돌아보는 순간, 현재 속에서 가능한 행복들이 사라지기 때문이다. 한 번 과거를 바라보면 현재의 시간이 그만큼 사라진다. 늘 과거 이야기만 하는 사람이 안타깝게 느껴진 적이 없었는가? 과거의 반복에 사로잡히면 창조가 불가능하다. 늘 같은 이야기, 같은 후회, 같은 절망뿐이지 않은가?

오르페우스는 디오니소스를 믿는 사람이다. 그래서 그의 음악에 신비한 힘이 배어 있는 것이다. 그런 힘은 현실에 충실한 상태에서만 창조되는 에너지다. 축제를 떠올려보라. 우리가 어떤 사람이고, 어떤 후회와 어떤 실수들 속에 살아왔건 간에 축제 기간 동안은 현재를 만끽하지 않나? 축제는 반성과 회한의 시간이 아니다. 의심과 불신도 어울리지 않는다. 축제에는 오직 무조건적인 믿음과 현재의 순간만이 존재한다.

사랑도 마찬가지다. 과거를 묻지 않는 연인이 멋있게 느껴진 적이 없었나? 그것이 멋있게 느껴진 이유는 바로 그러한 태도가 그의 성숙함을 보여주는 지표이기 때문이다. 현재는 결코 과거 경험에 의해 정해지지 않는다. 내 현재는 내가 지금 누구를 만나 어떤 이야기를 나누고 있는가에 의해 결정된다.

뒤돌아보지 마라

시인이자 음악가인 오르페우스는 아름다운 음악과 노래로 살아 있는 만물을 감동시켰다. 그는 아내 에우리디케가 죽자 아내를 찾아 저승에 이르게 되는데, 하데스의 개 케르베로스조차 그의 음악에 감동하여 그를 지옥으로 들여보내 준다. 하데스와 페르세포네 역시 그의 음악에 매료되어 죽은 에우리디케를 다시 내어주는데, 그녀를 살리기 위해서는 하나의 규칙을 따라야만 했다. 그것은 이승에 이를 때까지 뒤를 돌아보지 않는 것이다.

이와 같은 이야기가 늘 그렇듯이 오르페우스는 결국 참지 못하고 뒤를 돌아보았고, 그 순간 에우리디케는 저승으로 돌아가게 된다. 어떤 신화에서는 그가 끝까지 뒤돌아보지 않았으며 그래서 아내와 행복하게 살았다고 전해지지만, 대부분의 신화들은 모두 비극적 결말을 전한다. 그는 뒤돌아보았고, 아내를 잃었으며, 식음을 전폐하고 음악과 시를 멀리한 채 절망 속에서 죽었다는 것이다. 더 이상 세상에 어떤 관심도 보이지 않았기 때문에 그를 사랑한 여인들에 의해 살해당했다는 설도 있다.

흥미로운 점은 그가 뒤돌아보았을 때 그의 삶이 끝난다는 부분이다. 뒤돌아보지 않으면 행복할 수 있으나 뒤돌아보는 순간 삶이 불행해진다. 바로 이것이 오르페우스 신화가 의미하는 것이 아닐까? 만약 우리가 한번이라도 뒤를 돌아보면, 그것으로 모든 것이 끝난다.

걱정만 하다 아무 일도 못 하거나 일을 그르친 적이 있다. '혹시'가 참 많은 사람을 잡았다. 그냥 믿고, 그냥 한번 해보는 게 왜 그리 힘들까? 이 신화에서 오르페우스는 에우리디케만을 잃은 게 아니다. 그는 그를 믿고 길을 알려준 하데스와 페르세포네까지 배신한 셈이다. 정말 그 말이 맞을까? 혹시 그들이 실수를 한 건 아닐까? 아내가 잘 따라오고 있을까? 혹시 무슨 일이 생긴 건 아닐까? 이건 오르페우스의 질문이라기보다는 우리가 살아가며 매우 자주 하는 질문들이다. 되돌아보면, 그냥 그를 믿었어야 했던 순간들이 있다. 끔찍한 불안이나 막막함, 아무것도 정해지지 않은 불안정함 속에서도, 그냥 그를 믿었어야 했다. 그랬다면 나는 그를 잃지 않았을 것이다.

오르페우스는 상실의 경험과 함께 그가 가진 가장 좋은 능력도 잃게 된다. 그에게 기쁨을 가져다주던 노래와 음악이 이제는 전혀 의미가 없다. 이 상황은 과거를 돌아보는 사람들이 빠지는 동일한 덫이다. 과거에 사로잡힌 사람은 현재 속에서 자신이 할 수 있는 일들에는 관심이 없다. 오르페우스의 과제는 과거를 구하는 일이다. 그것을 현재로 데려오면 과거에서 벗어날 수 있다.

과거를 구하는 유일한 방법은 뒤돌아보지 않는 것이다. 앞만 보며 걸어가면, 언젠가 현재 속에서 생생한 과거를 만나게 된다. 과거를 잊으라는 말이 아니다. 과거를 끌고 앞으로 나아가라는 뜻이다. 오르페우스는 과거를 버리지 않는다. 그는 뒤따라오는 과거를 온몸으로 느끼며 현재로 나아간다. 과거는 그렇게 대면하는 것이다. 현재를 버리고 그때로 되돌아가 과거 속에 산다면, 현재를 잃게 된다. 과거를 끌고 묵묵히 앞으로 나아가야 한다. 그러다 어느 날 과거를 만나게 된다. 과거의 답은 오직 현재 속에서만 찾을 수 있다.

과거를 바꾸는 현재의 힘

정신분석은 과거를 바꾸는 학문이다. 현재를 자유롭게 만드는 학문이라고 해도 된다. 늘 과거 속에 살아간다면, 지금 내 눈 앞에서 일어나고 있는 현재의 일들을 놓치게 된다. 내 관심이 현재의 순간에 부착되지 않았기 때문이다. 리비도가 어디에 부착하는가에 따라 마음이 함께 움직인다. 다시 말해, 마음이 움직이는 길을 따라 에너지가 이동한다. 눈보다 마음이 먼저 사물을 만나는 것이다. 그 사람이, 그리고 그 사물이 시야에 들어오면 마음은 에너지를 방출하여 눈의 초점을 이 대상들에 맞추어준다. 과거에 사로잡혀 벗어나지 못하고 있는 상태라면, 리비도가 현재로부터 회수되어 마음속 과거로 이동한다. 그렇게 되면 시야에 들어오는 대상들 중, 과거와 관련된 것에만 에너지가 부착될 수 있다. 이제 다른 것들은 아예 관심을 받지 못하게 된다. 마음이 과거에 사로잡혀 있기 때문이다. 과거가 현재를 뒤덮어버리면 비현실적인 삶을 살게 된다. 내 아이가 하는 말이 들리지 않고, 내 배우자의 행동이 눈에 들어오지 않는다. 그게 바로 저승을 향해 뒤를 돌아볼 때 생기는 일이다.

물론 괴로운 일들이 있다. 극복되지 않고, 되돌릴 수 없는 일들이 있다. 사랑하는 사람을 잃었을 때, 다시 현재에 집중하고 주위 사람들과 관계를 형성하는 것은 쉽지 않다. 프로이트를 찾은 환자들은 상실과 좌절과 정신적 외상으로 과거 속에 붙들려 현재를 온전히 살아가지 못하는 사람들이었다. 프로이트가 한 일은 그들이 과거를 들쳐 업고 현재 속에 두 발을 딛게 돕는 것이었다. 물론 그들의 얼굴은 현재를 마주하고 있어야만 한다. 프로이트는 그들에게 헛된 약속을 하지 않는다. 다만 적어도 히스테리적 비참에서 벗어나게 도와주겠다고 말한다. 프로이트의 목표는 삶이 비참하다고 느꼈던 환자가 특정 사건이 불운한 일이었다고 말할 수 있게끔 돕는 것이었다. 이에 대해 한 환자가 그게 도대체 뭘 바꾸겠느냐고 물었다. 프로이트는 모든 것을 바꿀 수 있다고 답한다. 비참이 불운으로 바뀌는 순간, 우리가 삶 속에서 고통과의 전투를 재개할 수 있게 된다는 것이다. 비참을 불운으로 바꾸는 기법은 해석이다.

우리는 동일한 과거를 다른 방식으로 해석할 수 있다. 그 사건과 내가 다른 방식으로 관계를 맺는다는 뜻이다. 나를 야단치고 벌하고 책임을 물리는 것이 아니라, 내 모습을 바라보고 내 고통을 보듬고 나를 달랠 수도 있다는 뜻이다. 파괴적인 방식으로 물러나는 것이 아니라, 생산적인 전략으로 전진할 수도 있다. 도피를 의미하는 게 아니다. 과거는 내 바로 뒤에 존재한다. 과거를 등에 지고 과거를 온몸으로 느끼지만, 동시에 한 걸음씩 앞으로 나아가야 한다.

과거의 인물을 살피기 위해 고개를 돌리는 순간, 우리는 현재의 것들을 전부 잃게 된다. 그렇게 되면 과거를 애도할 수조차 없다. 에우리디케가 단 한마디의 말도 없이 과거로 빨려 들어가는 장면을 상상해보라. 과거는 우리에게 아무 말도 하지 않는다. 나를 다그치고 야단치고 원망하는 것은 과거가 아니라 과거를 바라보는 나 자신이다.

　궁금하지만, 모든 이야기를 듣고 싶고 모든 이야기를 하고 싶지만, 그럴 수 없다. 우리가 할 수 있는 일은 과거를 들쳐 업고 앞으로 걸어나가는 것뿐이다. 그렇게 한 걸음, 한 걸음 살다 보면 어느 순간 과거가 내게 말을 건다. 사랑하는 이를 대면하게 되는 것이다. 그 순간 나는 과거로부터 해방된다. 프로이트는 이 과정을 애도라고 불렀다. 이제 그 사람을 잘 보내줄 수 있게 된 것이다.

관계 속에서 변화가 시작된다

자기 이미지에 갇힌 나르키소스

> 자기 자아에 대한 자세한 살핌이 없기 때문에
> 남의 죄에 같이 아파할 줄을 모른다.
> 그들은 철저한 개인주의다.[40]

자라지 않는 어른들

내가 어떻게 보일까 생각하다 일을 그르친 적이 많다. 내 모습, 내 얼굴, 내 표정, 내 이미지를 관리하다 보면 언제나 중요한 것들을 놓치게 된다. 혹시 지금 눈에 눈곱이 끼어 있나? 이 말을 하는 내가 어떻게 보일까? 저 말에 이렇게 반응하면 내가 우습게 보이겠지? '나'를 중심으로 세상을 살다 보면 진짜 중요한 일들이 두 손 사이로 빠져나가 버린다.

잠시 현재 속에서 뭔가에 최선을 다하는 한 사람의 모습을 떠올려보자. 땀을 뚝뚝 흘리며 뭔가를 열심히 하고 있다. 그는 자신의 모습이 어떻게 보일지 안중에 없다. 누가 보고 있는지도 관심이 없다. 눈앞의 과제를 수행해야 하기 때문이다. 이럴 때 우리는 그 사람에게 반하지 않나? 내가 그러고 있을 때 누군가 내게 반할 확률 역시 높다.

우리가 매료되는 건 누군가의 외모가 아니라 그의 에너지다. 삶의 에너지, 그 동적인 힘에 반하는 것이다. 힘의 총합은 같기에, 관심이 분산되면 한 곳에 투자되는 에너지의 양은 상대적으로 적어진다. 나르키소스의 이야기는 에너지가 오로지 나 자신에게만 투자되었을 때 일어나는 비극을 경고한다.

인간의 삶에서 이런 일이 허락되는 시기가 존재한다. 바로 어린 시절이다. 혼자 걸을 수도 없고, 혼자 먹을 수도 없는 유아기에 우리는 우리 자신의 몸 이외에는 관심을 가지지 않는다. 어머니에 대한 감사도 존재하지 않는다. 아이는 어머니의 젖도 자신의 일부로 느낀다. 나밖에 없는 상태, 그 지극한 이기심이 허락되는 유일한 시기라 할 수 있다.

그런데 이 일이 어른에게도 일어날 수 있다. 나밖에 안 보이는 상황을 생각해보자. 내 시선 속에 내 모습만이 가득하다면, 나는 앞에 있는 사람을 볼 수도, 그의 이야기를 들을 수도 없다. 소통이 차단되는 것이다. 이런 일이 정말 가능할까?

물론 가능하다. 세상에는 자라지 않는 어른들이 차고 넘친다. 늘 내가 옳은 사람들, 내가 우월하다고 생각하는 사람들, 내 기분만 중요한 사람들은 나르키소스의 아류다. 나르키소스의 아류로 전락할 때 우리는 하나의 저주를 받게 된다. 누구와도 진정한 관계를 맺을 수 없게 되는 것이다. 마음속에 내가 가득하니, 다른 사람의 말과 생각과 행동에 관심을 기울일 여지가 없다. 소통 자체가 차단되는 것이다.

물론 내면으로 침잠하여 성찰할 필요가 있을 때도 있다. 그런데 여기서 성찰이란 관계에서 비롯된 이야기들에 대해 생각해본다는 뜻이다. 그것은 나와 남의 관계, 소통의 방식, 주고받은 영향들, 변화들에 대해 생각하는 과정이다. 이와 반대로 나르키소스의 도취는 자기 자신의 생각에 심취하여 그것을 더욱 확고히 한다. 소통의 가능성이 차단되고, 관계가 단절되며, 변화가 불가능해진다. 나만 옳고, 나만 아름답고, 나만 중요하기 때문이다.

내 삶과 그 속의 관계들에 대해 생각해보자. 혹시 내 안에 내가 너무 많은 상황은 아닌가? 나는 얼마나 자주 내 앞에 있는 사람을 바라보나? 얼마나 자주 내 앞에 있는 이의 이야기를 경청하나? 얼마나 자주 타인과 대화를 하나? 최근 나는 언제 다른 사람과 대화한 후 변화를 시도했나? 이 질문들은 우리가 나르키소스의 저주로부터 벗어날 수 있도록 돕는 주문들이다.

자신에게 도취된 나르키소스

나르키소스가 태어났을 때 예언자 테이레시아스는 나르키소스의 앞날에 대한 신탁을 전한다. 그가 자신을 모르면 오래 살 수 있지만, 자신을 알게 되면 그렇지 못할 것이라는 예언이었다. 그는 결국 물에 비친 자신의 모습에 도취되어 이미지에 포획된 채 식음을 전폐하고 서서히 죽어간다. 그가 죽은 자리에 수선화 한 송이가 피어난다.

자신을 모르면 오래 살 수 있다는 신탁에 대해 생각해보자. 자기 이해는 성숙의 필수 과정이 아니던가? 왜 나르키소스는 자신을 만나면 안 되는 것일까? 그것이 자기 이해로 이어지지 않는 만남이기 때문이다. 진정한 자기이해란 자신의 밖에서 자신을 들여다보는 능력을 필요로 한다. 우리가 자신의 밖으로 나가는 유일한 길은 다른 이의 시선을 통해서다. 관계와 소통 속에서 내가 알지 못하던 내 모습을 이해하게 된다. 소통과 관계를 통해 나는 아집과 편견으로부터 벗어날 수 있다.

만약 마주 앉아 서로를 들여다볼 타인이 존재하지 않는다면, 또는 그런 만남을 허락하지 않는다면, 나는 언제나 내 이미지 속에 갇혀 있을 수밖에 없다. 타인의 시선은 나를 정의하던 껍질을 깨고 내 삶이 확장되도록 돕는다. 타인을 내 삶 속에 허락하지 못한다면, 나는 언제까지나 그 껍질 속에 갇혀 있을 수밖에 없다.

우리가 평생 동안 만나는 타인의 수를 미리 정할 수는 없다. 그 만남들을 미리 계획할 수도 없다. 평생 새로운 사람들을 만나 새로운 관계를 맺고, 그 과정에서 변화해나가는 것이 '성숙' 또는 '성장'이다. '나'는 하나의 이미지로 정의할 수 없다. 그 이미지가 끊임없이 변화하기 때문이다. 그러므로 나는 '나를 안다'라고 말할 수 없다.

테이레시아스의 예언은 우리가 멈추어 내 이미지를 정의하는 순간에 대해 경고한다. 내가 나 자신을 안다고 말하는 순간, 우리는 그 하나의 이미지에 고착된다. 변화가 불가능해지는 것이다. 나르키소스는 모든 것에 마침표를 찍고 자기 자신의 이미지에 포획된다.

이러한 나르키소스의 행위는 그의 태도와도 관련된다. 그는 세상에 관심이 없는 존재였다. 그는 그에게 구애하는 이들을 거절했고, 그들과 대화하기를 거부했으며 세상에 어떤 관심도 없는 사람이었다. 그는 에코의 사랑도 거절했다. 에코는 나르키소스와 반대로 타인이 있어야만 말할 수 있는 존재였다. 다른 사람의 말을 되풀이하는 것만 허락되어 있는 에코의 삶은 그야말로 다른 사람의 말을 듣지 않는 나르키소스와는 극적으로 다른 인생이었다.

이 이야기는 비극으로 끝난다. 나르키소스는 에코의 사랑을 거절하고 그 벌로 자신의 이미지를 만나게 된다. 그 이미지에 포획된 나르키소스는 자신이 원하던 대로 자기밖에 없는 세상 속에 갇혀 죽음을 맞이한다. 대단한 커플이 아닐 수 없다. 하나는 내가 없고, 다른 하나는 나밖에 없으니 말이다. 에코가 나르키소스라는 대극과 합일을 꿈꾼 이유가 명백해 보인다. 그 둘이 결합했다면, 아마도 그들은 서로에게 가장 이상적인 선물을 줄 수 있었을지도 모른다.

타인의 목소리 속에서 내 목소리를 잃어도 안 되지만, 내 목소리밖에 남지 않은 세상에 갇혀서도 안 된다. 관계를 위해서는 내 목소리를 내야 하고, 타인의 목소리를 들을 줄 알아야 한다. 이를 위해 나 자신의 이미지를 잊을 필요가 있다. 관계의 비극은 내 이미지가 중요해졌을 때 또는 나 자신이 사라졌을 때 생긴다.

정신병과 나르시시즘[41]

프로이트는 「나르시시즘 서설」이라는 논문에서 나르시시즘을 정신병과 관련짓는다. 그는 외부 세상으로부터 완전히 차단된 폐허인 정신병의 구조를 나르시시즘으로 설명하며, 나르시시즘의 특징이 과대망상과 무관심이라고 말한다. 자신에 대해 지나치게 긍정적인 평가를 하게 되는 이유는, 내 이미지가 유일한 준거 기준이기 때문이다. 남이 보이지 않는 세상에 달랑 혼자 앉아 있으니 그 작은 세상에서는 내가 최고일 수밖에 없다. 내 이미지 속에 갇혀 있으면 당연히 내 작은 세상 밖, 사람들이 사는 진짜 세상은 아예 보이지도 않는다. 보이지도 않는 세상에 관심이 있을 리 만무하다. 내 이미지가 전부고, 그게 삶이고, 그 속에서 모든 이야기가 시작되는 동시에 끝난다. 프로이트는 바로 이것이 정신병의 구조라고 설명한다. 이런 세상에서 이야기를 만드는 방식이 바로 망상이다. 남이 존재하지 않기에 모든 등장인물을 내가 지어내야 하는 것이다.

그렇다면 이 폐쇄적인 공간을 벗어나는 방법은 무엇일까? 프로이트에 따르면 방법이 하나 있다. 만약 내부 에너지의 일부가 외부 대상에 부착된다면 세상과의 관계가 시작되며 나르시시즘적 구조가 깨진다. 그런데 이때도 주의해야 하는 부분이 있다. 앞에서 언급했듯이, 에너지가 밖으로 나가는 듯 보여도 그 자체가 나르시시즘적 구조인 사례도 있기 때문이다. 외부의 대상을 내 일부로 간주하는 경우, 바로 부모와 자식의 관계다.

모든 부모가 자식을 자신의 소유물로 생각하는 것은 아니다. 그러나 어떤 부모는 자식을 독립적인 사고 능력이 없는 존재처럼 대한다. 이 경우, 자식은 존중받을 수 있는 타인으로 존재하기보다는 부모에게 속한 대상으로 추락한다.

나르시시즘적 세상을 열어젖히는 힘으로 프로이트는 사랑과 승화를 제시한다. 사랑은 타인에 대한 관심과 배려를 전제하는 개념으로서 내 눈길이 멈춘 타인을 위해 자연스럽게 내부의 에너지를 외부로 흘려보낸다. 프로이트는 승화를 '비상구'라고도 부르는데, 그것은 나밖에 없는 작은 공간에 틈을 만들어 나와 세상 사이에 길을 내는 문이다. 나를 넘어 생각하고, 내 한계를 극복하여 행동할 때 우리는 우리의 에너지를 승화시키고 있는 것이다.

프로이트는 지금 나르시시즘이 강한 사람들이 정신병의 구조를 가진다고 말하는 것이 아니다. 그는 나르시시즘 속에 갇힌 사람들의 구조를 설명하기 위해 정신병의 구조를 언급하는 것이다. 엄밀히 말하자면, 나밖에 모르는 사람들의 정신 구조는 정신병의 구조를 닮은 '정신병적 구조'이다. 그만큼 그들이 닫혀 있다는 뜻이다. 빛 한 줄기 새어들지 못할 만큼 마음이 닫혀 있기에, 아무리 주위를 둘러봐도 나밖에 보이지 않는다.

나르시시즘이 문제가 되는 이유는, 그 속에 갇혀 있을 때 나는 오늘도, 내일도, 그리고 그다음 날도 똑같은 사람일 수밖에 없기 때문이다. 승화란 더 높은 상태로 나아가는 현상을 뜻한다. 내면의 에너지를 승화시킬 때 지금의 나보다 내일의 내가 조금 더 앞으로 나아갈 수 있다. 매일매일이 늘 똑같은 삶이 바로 지옥 아닐까? 우리가 나르시시즘을 넘어서야 하는 이유는 타인을 위해서가 아니다. 내 삶의 발전과 나 자신의 행복을 위해서이기도 하다. 그것은 오직 타인과의 관계 속에서만 가능한 축복이다.

부당함에 맞서는 내면의 힘을 깨워라

고난의 영웅 헤라클레스

> 칼이 그것을 찍을 수 없고, 불이 그것을 태울
> 수 없고, 물도 그것을 적실 수 없으며, 바람도
> 그것을 말릴 수 없다.[42]

절망을 뚫고 솟아오르다

왜 나한테만 이런 일이 생길까 푸념을 늘어놓은 적이 있는가? 다들 참 행복하게 살아가는데 나만 왜 이 모양일까? 내 인생은 왜 이렇게 온통 얽히고 뒤틀려버렸을까? 내가 바로잡을 수 없는 수많은 불운들이 유독 내 삶 속에만 가득하다. 질병과 재난과 불운으로 삶이 엉망진창이 돼버렸다. 내 인생은 왜 이렇게 망가졌지? 이런 생각을 할 때가 있는가?

그런 망가진 인생의 대표가 바로 헤라클레스다. 우리가 이 영웅을 좋아하는 이유는 그가 그런 절망에 굴복하지 않았기 때문이다. 도저히 더는 못 버틸 것 같은 상황에서 어떤 사람은 삶을 포기하고 어떤 사람은 절망을 뚫고 다시 살아난다. 삶과의 싸움을 벌이고 있을 때 헤라클레스보다 더 우리에게 도움이 되는 신은 없을 것이다.

그는 태어날 때부터 헤라의 미움을 받았다. 광기에 사로잡혀 사랑하는 가족을 자신의 손으로 죽이고 평생 그 괴로움을 짊어지고 살았다. 제우스의 아들이기에 반은 신인 인간이었지만, 노예로 살아야 했다. 그렇게 고통스러운 삶을 살다 끔찍한 고통 속에 삶을 마감한다. 오이디푸스와 같은 테베 출신이며, 비극적인 신탁 속에서 비참한 삶을 살아야 했던 오이디푸스 못지않게 비극적인 인물이다.

아무리 온 힘을 다해 피해도 또 다른 불운이 그를 덮쳤으며, 절망 속을 걷고 있을 때조차 그가 가진 마지막 존엄이 파괴되었다. 그러나 기댈 수 있는 삶의 지지대가 전부 무너져도 헤라클레스는 끝까지 삶에 최선을 다한다. 불가능한 과제들이 주어져도, 가지고 있던 모든 것이 사라져도, 사랑하는 사람들을 모두 잃고 희망하던 소원이 모두 좌절되어도 그는 다시 힘을 낸다. 이것이 바로 우리가 그를 좋아하는 이유다.

〈다크 시티(Dark City)〉(1998)라는 영화에는 셸 비치를 찾아 떠나는 두 남자의 이야기가 나온다. 다크 시티는 외계인들에 의해 통제되는 암흑 도시로, 두 사람이 찾아다니는 셸 비치라는 이상향은 사실 도시 어느 곳에도 존재하지 않는 허상이었다. 이를 알게 된 두 남자의 반응은 매우 다르다. 삶의 목표이자 고통을 감내한 이유인 셸 비치가 가짜임을 알게 된 두 사람은 똑같이 좌절한다. 한 사람은 삶의 의욕을 잃고 자살을 선택한다. 그러나 다른 한 사람은 전혀 다른 돌파구를 찾는다. 바라던 모든 것이 무너지고, 믿었던 모든 것이 거짓으로 드러난 이 세상에서 그는 그럼에도 불구하고 삶을 지속한다. 바로 이러한 태도를 상징하는 것이 헤라클레스라는 내면의 에너지다.

그토록 찾아 헤매던 기억 속 공간이 존재하지 않는다는 것을 알게 된 주인공은 어둠에 갇혀 있던 도시에 그 이상향을 창조한다. 그는 수로의 물을 풀어 바다를 만들고 자전축을 돌려 도시에 빛을 선물함으로써 셸 비치를 만든다. 즉 과거를 현재에 창조함으로써 새로운 미래를 여는 것이다. 가끔씩 더 이상 앞으로 나아가는 게 불가능하게 느껴질 때가 있다. 삶이 내 정신을 옥죄는 감옥이 되고, 죽음밖에는 탈출할 길이 없을 것같이 느껴지기도 한다. 그때 어둠 속에서 길을 찾는 힘이 내면의 신성이다. 인간이 지닌 신성, 바로 그것이 반인반신인 헤라클레스가 우리 삶에서 중요해지는 이유다. 그 신성을 찾으면, 우리는 어둠 속에서 다시 삶을 창조할 수 있게 된다.

스웨덴 감독인 잉마르 베리만은 자신의 영화에서 가장 중요한 단어가 '신성'이라고 말했다. 그는 인간의 삶 속에 있는 것, 그것에 매달리면 우리가 하루를 더 살아갈 수 있게 되는 에너지원, 느낄 수는 있으나 명백히 밝히는 것은 어려운 내면의 힘, 바로 그것이 신성이라고 설명했다. 결코 포기하지 않는 삶의 힘, 그 신성이 바로 헤라클레스가 상징하는 에너지다.

정의로운 힘

제우스와 알크메네의 아들인 헤라클레스는 평생 헤라의 저주에 의해 고통을 받는다. 하나를 겨우 해결하면, 그다음 난관이 다가오고, 그 난관을 가까스로 이겨내면 그다음 시련을 겪게 된다. 일설에 의하면 헤라의 저주로 광기에 휩쓸려 가족들을 모두 자신의 손으로 죽였고, 훗날 데이아네이라를 아내로 맞이하지만, 그녀에 의해 살해된다. 그리고 끝없는 고통과 시련 끝에 결국 비참한 죽음을 맞이한다. 그러나 죽음에 이른 후 그는 신이 되어 하늘에 오른다. 신이 된 헤라클레스는 헤라와 화해하고 제우스와 헤라의 딸 헤베를 아내로 맞는다.

헤라클레스 신화가 울림을 주는 이유는 이 신의 능력을 가진 인간이 우리가 상상할 수 있는 고통의 끝에서 인간과 같은 고통과 괴로움을 겪는다는 점이다. 반은 신이라는 사실 때문에 고통의 강도가 오히려 극한값으로 치솟는다. 그는 인간 됨됨이가 보잘것없는 티린스의 왕 에우리스테우스 밑에서 노예로 생활하며 인간으로서는 성취하기 불가능한 열두 고역을 치른다. 물론 신과 같은 힘으로 저승을 지키는 케르베로스를 사냥하는 등 이 과제들을 모두 해결하지만, 헤라가 던져둔 덫에 걸려 결국 고통스러운 죽음을 맞게 된다. 그는 인간의 고통을 고스란히 체험한 영웅이다.

북유럽인들이 천둥의 신 토르를 좋아하는 만큼 그리스인들은 헤라클레스를 좋아했다. 토르는 신이었지만 헤라클레스는 인간이었다. 그는 토르가 경험하지 못한 인간의 삶과 고통을 아는 영웅이다. 헤라클레스를 보며 희열을 느끼는 이유는, 우리와 같은 고통을 겪으면서도, 그가 신적인 힘으로 과제들을 해결해내기 때문이다. 인간은 힘의 한계에 이를 수 있지만, 헤라클레스는 그런 인간의 약점을 극복한 존재였다. 우리가 헤라클레스라는 이름 앞에서 기백과 용기를 떠올리게 되는 이유다. 그는 감정적으로 약해질 때조차 어떤 인간보다 강했다. 그는 여신과 인간 영웅 사이에서 태어난 반인반신 아킬레우스와 유사한 듯하지만, 아킬레우스가 느끼는 감정과 고통의 깊이는 전혀 인간적인 것으로 보이지 않는다. 그는 너무 다혈질이어서 신들조차 그를 겁내고, 이 사실을 알고 있는 듯 늘 제멋대로기 때문이다. 이와 달리 헤라클레스의 시련에는 인간이 느끼는 삶의 고통이 반영되어 있다.

눈에 띄는 점은, 헤라클레스가 과제를 해결하고 난관을 헤쳐나가는 과정에서 정의에 대해 질문한다는 사실이다. 그는 과제 달성에 초점을 맞추지 않는다. 그보다 세상의 폭력과 부당함에 대해 질문하고 이를 무력화하기 위해 자신의 힘을 사용한다. 헤라클레스가 어떤 신보다 우리를 잘 이해하고 있으며 그가 우리를 보호해줄 것이라고 믿는 이유는 그의 힘이 정의롭기 때문이다. 잘못한 자를 벌하고, 비인간적인 행위를 바로잡기 위해 자신의 힘을 사용하는 헤라클레스의 모습 때문에 우리는 그가 겪는 온갖 시련과 고통에도 불구하고 그를 신과 같은 영웅으로 기억한다. 헤라클레스의 힘은 세상에서 일어나는 비인간적인 행동들과 범죄들을 가차없이 단죄할 수 있는 힘이다. 살아가며 이 정의로운 힘을 절실히 소원하게 되는 시간이 있다.

2018년 5월 4일 뉴스에는 화학물 운반선 선장이 업무상과실치사 혐의로 구속 기소되었다는 소식이 전해졌다.[43] 그는 졸업을 앞둔 해양대 실습생에게 40도의 무더위에 열두 시간씩 선박 청소를 시켰고, 결국 학생은 사망했다. 우리가 그 폭력을 막았다면 청년은 앞으로 살아갈 삶 속에서 무수히 많은 일들을 할 수 있었을 것이다.

우리가 지켜야 하는 사람들을 위해 내면의 헤라클레스를 깨워야 한다. 그 정의로운 힘이 연대하면 세상을 바꿀 수 있다. 헤라클레스의 힘은 폐쇄된 공간들을 열어젖히고, 권력에 눈멀고 인간을 학대하며 범죄를 저지르는 이들로부터 약자들을 구할 수 있다. 내가 속한 공간에서부터 그 힘을 실천해야 한다. 미리 생각하고 계획하여 세밀히 규칙을 정하고 변화를 도모한다면 약자를 구해낼수 있다.

하늘의 법을 따르는 자

라캉은 '정신분석의 윤리'라는 이름으로 진행한 강연에서 '안티고네'를 강조한다. 소포클레스의 『안티고네(Antigone)』는 정의와 심판에 관한 이야기를 할 때 늘 언급되는 작품이다. 테베의 왕 크레온은 안티고네의 오빠인 폴리네이케스를 반역자로 규정하고 장례 없이 그의 시신을 거리에 방치한다. 안티고네는 누구든 그의 장례를 치르는 자는 극형에 처하겠다는 위협에도 오빠의 시신을 흙으로 덮고 합당한 애도를 표한다. 그 결과 그녀는 산 채로 석굴 속에 갇히게 되고 이곳에서 목을 매고 만다. 그녀를 사랑하던 크레온의 아들은 그녀를 따라 자살하고, 크레온의 아내 역시 아들을 잃은 슬픔에 목숨을 끊는다.

안티고네는 크레온의 명령에 맞서, 자신은 인간의 법이 아니라 하늘의 법을 따를 것이라고 말한다. 우리가 부당한 일을 당할 때, 정의를 세울 필요가 있을 때, 인간의 법이 약자를 해칠 때 마음속에서 안티고네를 찾게 되는 이유다. 그녀가 하늘의 법을 따른 사람이며, 안티고네라는 이름 자체가 마땅한 도리와 정의를 구하는 이들이 연대하도록 돕기 때문이다. 그런데 가끔씩 그녀의 이름조차 부족하게 느껴지는 경우가 있다. 하늘의 법을 지키기 위한 힘이 필요할 때, 그때 우리는 헤라클레스를 찾게 된다.

헤라클레스의 힘은 내면에 존재하는 정의로운 에너지다. 하늘의 법을 따르는 이들이 연대할 때 헤라클레스의 힘은 세상을 바꾼다. 함께한다면, 한 사람은 할 수 없는 일이 가능해진다. 헤라클레스는 하늘의 정의와 그 실천을 상징한다. 이 새로운 법에 의해, 오랜 시간 억울하게 노예로 산 자가 마침내 해방된다. 헤라클레스의 힘은 우리가 억압과 구속으로부터 자유로워지기 위해 필요한 정의로운 폭력이다.

정신분석은 언제나 약자의 편이었으며, 하늘의 법을 세우는 헤라클레스의 힘을 강조해왔다. 정신분석은 가만히 있으라고 윽박지르는 모든 부당한 권위에 저항하는 학문이다. 정신분석은 태생적으로 '가만히 좀 있어라', '너만 조용히 하면 된다', '그냥 좀 참아라'라고 말하는 모든 억압적 목소리들과 싸워왔다. 그런 목소리가 인간의 마음과 몸을 파괴했기 때문이다. 또한, 너는 여자니까, 어리니까, 동성애자니까, 가난하니까 이런 대접을 받아도 마땅하다는 사고와 말과 행동이 얼마나 큰 폭력이 되는가를 끊임없이 지적해왔다. 정신분석이 히틀러의 나치즘에 대항하는 저항 이론이 된 것은 너무나도 자연스러운 일이었다. 그 중심에는 '연대'가 있다. 정신분석에서 치유의 전제는 약자를 보호할 수 있는 연대, 다수의 횡포를 막아낼 수 있는 연대, 세상을 마땅한 일들로 채울 수 있는 연대, 부당한 일들을 밝혀내고 사전에 방지할 수 있는 연대를 만드는 것이다.

학대당하는 아이와 폭력에 희생되는 약자를 구해내지 못한다면, 어떻게 한 사람의 정신 건강과 개인의 행복에 대해 이야기할 수 있겠는가. 정신분석이 그러한 제도적 기반을 조성하기 위해 사회 이론을 포함한 타 학문 분과와 연대해야 하는 이유이기도 하다. 한 사람의 힘은 약하지만, 함께라면 우리는 많은 일들을 성취할 수 있다. 약자를 보호하고 범죄를 막아낼 수 있다. 내가 정의롭게 한 말이 한 집단 속에서는 웃음거리가 될 수 있으나, 그것이 하늘의 법을 따르는 이들의 연대 속에서 함께 외치는 구호가 될 때 그 목소리는 세상을 바꾸는 힘이 될 수 있다. 바로 그것이 안티고네가 따른 하늘의 법이자 헤라클레스의 힘이다.[44]

그럼에도 온전한 자신으로 살기

아킬레우스의 발뒤꿈치

> 그러나 낮은 자아가 자기를 아트만에까지
> 끌어올리려 하느냐, 그에게서 끌어내리려
> 하느냐에 따라 그를 친구로도 만들고
> 원수로도 만든다.[45]

늘 당당한 당신

아킬레우스는 인간 영웅 펠레우스와 바다의 여신 테티스의 아들로, 헤라클레스와 마찬가지로 반인반신인 영웅이다. 그리스에서 가장 힘이 세고 빼어난 장수지만, 성격이 급하고 다혈질이며 참고 인내하는 능력은 헤라클레스에 비해 현저히 떨어진다. 이 신과 같은 인간의 이야기에서 그의 고통에 공감하게 되는 일은 극히 드물다. 너무 미숙하고 또 동시에 너무 강한 이 영웅이 언제 우리에게 도움을 줄 수 있을까? 그러나 그의 당당함이 더없이 멋있다는 점만은 부정할 수가 없다.

세상에는 셀 수 없이 많은 유형의 다양한 사람들이 존재한다. 어떤 사람은 늘 꾀를 내고 머리를 쓰며 쉴 새 없이 눈치를 보는 반면, 어떤 사람들은 늘 여유롭고 당당하고 생각한 것을 말로 옮기며 거짓말하는 이들을 경멸한다. 화가 났을 때 분노를 참지 못하는 이가 있는가 하면, 참고 인내하며 적당한 때를 기다리는 사람도 있다. 힘이 세지만 현명하지 못한 사람도 있고, 신체의 힘이 약하지만 매우 지혜로운 사람이 있다. 상처 되는 말을 내뱉는 사람이 있고 치유하는 말을 건네는 사람도 있다.

'온전한 나 자신'이 된다는 것은 정신적인 성장과 성숙을 의미한다. 하는 말마다 찌르고 다치게 하는 사람은 아직 자신의 신화를 깨닫지 못하고 자신의 강점과 장점을 분화시키지 못한 사람이다. 신화는 가장 분화된 내면의 상징이다. 아킬레우스 역시 자신의 강점을 최고로 분화시킨 신화의 한 유형이다.

가끔씩 나는 뛰어난 공감 능력을 갖고 싶을 때가 있다. 나는 사고형이기 때문에 머리로 생각하는 기능은 다른 기능들에 비해 발달해 있으나 감정적인 반응은 지나치게 느리다. 감정형이 나 같은 사람을 비판하기 시작하면 내가 정말 작게 느껴진다. 그러나 이 부분은 각자의 유형에 관련된 것이어서, 나쁘고 좋고를 떠난 문제다. 사고형이 더 좋은지 감정형이 더 좋은지를 가리는 것은 현명한 싸움이 못 된다. 가장 좋은 방법은 자신이 가진 성향과 장점을 이해하고 강점을 십분 개발하는 것이다. 물론 대극적 성향을 인정하고 배워낼 필요는 있다. 그러나 내가 뭘 잘하는지, 어떤 부분에 강한지 모른다면 자신의 대극이 무엇인지도 알 수 없다.

늘 정공법을 쓰는 사람이 있고, 언제나 무슨 일이건 꾀와 전략을 동원해 움직이는 사람이 있다. 전자의 입장에서 보면 후자는 비겁한 겁쟁이일 테고, 후자의 입장에서 전자는 앞뒤를 가리지 않고 막무가내로 덤벼드는 무모한 사람일 것이다. 여기서 우리에게 두 가지 선택이 주어진다. 하나는 상대를 비난하며 내 방식만 옳다고 확신하는 것이고, 다른 하나는 연대하여 각자 강점으로 가지고 있는 무기를 함께 사용하는 것이다. 그 사람은 자기가 가장 잘하는 걸 하는 것뿐인데, 우리가 첫 번째 선택을 하면 그게 나쁘고 미숙한 것으로 보이기 쉽다. 그런 선택을 하면 사람을 잃게 될 뿐만 아니라 그가 가진 특성을 동화할 가능성도 사라진다. 내가 나쁘다고 욕하는 그 특성은 내 대극적 성향일 확률이 높다. 선악을 기준으로 그것을 판단해버리면 대극적 자질을 배우고 익힐 기회도 함께 사라진다.

아킬레스건

아킬레우스는 어떤 창도 뚫을 수 없는 불멸의 신체를 가진 반신이다. 문제는 그의 어머니 테티스가 아들에게 불멸을 선물하기 위해 어린 아킬레우스를 스틱스강에 담글 때 발꿈치 부분에는 물이 묻지 않았다는 것이다. 그녀가 아이의 발뒤꿈치를 잡고 있었던 탓이다. 아킬레우스는 결국 그 부분에 화살을 맞고 죽게 된다.

호메로스는 아킬레우스를 주인공으로 『일리아스』라는 서사시를 쓴다. 이 작품은 그리스 연합군이 트로이와 10년 동안 싸우는 전쟁 이야기다. 그리스의 모든 장수가 연합했는데도 트로이의 성벽은 10년 동안 무너지지 않는다. 정작 혼자 힘만으로도 트로이를 무너뜨릴 수 있는 아킬레우스는 이 전쟁에 별 관심이 없다. 그는 그리스 연합군의 수장인 아가멤논의 결정들이 마음에 들지 않는다. 명분 없는 이 전쟁이 탐탁지도 않았고, 목숨을 걸 만한 이유도 찾지 못한 상태다.

그러던 어느 날 아킬레우스가 가장 사랑한 친구 파트로클로스가 트로이의 왕자 헥토르에게 죽임을 당하게 되고, 드디어 복수를 위해 아킬레우스가 나선다. 물론 그는 헥토르를 죽이지만, 결국 헥토르의 동생 파리스에 의해 자신 역시 목숨을 잃게 된다.

이 이야기에서 알 수 있듯이, 아킬레우스는 다소 무모한 영웅이다. 전략을 세우고 오랜 시간 숙고하여 적시를 찾아 공격하는 방식보다는 그냥 내키는 대로 행동하는 게 편한 사람이다. 앞뒤 가리지 않고, 사람도 가리지 않고 그냥 화가 나면 칼을 뽑고 본다. 트로이 전쟁에 참전하면 장수하지 못할 것이라는 예언이 있었고, 헥토르를 죽이면 자신의 목숨 역시 위태로워질 것이라는 정보도 있었지만, 그는 개의치 않고 위험한 길을 택한다. 망설이지도, 조심하지도 않는다. 어떤 인간 앞에서도 주눅 들지 않고, 어떤 회유나 설득도 불가능한 영웅이다. 그는 늘 제멋대로 행동한다.

그는 불멸의 전사이자 어떤 인간보다 강한 영웅이지만, 동시에 괴로움을 느낄 때는 어김없이 엄마를 찾는 마마보이이기도 하다. 그래서 이 대단한 영웅이 뭔가 남자답지 못하게 느껴지기도 한다. 헤라클레스가 남자라면 아킬레우스는 아이다. 헤라클레스가 내 남편이라면 그의 시련과 고통을 함께 슬퍼하며 그를 지지하겠지만, 사실 아킬레우스가 남편인 상황은 별로 생각하고 싶지 않다.

대단히 잘났으나 철없고 말을 듣지 않는 미숙한 어른이니 말이다.

그러나 아킬레우스라는 이름이 우리에게 약한 자, 미숙한 자, 철없는 아이를 연상하게 하는가? 물론 그렇지 않다. 영화 〈트로이(Troy)〉(2004)에서 브래드 피트가 아킬레우스 역할을 맡았을 때 환호하며 이 영화를 봤던 이유는, 이 영웅이 가진 찬란한 이미지 때문이다. 아킬레우스는 약점을 가진 영웅이며, 트로이 전쟁에서 전사함에도 불구하고 그 아우라가 오디세우스보다 훨씬 강하다. 그는 영웅 중 영웅이다. 어떻게 이런 느낌이 가능할까?

아킬레스건이라는 말이 거의 일반명사처럼 사용되고 있지만, 우리는 그의 약점보다는 신과 같은 아킬레우스의 아름다운 능력에 마음을 빼앗긴다. 그 이유는 그가 온전한 그 자신이기 때문이다. 그는 다른 무엇인가가 되려고 노력하거나 그 자신을 부정하거나 자신의 삶을 비관하거나 운명을 탓하지 않는다. 그렇기에 치명적인 약점에도 불구하고 불멸의 전사로 기억된다. 아킬레스건을 가지지 않은 인간은 없다. 관건은 그럼에도 우리가 온전한 자신의 삶을 살아갈 수 있는가이다. 그의 이름이 오늘날까지 전해지는 이유는 그 이름이 인간의 약점을 가리키는 단어가 되었기 때문이 아니라 그가 치명적인 약점을 딛고 위대한 영웅으로 거듭난 인간의 상징이기 때문이다.

온전한 나 자신이 되는 길

정신분석과 분석심리학의 목표는 같다. 우리 모두가 온전한 우리 자신이 되는 것이다. 나는 내향성에 사고형이다. 어릴 때도 늘 조용히 생각하는 아이였다. 그런데 살아오며 내심 걱정스러웠던 건, 내가 공감 능력이 떨어진다는 사실이었다. 슬플 때는 눈물이 먼저 뚝 떨어져야 하는데, 그보다 먼저 나는 지금이 슬퍼해야 하는 순간인지 생각하고 있었다. 머리가 늘 앞서 움직였고, 그다음에 가슴이 명령을 받는 식이었다. 가끔씩 얼굴까지 붉어지며 온몸으로 세상의 고통을 함께 느끼는 사람을 볼 때면 내가 그렇게 반응하지 않는다는 것이 창피했다. 그러나 신화의 인물들을 알아가며, 그건 한계가 아니라 차이임을 깨닫게 됐다.

신화는 온전한 나 자신의 가장 이상적인 형상을 제시한다. 아킬레우스에게 전략과 술수를 쓰라고 하면 과연 그가 쉽게 그런 전술을 펼칠 수 있을까? 물론 그렇지 않다. 그는 그렇게 할 수 없는 사람이다. 아킬레우스는 거짓말을 하지 못하는 캐릭터이고, 머리로 먼저 가늠하여 행동하지 못하는 사람이다. 그게 한계라고 생각했으나, 가만히 살펴보면 그는 그러한 약점에 의해 제약되는 인생을 살지 않았다. 그는 영웅이 되지 않았나? 자신에게 가장 편안한 모습을 최대한으로 발전시킨 사람을 우리는 영웅이라 부른다.

아킬레우스가 전략이나 술수를 쓰지 않는다는 말은 그가 대극의 합일에 실패했다는 의미가 아니다. 대극의 합일에 실패하고 삶의 균형이 깨진 상태였다면, 그는 그 모습만으로도 그리스군의 사기를 드높이는 지휘관이 될 수 없었을 것이다. 우리의 영웅들은 가장 기본적인 대극의 합일을 이루었으며 가장 고양된 자아를 성취한 이들이다.

007 시리즈의 제임스 본드를 생각해보라. 그는 외향형이다. 언제나 많은 사람들에 둘러싸여 있고, 관계성 속에서 과업을 성취한다. 그러나 내향형적 특성을 분화시키지 않았다면 정밀한 계획과 실행 자체가 불가능했을 것이다. 오디세우스도 마찬가지다. 그는 술수에 능하고 가끔은 거짓말도 하지만, 정공법을 쓸 수도 있는 인간이다.

관계를 맺을 때 상대의 유형을 파악하는 것은 매우 중요하다. 소포클레스의 희곡 중 『필록테테스(*Philoctetes*)』라는 작품이 있는데, 여기에는 아킬레우스의 아들인 네오프톨레모스가 오디세우스와 함께 등장한다. 오디세우스는 네오프톨레모스에게 거짓말을 하게 시키고 결국 이 일은 낭패로 끝난다. 그 이유는 네오프톨레모스가 아킬레우스의 아들로, 그 역시 거짓말을 하거나 간교한 전략을 펼칠 수 없는 유형이었기 때문이다.

가끔씩 우리는 왜 사람들이 내 마음 같지 않을까 생각하며 분노한다. 내게는 당연한 것이 상대에게는 그렇지 않다는 사실에 화가 나곤 한다. 그러나 잠시 멈추어 생각해보면, 내가 상대의 유형을 관찰하지도, 그리고 존중하지도 않았던 것일 수 있다. 상대가 할 수 없는 것과 잘하는 것을 파악하면 그가 나를 도울 수 있는 방식과, 아무리 부탁해도 그가 선뜻 할 수 없는 일이 무엇인지 알게 된다. 그 지도 속에서 관계를 맺어야 한다. 그러지 않으면 남는 것은 생채기와 분노와 원망의 눈길뿐이다.

상대방이 내 유형을 알도록 돕는 것 역시 중요하다. 내가 할 수 없는 걸 할 수 있다고 우기거나, 하기 어려운 걸 선뜻 한다고 이야기하는 것처럼 어리석은 일은 없다. 인간은 영웅이라 할지라도 누구나 각자 강점과 약점, 장점과 단점이 있다. 유형론은 우리에게 큰 위로가 된다. 우리의 아킬레스건보다 더 중요한 것은 내가 온전한 나 자신이 되는 것이라고 알려주기 때문이다.

노련한 전략이 필요한 순간

오디세우스의 귀향

자아를 정복하고 완전한 고요함에 이른 사람은
그의 최고의 자아가 춥거나 덥거나,
즐겁거나 괴롭거나, 명예에서나 불명예에서나
변함없이 안정하니라.**46**

노련한 멀티플레이어

오디세우스는 거짓말도 하는 영웅이다. 심지어 20년 만에 만난 아내에게도 거짓말을 한다. 그럼에도 그가 멋있는 영웅인 이유는 든든한 자기 자신으로서 삶의 과제를 풀어가기 때문이다. 그는 명백히 아킬레우스보다 약하다. 아킬레우스와 같은 정도의 정공법으로는 전투에서 살아남을 수 없다. 가장 적합한 방식으로 자신의 몸과 마음을 최대한 활용하는 이론이 바로 앞서 말한 유형론이다. 오디세우스와 같은 유형은 현실 대응 면에서 아킬레우스보다 탁월하다. 그래서 그가 트로이 전쟁 이후까지 살아남을 수 있었던 것이다.

그런 유형이 필요할 때가 있다. 꾀를 내야 하는 상황에 처했을 때 나는 내 마음속 오디세우스를 찾는다. 거짓말도 못하고 전략도 없기에, 내면의 오디세우스를 찾아 손을 뻗는다. 아무리 안간힘을 써도 내 한계 많은 눈으로는 한 치 앞이 안 보이지만, 오디세우스의 손을 잡고 몇 초 후의 상황이라도 그려보려 노력한다. 그럴 때면 언제나 그는 어떤 방식으로든 나를 도와준다.

중요한 건 내가 못하는 걸 해보려는 시도다. 생각조차 하지 않는다면, 아예 길이 차단되지 않겠는가? 그래서 오디세우스를 마음에 품고 사는 것 자체가 도움이 된다. 이 영웅처럼 현란하게 전략과 전술을 구사하지는 못할지라도 흉내를 낼 수는 있다. '아무 상관 없어', '뭐 어떻게 되겠지', '뭘 할 수 있겠어'라는 말은 비겁하다. 전략적일 수는 없으나, 그래도 전략에 대해 생각할 수는 있지 않은가?

재미있는 건, 전략에 능한 꾀돌이들보다는 말도 안 되게 무디고 더디지만, 내 예전 모습에 비하면 내가 지금 매우 전략적인 사람이 되었다는 사실이다. 오디세우스 유형들이 일상으로 실천하는 쉬운 일이 내게는 10년 정도 걸리는 과제다. 그러나 나는 10년 전보다 훨씬 전략적이고 노련한 사람이 되었다. 어린 사람들이 아무 전략 없이 좌충우돌하며 부딪히는 것까지 보인다. 그가 구사할 수도 있었을 남의 전략까지 보이는 것이다. 이게 바로 성숙 아니겠는가?

오디세우스는 고개를 숙일 줄 아는 영웅이다. 아킬레우스라면 단칼에 처리했을 일인데 오디세우스는 잠시 명상의 시간을 가진다. 살다 보면 마음에 맞지 않는 사람들과 더불어 참 많은 시간을 보내야 한다. 전략이 없다면 우리는 어떤 일도 성취할 수가 없게 된다. 일단 주어진 과제를 해내는 것도 어렵고, 궁극적으로는 내가 원하는 일을 성취할 수도 없게 된다. 모든 게 전략과 관련된다는 생각이 들 때도 있다. 현대 사회에서 오디세우스적 능력은 선택이 아니라 필수일 수도 있다.

그렇다면 도대체 어떻게 꾀를 내야 하나? 머리는 늘 느리고 눈은 늘 흐린데 어떻게 멀리 보고 미리 판단하나? 이 역시 연습이 필요한 일이다. 나는 내가 아는 사람들 중 오디세우스 유형에 가장 가까운 사람을 모방하는 것으로 전략적 기술을 연습했다. 사고형이라, 가만히 앉아 그가 하는 일에 대해 생각해보는 것은 어렵지 않았다. 그의 행동을 분석하니 내 마음을 불편하게 만든 부분들이 더 작은 세부로 분해되었고, 그 조각들 중에는 내가 활용할 수 있는 특성들이 있었다. 나는 그것을 공부하고 모방했다. 놀랍게도, 작은 변화들이 시작되었다. 내 삶이 조금씩 편해지기 시작한 것이다. 이전 같으면 그냥 해버렸을 말과 행동 중 몇 가지가 걸러졌다. 내 마음속 오디세우스가 깨어난 것이다.

내 삶의 오디세이

KBS1 프로그램에는 〈클래식 오디세이〉가 있었고, EBS 〈시네마 천국〉에는 '시네마 오디세이'라는 코너가 있었다. 이렇게 여행, 산책 등의 의미로 '오디세이'라는 단어가 자주 사용되는데, 이 말에는 '성숙', '성장', '깨달음'과 같은 뜻이 배어 있다. 온실 속에서 포시럽게 큰 사람들보다 집을 떠나 홀로 고군분투한 이들이 더 어른스러울 수밖에 없는 이유는 그들이 오디세이를 거쳤기 때문이다.

호메로스의『오디세이아』는 여행 이야기를 전하는 서사시로 영웅 오디세우스의 귀향을 다루고 있다. 그런데 호메로스는 이 이야기를 오디세우스의 아들 텔레마코스에서부터 시작한다. 오디세우스가 10년간의 트로이 전쟁 후 집으로 돌아오는 데 다시 10년이 걸렸으므로, 그는 총 20년 동안 아내와 아들을 볼 수 없었다. 말을 바꾸면, 텔레마코스는 아버지 없이, 어머니의 구혼자들이 우글거리는 집에서 20년 동안 생활했다는 뜻이다. 그는 자신감도, 의지도, 정체성도 없는 약한 아이로 자랄 수밖에 없었다.

그런 텔레마코스 앞에 아테나가 나타나 조언을 한다. 이때 아테나는 멘테스, 멘토르의 형상으로 변신하여 아이에게 갈 길을 알려주고, 그가 망설일 때 그를 지지하는 든든한 지원군이 되는데, 이 때문에 우리는 지금도 정신적 조력자를 '멘토'라고 부른다.

『오디세이아』는 텔레마코스의 성장기이자 동시에 오디세우스의 모험담이다. 오디세우스는 귀향을 위해 여행하며 갖은 역경을 겪는다. 모든 모험의 단계는 다 그가 자신의 여정을 포기하게 만들기 위해 기획된 듯 보인다. 그냥 처한 상황에 순응하고 살면 될 텐데, 오디세우스는 매번 망각과 싸우며 다시 한번 힘을 내어 출항한다. 기어이 집으로 돌아온 그는, 장성한 아들과 재회하여 함께 구혼자들을 물리친다.

오디세우스의 이야기에서 가장 흥미로운 부분은 그가 아내의 구혼자들을 물리치는 과정이다. 거지로 변장한 후 온갖 모욕 속에

때를 기다리는 그의 모습에서, 아킬레우스였다면 상상도 못 할 굴욕을 감수해내는 이 영웅이 존경스러워 보이기까지 한다. 전략과 전술에 능한 영웅이니만큼, 그는 섣불리 행동하거나 한순간의 분노로 일을 그르치지 않는다.

얼마나 많은 기회들을 어리석은 분노와 젠체하는 행동들로 날려버렸던가. 조금만 참으면 될 일을 참지 못해 큰 소리를 냈고, 심호흡 한 번이면 제대로 볼 수 있었던 일을 섣불리 달려들어 망쳐버렸다. 한 마디를 삼켰으면 유지할 관계가 열 마디를 내뱉은 후 깨졌다. 피식 웃어버렸으면 이겼을 게임을 부들부들 떨다 판판이 졌다. 명민한 정신으로 깨어 있어야 할 시간에 흐리멍덩한 정신으로 사태의 갈피를 잡지 못했다. 아, 정말 오디세우스가 필요한 시간들이었다.

오디세우스는 마침내 귀향하여 아내 페넬로페와 재회한다. 오디세우스의 귀향은 삶의 여정을 걷는 우리에게 용기를 주는 서사다. 멀게만 보이는 이 아득한 길을 한 걸음 한 걸음 걸어 갈 때 오디세우스가 우리 곁에서 함께 걷고 있다. 멈추고 싶을 때, 다 잊고 싶을 때, 누구도 우리를 기다리고 있지 않을 듯한 두려움이 엄습할 때 오디세우스를 기억해야 한다. 페넬로페는 과거에 우리가 결합한 배우자가 아니다. 20년 동안 오디세우스를 기다린 그녀는 우리가 인내심을 갖고 한 걸음씩 전진했을 때 만나게 되는 미래의 인연을 뜻한다. 내 삶의 모든 시간이 의미를 가지게 되는 그 날, 우리는 페넬로페를 만나게 된다. 긴 여정이 끝나고 귀향하는 시간, 그곳에서 사람을 만나게 된다. 그곳이 고향이며, 그 사람이 내 연인이다. 사람과 사람이 만나 온기로 서로의 마음을 데우는 오디세우스의 시간이 우리를 기다리고 있다.

무의식이 안내하는 길

우리는 꾀도 없고, 재미도 없고, 전략, 전술과도 거리가 먼 사람일 수 있지만, 우리의 무의식은 꾀돌이다. 무의식의 간계는 전략과 전술이 겸비된 내 마음속 병기다. 무의식은 뒤끝이 있고 술수에 능하며 유머와 위트를 능숙히 구사한다. 단 한마디도 직설적으로 내뱉는 일이 없으며, 언제나 부드럽게 선회하여 결국 어퍼컷 한 방을 날리고야 만다. 정곡을 찌르는 무의식의 통찰은 우리를 각성시킨다.

그 증거가 바로 꿈이다. 프로이트는 『꿈의 해석』에서 무의식의 화법을 '무의식 고유의 묘사 방식'이라고 부른다. 무의식은 절대로 "난 유명해지고 싶어"라고 말하지 않는다. 그건 내가 의식적으로 한 거친 생각이다. 정제되지도 않았고, 문학적으로 다듬어지지도 않았으며, 누구에게 감흥을 불러일으킬 수도 없는 평이한 말이다. 그런데 이 생각이 꿈을 통해 번역되면 재미있는 일이 일어난다. 내가 꿈에 에스컬레이터를 타고 열심히 계단을 오르는 것이다. 물론 이 정도를 가지고는 무의식의 꾀라고 부를 수 없다. 나는 사실 의식적으로 또 다른 생각을 하고 있었다. 유명해지기 위해 가능한 한 책을 많이 쓰고 싶긴 한데, 아는 건 이미 다 책으로 펴낸 다음이라 급하게 뭘 더 쓰면 우려먹는 것에 지나지 않는다고 생각했다. 더 써봐야 그냥 제자리걸음인 것이다. 대단히 뭘 더 배우거나, 앞으로 나아가는 과정이 아니다. 꿈이 이 이야기를 어떻게 표현할까? 꿈속 나는 땀을 뻘뻘 흘리며 열심히 에스컬레이터 계단을 올라가고 있는데, 이상하게 진도가 나가지 않는다. 아무리 걸어도 계속 제자리다. 가만히 살펴보니 에스컬레이터가 아래로 내려가고 있는 것이 아닌가! 내려가는 에스컬레이터에서 미련하게 위로 올라가고 있었던 것이다.

이런 경우도 있다. 내가 그리 성숙하지 못한 사람이라면, 내 무의식은 나를 기분 나쁘게 한 사람에게 천재적인 방법으로 복수를 하고야 만다. 그 사람에게 줄 물건을 버스에 두고 내리거나, 매우 순수한 듯 보이는 실수들로 그를 골탕 먹인다. 미안하다고 하면 그뿐이지만, 이런 식으로 무의식이 폭주하면 우리 옆에는 곧 아무도 남지 않게 된다.

얼마나 성숙한 사람인가에 따라 무의식의 꾀도 질적인 차이를 보인다. 내공이 있고 성숙하고 마음이 안정된 사람이라면 꿈은 의식의 멘토 역할을 수행한다. 가장 든든한 조력자가 꿈을 통해 내게 조언을 제시하는 것이다. 무의식은 더 이상 해치기 위해 꾀를 내지 않는다. 무의식의 상(像)들은 더 많은 사람과 연대하여 더 많은 일들을 할 수 있도록 우리를 돕는다. 무의식의 암호는 마치 그리스 신화에 나오는 신탁과도 유사하다. 이쯤 되면 무의식은 신이 거하는 성소와 다름없다.

무의식은 우리에게 길을 알려준다. 무의식의 목소리를 경청하다 보면 어디로 가야 하는지 방향을 가늠할 수 있다. 무의식은 지금 우리가 어디쯤 있는지를 가르쳐주는 지도이기도 하다. 우리가 위험에 처했음을 알려주는 신호탄이자 어떤 문제를 어떻게 풀어야 하는지 분석해주는 상담사다. 이 모든 여정을 통해 무의식은 우리가 온전한 자신으로 돌아오게 만든다. 내 집으로 귀향하는 여정 속에서 무의식은 삶의 오디세이를 안내하는 가이드다.

무의식이 말을 거는 방식을 경험하고 나면 내 마음속 오디세우스의 존재를 확신할 수밖에 없다. 우리는 그저 그를 믿어야 한다. 막막할 때 그의 이름을 불러야 한다. 그에게 도움을 청한 후 잠시 숨을 고르고 그를 맞을 준비를 해야 한다. 그가 이야기하기 시작하는 순간 늘 덤벙대고, 계획도 없고, 계산적이지도 못한 내가 전략, 전술에 능한 꾀돌이가 된다. 그렇게 우리는 내 집으로 돌아갈 수 있다.

북유럽 신화 이야기

절망의 끝에서 새로운 시작으로[1]

종말은 또 다른 시작이다
거인 위미르와 세계수 위그드라실

불멸의 보리수는 그 뿌리를 위에 두고
그 가지를 아래 두고 있다고 한다.[2]

세상의 창조

북유럽 신화에서 우리는 언제나 자기 꼬리를 물고 있는 우로보로스 뱀의 형상과 같이, 처음 여행을 시작했던 곳으로 다시 돌아오게 된다. 신화의 구조를 보면 우주는 세계수가 떠받치고 있는 아홉 개의 세계로 구성된다. 그중 인간이 사는 미드가르드 주변은 둥근 모양의 바다로 둘러싸여 있는데, 세계 뱀, 요르문간드가 바다를 한 바퀴 돌아 자신의 꼬리를 물고 있다. 우로보로스적 재생과 순환, 부활과 창조는 북유럽 신화의 중심 모티프이다.

〈토르〉와 〈어벤져스〉 시리즈 덕분에 오딘, 토르, 로키라는 북유럽 신들의 이름이 낯설지 않다. 그러나 영화 속 토르의 근육보다 더 눈에 띄는 이미지는 우주를 떠받치고 있는 세계수(世界樹)와 이 세상을 창조하는 위미르의 신체다. 세계수가 우주의 축이라면, 위미르는 세상을 만드는 양분이라 할 수 있다.

북유럽 신화에서는 태초에 얼음과 불꽃이 만나 생명을 만든다. 바로 그것이 거인 위미르다. 위미르는 곧 죽지만, 위미르의 시체를 양분으로 삼아 세상이 만들어진다. 위미르는 물론이고 바다, 강, 산, 바위, 나무, 하늘, 구름, 별, 태양, 달, 생명들에 앞서 우주의 중심인 세계수가 존재하는데, 이로부터 삶의 에너지가 끝없이 생성된다. 그래서 아홉 세상이 모두 이 나무의 가지들에 올라앉아 있다.

세계수는 북유럽 신화에 종말과 창조가 수없이 되풀이될 수 있는 근원이다. 생성과 창조의 힘이 존재하므로, 재료만 있으면 언제든 세상이 다시 지어질 수 있다. 빈 공간에 세상이 생기고 생명이 창조될 수 있는 이유는, 빈 공간 자체가 하나의 거대한 생명이기 때문이다. 그 태초의 생명을 상징하는 오브제가 바로 세계수 위그드라실이다.

그리스 신화의 신들이 마음속 에너지를 증폭시킨다면, 북유럽 신화는 삶이 내 역량의 한계를 시험할 때, 사수하던 마지막 보루가 무너지는 절망의 끝에서 우리의 마음을 다잡아 준다. 북유럽 신화에는 종말과 파국과 절망이 그 중심에 배치되어 있다. 이 신화가 도움이 되는 이유는, 그러한 종말과 파국이 언제나 반드시 창조와 생성으로 이어지기 때문이다. 세계수라는 거대한 태초의 에너지는 흔들림 없이 든든히 빈 공간을 채우고 있다. 마음속 빈 공간에 우리가 태어나기 전부터, 그리고 우리가 사라지고 나서도 영원히 생명의 나무가 울창하게 자라난다는 사실은 매 순간 큰 위안이 된다.

세계수 속의 세상은 선별된 가장 아름다운 재료들로 만들어지지 않는다. 새로운 세상은 위미르의 시체에서 시작된다. 신도 인간도 죽음을 맞이하는 북유럽 신화의 결말이 다시 창조로 이어지려면 그럴 수밖에 없지 않을까? 밝은 세상보다 어두운 세상이 익숙하고, 운이 따르는 삶보다 끝없는 나락과 추락의 연속인 인생이 가깝게 느껴질 때 북유럽 신화는 우리에게 큰 힘이 된다. 부정적이고 절망적인 신화의 중심에서 세계수 위그드라실이 찬란히 빛난다.

내 마음속 생명수

북유럽 신화는 언제나 세상의 종말로 끝난다. 영화 〈토르: 라그나로크(Thor: Ragnarok)〉(2017)에도 나왔듯이 무스펠헤임에 사는 불의 거인 수르트가 오딘의 성 발할라[3]를 비롯한 세상의 모든 것들을 불태운다. 그런데 세상이 멸망할 때 아홉 개의 세상을 떠받치고 있던 세계수에 무슨 일이 일어나는가에 대해서는 어디에도 명확히 기재되어 있지 않다. 『신 에다』에는 수르트에 의해 세상이 불탈 때 세계수가 떨며 진동했고 "육중한 소리"를 냈다고만 적혀있다.[4] 호드미미르의 숲에 숨어 있던 한 쌍의 남녀[5]가 살아남았으며 이들로부터 세상이 다시 시작되었다는데, 물론 그들이 숨어 있던 숲은 세계수의 일부일 것이다. 『고 에다』에는 세계수가 버석거리면서 벌벌 떨었으며 수르트의 불꽃이 생명수를 집어삼켰다고 기록되어 있다. 무슨 말일까? 하나의 세계를 무너뜨리는 화염에도 불구하고 세계수가 살아남았다는 뜻일까? 집어삼켰다는 표현은 어느 정도의 파괴를 뜻하는 걸까? 그러나 확실한 것은 적어도 세계수가 불타 없어졌다는 말은 어디에도 나오지 않는다는 점이다.

또한 다양한 변주들 속에서 변하지 않는 사실은, 별도 추락하고 태양도 사라지지만 언제나 또 하나의 우주가 다시 탄생한다는 것이다. 그렇다면 세계수를 삶과 죽음의 순환이 영원히 반복되는 생명의 골격으로 간주해도 되지 않을까? 매번 우주의 재료는 달라지겠지만, 생성과 창조 자체를 가능하게 만드는 근원적 토대는 동일하다. 생명의 축이 있기 때문에 재생과 순환이 가능한 것이 아닌가. 세계수, 위그드라실은 바로 그러한 중심축을 상징하는 나무일 것이다.

세계수 또는 생명수라고 불리는 이 나무는 지하, 땅, 하늘로 퍼져 우주 전체로 뻗어 있으며, 신들이 사는 아스가르드, 거인들이 사는 요툰헤임, 그리고 얼음으로 뒤덮인 니플헤임으로 이어지는 세 개의 뿌리를 가지고 있다. 그중 거인족의 세상으로 뻗어 있는 뿌리 아래에는 지혜를 상징하는 미미르의 샘이 있다. 이곳에서 북유럽 신화의 주인 오딘이 한쪽 눈을 대가로 지불하고 지혜를 얻게 된다.

세계수와 더불어 세상의 창조 부분에 꼭 언급되는 또 하나의 이름이 바로 거인 위미르다. 창조에서 종말로 이어지는 순환 중 우리에게 알려진 하나의 이야기가 바로 위미르에서 시작하는 버전일 것이다. 이번 편에서 생명이 시작되는 지점은 물(얼음)과 불(불꽃)이 만나 창조되는 위미르의 신체다.

얼음 물방울이 자라 형상이 만들어지고 북방의 뜨거운 공기와 불꽃이 얼음에 생명을 불어넣어 위미르 거인이 생성된 후, 그 몸에서 서리거인들이 태어난다. 서리가 녹은 이슬에서 암소 한 마리가 태어나 위미르에게 젖을 주었고, 암소가 핥은 얼음덩어리에서 부리가 태어난다. 그 아들인 보르와 거인 베스틀라는 오딘, 빌리, 베를 낳았으며, 이 세 신이 위미르를 죽이고 그 시체를 긴눙가가프(빈 공간)의 한가운데로 가져가 세계를 만든다. 위미르의 피는 흘러 넘쳐 베르겔미르를 제외한 다른 거인들을 모두 죽게 한 후 바다가 되고, 그의 살은 흙이 되었으며, 뼈는 산을 이루게 된다. 거인의 두개골은 하늘을 만드는 데 사용되었고 창조된 것들 중 움직이는 것들에도 질서가 부여되며 세상이 자리를 잡는다. 태양과 달과 별이 저마다 자리를 찾고, 거인의 속눈썹은 인간들의 집으로 사용될 요새를 만드는 데 이용된다. 이 인간들의 세상이 바로 미드가르드다. 위미르의 뇌수는 구름이 되어 하늘을 떠다니게 된다. 이로써 하나의 세상이 창조된다.

그리스 신화와 비교했을 때 북유럽 신화는 시작과 끝이 모두 더할 나위 없이 폭력적이다. 그리스 신화에서는 크로노스나 제우스의 아버지와의 결전을 제외하면 카오스, 밤, 에로스의 탄생은 모두 지극히 평화로우며 에로스라는 결합의 신이 탄생한 후의 이야기는 매우 화목하지 않았던가? 제우스가 죽거나 세상이 불타 없어지는 광경을 상상할 수 없었던 그리스 신화와 달리 북유럽 신화는 그 시작도, 끝도 매우 불편하다. 그러나 이 불편함이 우리 삶을 더 잘 설명해주지 않나? 견딜 수 없는 트라우마 하나쯤은 누구나 가지고 있는 이 삶을 어떻게 아름다운 결합과 영원한 사랑과 조화로운 세상으로만 설명할 수 있겠는가? 우리에게 정말 힘이 되는 것은, 고통스러운 시작과 끝을 모두 드러내면서도 동시에 우리를 견디게 해주는 서사가 아닐까? 세계수는, 끔찍한 시작과 끝이 결코 소멸로 이어지지 않으며, 그보다는 새로운 세상과 창조의 이야기가 우리를 기다리고 있음을 알려주는 징표다. 생명의 나무가 생채기 가득한 우리 마음을 위로하는 이유다.

관계성

모든 희망이 좌절되고, 모든 기대가 무너졌을 때, 그럼에도 인간을 살아가게 하는 게 뭘까? 과연 이 개념을 이론적으로 어떻게 명명할 수 있을까? 그런 게 명명된 적이 있었나? 그런 단어가 있다면, 그 단어는 사방이 막힌 곳에서 조용히 사그라지는 생명들을 구원할 수도 있을 것이다. 그런 힘을 가진 단어가 무엇일까? 끝을 시작으로 만드는 힘, 종말을 창조로 바꾸는 힘, 바로 그게 이 단어가 가진 능력일 텐데, 그런 이상적 치유제를 상상할 수 있을까?

아무리 고민해도 내가 배운 정신분석학과 분석심리학 개념 중에서 세계수라는 상징을 포착할 단어를 생각해낼 수 없었다. 그래서 나는 〈대중문화와 삶〉이라는 내 강의 시간에 학생들에게 도움을 청했다. 일단 나는 신화의 서사를 다음과 같이 설명해 주었다. 결말에 이르면 신과 인간이 모두 죽는다는 것과 그 이후에 하나의 세상이 다시 창조된다는 것은 북유럽 신화의 기본 골격이다. 이 골격을 중심으로 세부는 다양하게 변주되지만 공통된 서사에 따르면 몇몇 신이 살아남고 종말 이후 숲 속에 피해 있던 한 남자와 한 여자가 다시 새로운 세상을 시작하게 된다. 이 숲은 보통 세계수의 일부로 해석된다. 그렇다면 세계수라는 상징이 뜻하는 것은 무엇일까?

이 이야기를 들려주자, 한 학생이 손을 들었다.[6] 학생은 세계수보다는 남녀가 남아 있었다는 부분이 더 중요하다고 말했다. 그 이유는 그들이 '함께' 있기 때문이다. 혼자 남겨지는 것이 아니라 두 사람이 함께 있다. 그것은 내게 각성의 계기가 되었다. 나는 세계수만을 생각하고 있었기에 사람이 보이지 않았다. 그렇다! 관계성! 바로 그게 사람이 살 수 있는 이론적 기반이었다. 정신분석학과 분석심리학에서 가장 중요한 개념이 바로 관계성이다. 관계성이 보존되면 우리는 혼자 남겨지지 않는다. 한 사람이 그들 옆에 있었다면 그들이 극단적인 선택을 하지 않았을 것이라고 말해왔으면서, 정작 가장 중요한 게 무엇이냐는 질문에 아무 생각도 떠오르지 않았던 것이다.

그렇다면 세계수는 그러한 결합을 상징하는 대상이다. 세계수보다 먼저 소개되는 것이 거인 위미르의 탄생과 죽음이었다. 차가움과 뜨거움이 결합하여 그 지점에서 위미르가 탄생한다. 여기에서도 한 쌍이 언급되지 않는가? 얼음과 불꽃이 '만나' 생명을 탄생시키는 것이다. 그 후 세계수가 언급된다. 세상이 세계수 나뭇가지 위에 지어지고 생명수를 중심으로 긴밀하게 연결된다. 세계수는 실제 대상이 아니라 결합, 화합, 융합, 그리고 연대의 상징이 아닐까? 결합이 가능하다면, 누군가와 연대할 수 있다면 그곳에 생명이 탄생한다. 하나의 세상이 시작되는 일은 의외로 간단하다. 두 사람이 함께 있으면 창조의 작업이 시작될 수 있다.

태양도 별도 모두 사라진 암흑 속에서 다시 하나의 세상이 창조될 수 있는 이유는, 수르트의 불길조차 파괴하지 못하는 것이 있었기 때문이다. 그것이 바로 '관계'다. 관계성이란 다른 이의 손을 잡는 것이며, 그때 돌파구가 보이지 않는 어둠 속에 길이 난다. 인간을 살리는 것, 인간이 살아갈 수 있는 것, 우리가 오늘 하루를 또 살아내는 이유가 바로 '관계'다.

죽음이 삶을 빛나게 한다

전쟁의 신 오딘

그러므로 집착을 떠나
언제나 마땅히 행하여야 할 것을 하라.
집착 없이 행하는 자가 가장 높은 데
이르기 때문이다.[7]

현재를 선물하다

보탄이라고도 불리는 북유럽 신화의 주신(主神) 오딘은 전쟁의 신
이다. 불멸인 제우스와 달리 오딘은 세계의 종말이 왔을 때 죽음
을 맞이한다. 이와 같이 오딘의 삶은 매우 비극적인데, 그는 처음
부터 종말을 예견했으며, 이를 막기 위해 자신의 능력을 총동원하
여 최선의 노력을 기울이지만 결국 운명을 막지 못한다. 그는 위
미르의 몸으로 세상을 만들었고 만물을 지배하는 주신이 된다. 오
딘은 모든 인간과 모든 신의 아버지다. 그는 인간들 중 가장 용맹
한 전사들을 선별하여 그들의 영혼으로 하여금 신들의 성을 지키
게 하지만, 그런 노력도 소멸과 창조의 순환을 멈출 수는 없다.

　세상의 종말을 막기 위해 노력하는 오딘의 모습이 안쓰러울 때
가 있다. 오딘 자신이, 아무도 그 방향성을 바꿀 수는 없다는 걸 누

구보다 잘 알고 있다. 흥미로운 것은, 그가 지혜를 얻은 신이라는 사실이다. 그러나 한쪽 눈을 대가로 지불하고 얻은 값비싼 지혜조차 그를 돕지 못한다. 그가 얻은 지혜가 그에게 준 선물은 자신 역시 필멸의 존재라는 정보였다.

그런데 이 서사가 내게는 큰 위안이 된다. 막강한 권력과 지혜를 겸비한 주신이 얼마나 약한 존재인지 깨닫는 순간, 현실 너머를 향했던 시선이 다시 지금 내가 사는 이곳으로 되돌아온다. 종말을 대비하기 위해 삶의 모든 시간을 낭비한 오딘의 모습이 어리석어 보이지 않는가? 주어진 시간만큼, 살아 있는 자들과 함께 삶을 위해 계획했어야 하지 않나? 그러나 오딘은 그 힘과 마력을 가지고 세상을 이롭게 하기보다 종말을 막는 데 더 집착한다. 그 집착과 사심이 그리 영웅적으로 보이지 않는다.

북유럽 신화가 그리스 신화와 달리 비극성을 띠는 이유는 신들이 시간 속에 살기 때문이다. 신조차 막을 수 없는 하나의 방향성이 있다. 그것이 바로 시간이다.[8] 노화와 죽음은 세상 어떤 것도 막을 수 없는 적이다. 그러나 그것에 대비하기 위해 우리가 시간을 전부 쓰지는 않는다. 피할 수 없는 끝이 우리 삶을 보다 빛나게 만드는 것이 아닐까? 시간이 제한되는 순간 삶의 모든 순간이 다 특별해진다. 삶이 영원하지 않기 때문에 생의 순간순간이 다 소중해지는 것이다. 오딘의 실수는 그가 막을 수 없는 것을 막으려 했다는 것이며, 그러한 헛된 노력에 삶의 에너지를 다 써버렸다는 것이다.

북유럽 신화에 반복되는 삶과 죽음의 순환 중 우리에게 알려진

이 서사가 특히 어둡게 느껴지는 이유는 시간이 폭력으로 해석되며, 삶보다 삶을 짓누르는 죽음이 강조되기 때문이다. 우리는 어떤 삶을 살아가고 있나? 시간을 멈추려는 헛된 노력 속에 현재를 흩트리고 있나 아니면 유한한 시간 속에서 현재의 삶을 최대한 가꾸고 있나? 삶이 죽음에 봉사하게 만들고 있나, 아니면 죽음이 우리의 삶을 더욱 빛나게 하게끔 만들고 있나? 이 둘 사이에서 답은 우리의 태도에 의해 결정된다.

참 작은 일로 많이도 싸웠다. 그런데 가끔씩 무엇이 의미 있는 일인지 드러나는 순간을 선물받기도 한다. 죽음의 조각을 느낄 때, 시간의 무자비한 흐름을 깨달을 때 갑자기 존재의 이야기를 듣게 된다. 가식이 벗겨지고 진실이 드러나는 순간 삶이 소중해진다. 물론 시간은 파괴를 뜻한다. 노화하고 병을 얻고 끝내 삶이 소멸한다. 그러나 우리에게는 아직, 미래에 되돌릴 수 없는 순간들로 기억될 수많은 현재들이 남아 있다. 우리에게 그 현재를 선물하는 것이 바로 북유럽 신화다.

지혜와 내맡김

영화 〈토르〉에서는 토르와 로키가 모두 오딘의 아들로 설정된다. 그러나 신화를 보면 토르는 오딘의 아들이 맞지만, 로키는 거인족 출신이며, 오딘의 의형제로 소개되기도 한다. 로키의 자식인 늑대 펜리르에게 오딘이 잡아먹히고, 로키의 또 다른 자식인 미드가르드 뱀에 의해 토르가 죽게 되는데, 강력한 로키를 오딘의 말썽쟁이 아들로 설정하다니 이게 웬 말인가? 아마도 그 이유는 아스가르드의 모든 신들이 주신 오딘의 자식들로 간주되었기 때문일 것이다. 그 정도로 오딘의 위치가 확고했다는 뜻이기도 하다.

오딘은 어떤 표적도 맞힐 수 있는 창 궁니르를 가지고 있었으며, 어깨 위에는 '생각'과 '기억'을 뜻하는 까마귀 두 마리가 앉아 있었다. 두 까마귀는 아홉 세상을 두루 날아다니며 세상의 이야기들을 모아 오딘에게 전달했다. 모든 인간과 모든 신들의 아버지로 대우받았지만 그는 그 이상을 원했다. 세상에 없는 지혜를 구하고자, 오딘은 자신의 눈 하나를 대가로 지불하고 미미르 거인의 샘에서 지혜의 샘물을 마신다.

그러나 지혜는 종말에 대한 통찰이었으며 그것에 대한 대안이나 해결책을 주는 것이 아니었다. 이에, 그는 자기 자신을 스스로에게 바친다. 즉 스스로 자신의 몸을 창으로 찌른 후 세계수에 매달린 채 아흐레를 물도 음식도 없이 지내며 마침내 그러한 희생을 대가로 신비한 루네 문자를 배우게 된다. 루네 문자를 습득함에 따라 오딘은 전투, 죽음, 사랑과 관련된 18가지 마법을 깨우친다.

비록 눈은 하나밖에 없었지만, 그는 생각과 기억이 물어다 주는 이야기들을 통해 세상을 훤히 굽어보았고, 우주의 종말을 인지하였으며, 마술을 부릴 수 있었다. 그런데 그런 지혜와 능력을 가지고 있었음에도 어떻게 마지막 순간까지 종말에만 매달려 있었을까? 그의 유일한 관심은 세상의 끝이었다. 지혜를 통해 그는 그것이 필연적 운명임을 알았으며, 무엇도 신들의 운명을 되돌릴 수는 없다는 사실을 깨달았지만, 그럼에도 이 면할 수 없는 운명에 집착하며 그것을 막기 위해 평생을 소비한다.

『고 에다』에 적힌 대로, 그는 근심에 빠진 이들을 돕고 환자를 고칠 수 있었으며, 적들의 무기를 무디게 만들고, 한번 바라봄으로써 날아가는 화살을 멈출 수 있었다. 그는 "화염이 인간들 머리 위 궁궐에 높이 치솟고 엄청나게 번지더라도" 사람들을 구할 수 있었으며,[9] 전사들 간의 싸움을 중재할 수 있었고, 처형당한 이들을 되살려낼 수도 있었다. 그는 화염이 인간과 신을 덮쳤을 때 수르트의 불길에서 그들을 구해낼 수 있었으며 죽은 자들을 살려낼 수 있었으나, 그 모든 지혜를 뒤로한 채 세상의 종말과 함께 로키의 아들 펜리르에게 죽임을 당한다.

생각과 기억이라는 이름의 까마귀들을 생각해보자. 두 까마귀 덕분에 오딘은 세상의 모든 생각과 기억을 다 알고 있었다. 그중 오딘 자신이 가장 절실하게 생각하고, 가장 선명하게 기억한 것은 종말, 종말에 대한 대비, 그리고 죽음이었다. 그러나 유사한 상황에 처했던 누군가는 오딘과 다른 것을 기억했던 것 같다. 예수의 삶을 생각해보자. 그는 자신의 끝을 알았다. 그 역시 지혜로웠고, 죽은 자를 살리는 기적을 일으킬 수 있었다. 예수의 선택은 무엇이었나? 모든 것을 동원해 종말을 막기 위한 대책을 세웠었나? 그는 사람을 구하고, 죽은 자를 일으키며, 볼 수 없는 자를 보게 하는 데 삶의 시간을 썼다. 그는 자신의 성(城)을 지키기 위해 사람들을 동원하지 않았으며 조바심치거나 불안해하거나 집착하지 않았다. 그에게는 궁극적인 '내맡김'이 있었다. 그 내맡김을 우리는 믿

음이라고 부른다. 예수의 이야기가 많은 사람들에게 종교로 다가
갈 수 있는 이유다. 그의 세상은 끝났지만, 그는 그가 삶 속에서 실
천한 찬란한 이야기들 속에 여전히 살아 있다. 오딘은 그의 세상
이 무너지며 함께 소멸했다. 집착의 대가다.

죽음을 앞당긴 자

정신분석에서 무엇보다 중요한 단어는 에너지다. 삶의 에너지인
리비도가 0이 되는 상태를 죽음이라 이를 수 있다. 살아 있는 동
안 이 에너지를 어떻게 증폭시키고 활용할 것인가, 그리고 궁극적
으로 어떻게 에로스 또는 대양적 감정으로 승화시킬 것인가가 우
리 모두의 화두일 것이다. 빛나는 에너지로 자신의 삶뿐 아니라
타인의 삶까지 찬란하게 비추는 이들이 있다. 반면 모든 빛을 가
리고 최소한의 에너지로 연명하기로 결정하는 사람들도 있다. 최
소한의 관계와 최소한의 변화 속에서 최대한 걱정하고 불안해하
고 집착하는 사람들도 허다하다.

언젠가 스웨덴 영화학자에게 오딘과 토르라는 이름들에 대해
질문한 적이 있다. 이 이름들을 얼마나 가깝게 느끼며 살아가는지
알고 싶었다. 그는 자신들이 토르라는 이름은 매우 좋아하지만 오
딘은 사람들이 다소 회피하는 이름이라고 말했다. 토르는 평화를
위해 싸우는 신이지만, 오딘은 폭력을 일삼은 전쟁 신일뿐이라는
것이다. 오딘이라는 이름에는 늘 이와 같은 부정적인 느낌이 묻어

난다. 그의 삶이 종말이라는 축을 중심으로 회전하고 있기 때문이다.

내 삶의 축은 무엇일까? 내 삶은 무엇을 중심으로 돌아가고 있나? 그 사람의 축에 따라 그의 분위기가 결정된다. 매사에 부정적인 사람이 있고, 이유 없이 긍정적인 사람도 있다. 항상 걱정이 앞서는 사람도 있고, 생각보다 몸이 먼저 움직이는 사람도 있다. 무슨 말을 하건 빈정거림이 배어 있는 이들이 있다면, 어떤 이야기를 들어도 가장 좋은 쪽으로 답하는 사람들도 있다. 오딘 유형은 극단적으로 부정적이고 음울한 타입들이다. 옆에서 보면 엄청난 능력을 소유하고 있는데도, 정작 본인은 행복하지 않다. 무엇에도 만족하지 못하기 때문에 현재를 충만하게 즐길 수도 없다. 매 순간이 불안하고 불편하고 늘 우울하다. 건강염려증 역시 오딘적 특성이 배어 있는 질병이다. 삶의 중심에 죽음이 배치되어 있기 때문에 일상의 모든 순간들이 다 죽음 뒤로 사라져버린다.

사랑하는 이의 죽음과 함께 내 삶도 끝장내는 사람들이 있다. 그런데 그 순간 나를 사랑하는 사람들의 삶도 함께 끝장이 난다. 죽음의 일부가 전염되기 때문이다. 반면 찬란한 삶을 살다 의연하게 마지막을 대면하는 사람들도 있다. 그들은 우리의 멘토가 된다. 죽음에 이르러서조차 우리의 삶을 위로하는 이들이다.

우리는 죽음의 시간을 앞당겨 살아갈 수 있다. 삶이 매 순간 죽음의 연속일 때 당연히 삶의 활기와 에너지는 사라지게 마련이다. 조금씩 죽어가는 삶을 생각하면 매일을 애도할 수밖에 없다. 그러나 시간이 우리를 더 많이 생각하고 더 많은 것들을 기억할 수 있게 한다면, 시간이 흐름에 따라 삶은 더욱 풍요로워진다. 잊고 싶지 않은 사연들과 기억하고 싶은 얼굴들과 가슴 뭉클하게 끓어오르는 감정들로 삶이 채워질 수도 있는 것이다. 오딘은 빛나는 삶을 위한 모든 장치와 도구와 힘을 가지고 있었으나 삶의 기억보다는 삶의 소멸을 선택했다.

이제 우리나라도 평균수명이 82세를 넘었다. 지금 환갑이라면 앞으로 20년 이상을 살아가야 한다는 뜻이다. 죽을 날만 기다리며 사는 오딘처럼 하루하루를 보내다 보면 20년이라는 삶의 시간이 아직 오지도 않은 죽음 저편으로 사라져버린다. 마흔이라면 산만큼 더 살아야 한다. 태어나고 말을 배우고, 아이에서 어른이 되는 우여곡절의 시간만큼이 다시 주어진다는 뜻이다. 죽음을 앞당겨 죽음과 함께 살아갈 것인가, 아니면 지금까지의 시행착오와 실수와 헛된 행동들과 잘못 든 길들을 통해 지혜로운 어른으로 삶을 살아갈 것인가?

콤플렉스와 마주하기

골칫덩어리 로키

『기타』는 행동을 내버리기를 주장하지는 않는다.
다만 욕망을 버리고 행동할 것을 주장한다.
그것이 참 포기이다.[10]

내 안의 콤플렉스가 말하는 날

북유럽 신화는 '악'을 특정 신에게 배당한다. 그 이름이 바로 로키다. 그는 워낙 교활하고 속임수에 능해서 결코 믿을 수 없으며, 그가 하는 행동과 말은 전부 경계해야만 한다. 이상한 것은, 매우 사악한 신임에도 그가 아스가르드 신의 대열에 포함된다는 점이다. 가끔씩은 신들을 돕거나 구해주기도 하기 때문인데, 그렇다고 로키를 믿어서는 안 된다. 종말에 이르러 오딘과 토르를 죽이는 것은 모두 로키의 자식들이다. 화려한 외모와 매력을 겸비한 신이지만 그는 언제나 술수와 음모와 교활함으로만 움직인다.

로키는 우리가 아무리 노력해도 그 진의를 파악할 수 없고, 항상 이면에 다른 의도를 가지고 있다. 그게 바로 우리 안의 콤플렉스가 아닌가? 해결되지 않는 거대한 문제들이 반복되며 몸집을 불려가면 어느새 하나의 단단한 콤플렉스가 만들어진다. 그 속에는 우리 각자가 가진 삶의 화두들이 하나씩 들어 있다. 정신적, 육체적 콤플렉스는 하나같이 개성 강한 마음속 어둠들이다. 어쩌다 한 번씩 건드려지면, 해일이 도시를 덮치듯 내 존재를 위협하며 드러난다. 그건 분노의 다른 말일지도 모른다. 왜 나를 사랑하지 않나, 왜 나만 힘들어야 하나, 왜 나는 가질 수 없나를 오랜 시간 되뇌다 보면 아주 자연스럽게 튼튼한 콤플렉스가 만들어진다.

콤플렉스와의 대면이 즐거울 수는 없다. 이 만남은 언제나 폭력적이다. 아무리 억누르고 참아도, 어느 순간 준비도 없이 몸 밖으로 튀어 나온다. 그렇게 존재에 생채기가 생기고 상처에서는 선혈이 멈추지 않는다. 드디어 콤플렉스가 주도권을 잡는 순간이다. 밖에서 보면 멀쩡해 보이는데, 사실 이건 어떤 공포영화보다 더 무서운 광경이다. 만약 콤플렉스를 볼 수 있는 안경이 있다면 이런 이미지가 보이지 않을까? 분노로 이글이글 타오르는 눈, 피부를 뚫고 솟는 선혈, 열린 피부 사이로 드러나는 검은 정념의 덩어리들. 이 덩어리들은 바로 해결되지 않은 표상들이다. 그 이야기들을 마음에 잡아두면, 언젠가는 흉측한 괴물로 자라 우리 몸을 점령한다. 문제를 해결하고 정념을 내려놓지 않는 한 우리는 결코 자유로워질 수 없다.

유일한 방법은 이야기를 듣는 것이다. 검은 덩어리들을 어루만져 풀기 위해서는 그 덩어리 속에 뭐가 들어 있는지 하나씩 살펴야 한다. 뭐가 그렇게 속상하고 힘들었는지 사연을 살피다 보면 어느새 공포스러웠던 모습이 조금 견딜 만해진다. 이 덩어리를 없애기 위해 우리는 삶의 패턴을 바꾸어야 한다. 늘 하던 답답한 일을 그만해야 하고, 나를 늘 속상하게 하던 것들이 더 이상 나를 자극하지 못하게 만들어야 한다. 바로잡을 수 있다. 그것이 치유 아닌가? 변화란 예전의 내가 사라지고 새로운 내가 태어나는 과정이다. 예전의 나에게 작별을 고한다는 건 하나의 종말을 대면한다는 뜻이다. 그게 바로 내 콤플렉스의 선물이다. 콤플렉스가 소멸되는 날 나는 온전한 나 자신으로 다시 태어날 수 있다.

콤플렉스는 우리 삶을 갉아 먹고 내면을 파괴하는 괴물이지만, 변화의 실마리를 제공하는 '계기'이기도 하다. 내가 밀어낸 모든 것들이 하나의 복합체를 이루고 힘을 키워 나를 공격하기 시작할 때, 이 싸움을 기꺼이 치러야만 한다. 이번에 또 피하면 콤플렉스는 더 강해져 더욱더 사악한 방식으로 나를 해칠 것이다. 이 재난을 막는 유일한 길은 하나의 나를 죽이고 오늘 다시 새롭게 태어나는 것이다. 그게 콤플렉스를 포기하는 방법이다.

지극히 선한 존재의 끝

로키는 사악한 신이다. 종말 전 그가 저지른 최악의 잘못은 발드르를 죽게 한 것이다. 발드르는 오딘의 둘째 아들로, 이 세상 어느 누구보다 착한 신, 가장 선한 신으로 알려져 있다.[11] 어느 날부터 그가 계속해서 악몽을 꾸자 아스가르드의 신들이 불안해한다. 그의 어머니이자 오딘의 아내인 프리그는 신들과 상의하여, 이 세상 모든 것들에게 결코 발드르를 해치지 않겠다는 맹세를 받는다. 서약이 이루어진 후 발드르의 안녕을 축하하는 파티가 열리는데, 이 잔치에서 신들은 저마다의 무기로 그를 공격했으나 어느 누구도 그를 다치게 할 수는 없었다. 그는 무엇도 해칠 수 없는 지극한 선함 자체였다.

로키는 이 사실이 마음에 들지 않았다. 그래서 변장을 한 후 프리그에게 다가가, 이 세상에서 유일하게 서약을 하지 않은 것이 있음을 알아낸다. 그것은 신들의 성 서쪽에 있는 겨우살이 가지였다. 가지가 너무 여리고 약해 보여서 별 신경을 쓰지 않았던 것이다. 그는 이 가지를 꺾어 와 잔칫상 구석에 앉아 있던 회드르에게 쥐여주며 놀이에 동참하라고 부추긴다. 앞을 볼 수 없었던 회드르는 로키의 지시에 따라 힘껏 가지를 던진다. 그 가지는 발드르의 가슴에 꽂혔고 그는 그 자리에서 즉사한다.

모든 신과 인간에게 이 사실은 죽음과도 같은 슬픔을 안겨주었다. 그들은 저승의 헬에게 그의 영혼을 다시 돌려보내 달라고 애원한다. 헬은 만약 모든 산 것과 죽은 것이 다 발드르를 위해 운다면 그를 돌려보내겠다고 약속한다. 이때 그를 위해 울지 않은 단 한 명이 있었으니, 퇴크라는 노파였다. 물론 그는 로키가 변신한 인물이었다. 이렇게 세상에서 가장 선한 존재가 사라진다.

그러나 세상의 균형은 로키가 깬 것이 아닐 수도 있다. 로키가 술책을 쓰기 오래전에 이미 균형과 조화가 깨져 있었는지도 모른다. 그는 그 어긋남을 지적했을 뿐이다. 『고 에다』의 「에기르의 주연(酒宴)」을 보면 로키가 연회에 모인 신들을 공격하는데, 그의 공격이 부당하다는 생각이 들지 않는다. 그는 신들이 언젠가 했던 바보 같은 일, 용기를 잃었던 상황, 잊고 싶은 잘못들을 하나하나 조목조목 지적한다. 신들이 참지 못한 건 로키가 아니라 로키가 지적한 자신들의 잘못과 실수들이다. 그들은 마법의 사슬 글레이프니르로 로키를 묶어 끔찍한 형벌을 내리지만, 내면의 문제들은 결코 그처럼 사슬로 묶어둘 수 없다. 신들이 봉인하려 한 것은 로키와 그의 자식들이 아니라 자신들이 가진 내면의 문제였다.

발드르는 우리가 이상으로 삼을 수 있는 절댓값이다. 그는 광명의 신으로 어떤 불순물도 섞이지 않은 빛을 뜻한다. 어떤 오점도 없는 순수한 존재이자 어떤 균열도 없는 온전한 신이 로키에게 죽임을 당한다는 말에는 어폐가 있다. 로키가 그를 죽인 것이 아닐 수도 있다. 이 이야기는 그런 순수한 구성물이 세상에 존재하지 않는다는 걸 보여주는 상징이라고 할 수도 있지 않을까? 발드르는 진공 속에서만 가능한 비현실적 존재다. 현실은 균열이 시작되는 지점에서 출발하기에, 우리는 균열 이전의 세상을 기억하지 못한다. 경험한 적이 없기 때문이다. 신들조차 필멸의 운명을 가진 북유럽 신화와 발드르의 존재는 어울리지 않는다.

이것은 우리 삶의 이야기다. 우리는 절대선, 어떤 공격도 받지 않는 존재를 가정하고 싶어 한다. 그러나 완전한 인간, 완전한 신, 불멸의 존재는 이미 끝을 품고 있다. 완전하다는 건 변화하지 않는다는 뜻이기 때문이다. 그들은 더 이상 질문할 필요가 없으며, 관계를 맺을 이유도 없다. 그 자체로 온전하기 때문이다. 오히려 부족한 인간, 필멸의 신에게는 변화와 새로움과 시작이 허락된다.

완전함을 상징하는 신이 죽을 때 비로소 진짜 현실의 이야기가 시작되는 것이다. 발드르와 로키의 에피소드는 북유럽 신화의 축소판 서사라 할 수 있다.

그렇다면 발드르가 종말 이후 새롭게 창조된 세상에서 부활한다는 건 무슨 뜻일까? 이렇게도 생각할 수 있지 않을까? 만약 우리가 이 이야기를 우리 마음의 축소판으로 간주한다면, 로키와 발드르는 내 안에 있는 무엇인가를 상징하는 인물이다. 우리 삶 속에는 해결해야 할 문제와 대면해야 할 일들이 있다. 우리는 그 일을 콤플렉스 또는 화두라고 부른다. 이들을 제쳐두면, 어둠의 영역으로 밀려난 문제들이 로키의 자식들처럼 무럭무럭 자라나 내 마음의 종말을 준비할 것이다. 내가 방어할 수 없는 무기를 던져 내게 상처를 입힐 것이며, 어느 누구도 잡아낼 수 없는 귀신같은 변신술로 순식간에 심부에 존재하는 신성으로 진격할 것이다. 우리는 무방비 상태로 당할 수밖에 없다.

이를 막기 위해 뭘 해야 할까? 질문이 틀렸다. 적절한 질문은 무엇이 로키와 로키의 자식들을 창조했는가이다. 물론 그건 우리 자신이다. 우리가 뭔가를 대면하지 않았고, 그것을 해석하지 않았으며, 그것으로부터 도망쳤기 때문에 로키가 만들어졌다. 로키는 내 마음의 콤플렉스다. 로키가 사라지는 날, 발드르는 저승에서 이승으로 돌아와 새로운 세상을 비추는 광명이 된다. 화두를 대면하는 순간 예전의 세상이 끝나고 내가 새롭게 태어나며 신성이 빛을 발하게 되는 것이다. 나는 이제 더 이상 콤플렉스에 휘둘리지 않고 온전히 현재에 충실할 수 있다. 그렇게 내 마음속에, 다시 궁극적인 이상을 품을 수 있는 새로운 세상이 시작된다.

집 주인이 된 콤플렉스

콤플렉스라는 개념은 프로이트보다 융의 학문에서 더 강조된다. 융은 「콤플렉스 학설의 개요」[12]에서 콤플렉스는 고유한 에너지를 가진 복합체라고 설명한다. 융은 단어연상검사를 통해 콤플렉스의 존재를 감지했다. 단어연상검사에서 환자는 하나의 단어를 들었을 때 이와 관련된 임의의 단어로써 반응을 해야 한다. 융은 환자가 선택한 단어와 그 단어를 말할 때까지 걸리는 시간을 기록했다. 그는 그것이 우리에게 콤플렉스의 존재와 그 에너지의 양을 추측하도록 도와준다고 생각했다. 말하고 싶지 않은 내용과 관련된 단어가 나오면 환자는 증후를 나타내게 된다. 예를 들어 답하는 시간이 지연되거나, 방어를 위해 특정 단어를 선택하는 식이다. 바로 그곳에 콤플렉스가 존재한다. 이와 같이 콤플렉스란 우리가 현재에 집중할 수 없게 방해하고 우리 자신으로 행동하지 못하게 만든다. 융은 환자들의 반응으로부터 어떤 단어가 그 사람을 자극하는지, 어떤 방식으로 그가 방어하는지, 그리고 왜 그가 특정 단어들을 그토록 불편하게 느끼는지 분석했다. 연상이 멈추는 곳이 바로 내면의 콤플렉스로 이어지는 길이 시작되는 지점이었다.

　융은 "오늘날 우리는 누구나 '콤플렉스를 가지고 있다'는 것을 안다. 그러나 콤플렉스가 그 사람을 가지고 있다는 사실은 잘 모르고 있다"라고 말한다.[13] 콤플렉스가 우리 내면 한구석 어딘가에 있다고 착각하지만, 사실 그것은 우리 의식의 통일성을 파괴할 수 있는 엄청난 에너지를 가지고 있다. 콤플렉스를 무시해서는 안 되는 이유다. 끝까지 콤플렉스를 들여다보지 않는다면, 우리는 가진 것 전부를 잃게 될 수도 있다.

융은 콤플렉스가 우리 의지와 관계없이 불쑥 나타나면 "의식의 질서를 어지럽히는 일"이 벌어진다고 설명한다.[14] 콤플렉스는 자율적으로 움직이는 에너지로서, 의식에 의해 통제될 수 없다. 합리적으로 설득할 수 없는 부분이라는 뜻이다. 어떻게 해도 타이를 수 없으며, 교양 있는 대화를 나누는 것 역시 불가능하다. 융은 그것을 "이물체"라고도 부른다.[15] 우리는 그것을 제거할 수 없으며, 다만 불완전하게 억압할 수 있을 뿐이다. 그러나 그것은 기어이 다시 우리에게 돌아오는 길을 찾아내고야 만다. 오래 웅크리고 있다가, 기회가 오면 모든 역량을 동원하여 의식에 충돌한다.

우리의 의지에 어긋나는 모든 행동들은 콤플렉스의 간사한 계획에 의해 치밀하게 준비된 것이다. 이보다 더 문제가 되는 것은 콤플렉스에 의식이 잠식당하는 경우다. 융은 이를 "콤플렉스와의 동일성"이라고 부르는데, 그렇게 되면 우리는 전혀 딴사람이 되어버리고 만다.[16] 융은 악마에 사로잡혔다는 표현 역시 이러한 동일성을 설명하는 예시라고 말한다. 콤플렉스에 사로잡히면 우리는 배워온 것이나 윤리적이고 도덕적인 것들에 반하는 행동을 서슴지 않고 하게 된다.

융은 무의식에 이르는 길이 꿈이라는 프로이트의 주장에 반대하며, 무의식을 이해하는 가장 적절한 길은 콤플렉스를 통하는 것이라고 말한다. 그 길의 이정표는 공포와 저항이다. 공포를 느끼고 저항하게 된다는 건, 콤플렉스에 가까이 있다는 말에 다름 아니다. 그렇다면 왜 우리는 이 두려운 길을 걸어야만 하는 것일까? 그 끝이 전쟁임을 알면서 왜 이 길을 걸어야 하나? 애초에 보고 싶지 않고, 말하고 싶지 않고, 드러내고 싶지 않았기에 가려 덮어둔 것이 아니었나?

융은 이 길을 걸어야만 우리가 온전한 나 자신에 이를 수 있다고 말한다. 전체성을 향한 길은 결코 평탄하지 않다. 콤플렉스는 더 깊은 차원으로 우리를 안내하며, 내면으로의 여행은 조화로운 통합적 삶을 위해 필수적인 여정이다. 로키는 발드르에게 덤벼 가장 선한 신을 죽이는 사악한 존재처럼 보이지만, 우리는 여기서 프레이저의 『황금 가지』를 떠올려야 한다. 신성한 황금 가지가 바로 겨우살이 가지이기 때문이다. 즉 발드르를 죽음에 이르게 한 겨우살이 가지 속에는 발드르의 생명이 깃들어 있었다. 죽음 이후에 재생과 부활이 필수적으로 잇따르는 이유다.

모든 이에겐 묠니르가 있다

약자를 돕는 토르

내버림도 행위의 요가도
다 구원에 이르게 할 수 있느니라.
그러나 그 둘 중 행위의 요가는
내버림보다 더 좋으니라.[17]

평화를 위해 싸우다

발드르가 선한 신이고 로키가 간사한 신이라면, 천둥 신 토르는
힘이 센 신이다. 오딘이 전쟁 신이라면, 토르는 폭력으로부터 인
간을 지키는 수호신이다.[18] 그리스 신화에 헤라클레스가 있다면
북유럽 신화에는 토르가 있는 셈이다. 토르와 비교하기에 아킬레
우스는 지나치게 개인적인 감정에 치우친 영웅이다. 그보다 인간
을 이롭게 하는 많은 일들을 수행한 헤라클레스가 토르와 함께 생
각하기에 더 적절하다. 그러나 이 두 캐릭터가 같은 편에 배치되
는 것은 아니다. 토르는 헤라클레스처럼 인간적인 고통을 당하거
나 큰 괴로움에 빠지지 않기 때문이다. 그는 고통받는 신이 아니
며 고뇌하는 신도 아니다. 그냥 매우 힘이 세고, 그 힘으로 우리를
지켜주는 신이다.

토르를 생각하면 마음이 좀 편하다. 그가 인간적인 고통을 받지 않기 때문이다. 갈등과 번민, 고통과 고뇌는 토르적인 것이 아니다. 그는 선한 힘으로 가득한 존재이며, 그 힘으로 우리를 보호해주는 착한 신일 뿐이기에 그의 고통을 함께 느끼거나 죄인이 되어 가슴을 칠 필요가 없다. 그저 그에게 도움을 요청하면 된다. 그는 힘든 사람을 돕는 신이므로, 그리 복잡하게 따지거나 캐묻지도 않는다. 힘든 사람은 그냥 보면 알지 않나? 그는 도움이 필요한 사람에게 도움을 주고 나쁜 놈은 처벌한다. 대적 못 할 존재가 없으므로, 아무리 힘이 센 악당이라도 토르가 망치로 때려주면 간단히 해결된다.

가끔씩 복잡하게 따지는 것 자체가 상처로 느껴지기도 한다. 늘 가장 중요한 건 눈으로 볼 수 없다며 『어린 왕자』를 읊조리면서, 부당한 대우를 당했다고 하면 조목조목 나보고 증명을 하라고 한다. 어느 정도는 너한테도 책임이 있는 게 아니냐는 말이 마음을 더욱 만신창이로 만들기도 한다. 토르는 이런 방식으로 질문하지 않는다. 그는 약자를 알아본다. 그리고 누구에게 쇠망치를 휘둘러야 하는지 한번 보면 바로 안다. 우리의 상처를 일일이 따지고 증명하지 않아도 된다. 그는 그저 하늘의 법에 따라 매우 쉽게 우리의 고통을 덜어준다.

"그렇게 하면 안 된다"라는 한마디가 참 절실한 시기가 있었다. 누구 하나 그 말을 하지 않았기에 그 구렁에서 '혹시 내가 잘못한 건 아닌가'라는 말도 안 되는 질문을 던지며 혼자 부들부들 떤 적도 있다. 토르의 선한 힘은 피해자가 다시 한번 상처 받기 전에 가해자를 내친다. 우리들의 진짜 아버지는 오딘이 아니라 토르인지도 모른다. 많은 사람들이 오딘보다 토르를 좋아하는 이유다.

세상에는 그런 선한 힘을 가진 사람들이 있다. 너무나 쉬운 답 앞에서, "그럴 수도 있고, 그렇지 않을 수도 있다"며 모호한 이야기들을 늘어놓는 자들이 있는 반면, "그렇게 하면 안 된다", "어떻게 그럴 수 있는가"라고 말하는 사람들도 있다. 후자는 토르의 용기를 가진 영웅들이다. 〈재심〉(2016)이라는 영화의 실제 모델인 박준영 변호사도 여기에 속하는 사람 중 한 명이다. 그는 약촌오거리 사건, 삼례 나라슈퍼 강도치사 사건 등에 대한 재심을 청구하여 억울한 이들의 누명을 벗겨주었다. 그러나 어려운 사람들의 변론을 맡다 보니 결국 파산 위기에 처했다. 그런 상황에서 그에게 토르의 힘을 선물한 것이 스토리펀딩이었다. 사람들은 5억여 원의 성금을 모아주었고, 그는 다시 일할 수 있게 되었다. 내 일도 아닌 일에 온 마음을 쓰고, 삽시간에 5억여 원을 모으는 인간 내면의 힘을 뭐라고든 불러야 하지 않겠는가? 하늘의 법을 따르는 이들이 심부에 간직한 그 정의로운 힘은 세상을 바꾸는 동력이다.

그리스 신화에서 하늘의 법이 헤라클레스의 정의로운 힘으로 표현될 수 있다면, 북유럽 신화에서는 토르가 이 기능을 맡는다. 토르의 힘 역시, 함께 고개를 끄덕일 때 우리 자신으로부터 나오는 에너지다. 사람이라면 그렇게 해서는 안 되는 게 있고, 마땅히 그렇게 해야만 하는 것들이 있지 않은가. 이 하늘의 법이 지켜지지 않을 때 나타나는 신이 바로 우리 내면의 토르다.

고통받지 않는 신의 문제

그런데 헤라클레스보다 조금 불안한 느낌이 들기도 한다. 물론 내면에 토르의 힘을 간직하고 있다면 매우 많은 일들을 할 수 있다. 하지만 위와 같은 선한 힘을 토르라는 캐릭터로 상징화할 때 문제가 하나 있다. 그가 고통받는 신이 아니라는 점이다. 헤라클레스나 예수와 달리 토르는 힘 자체만이 강조된 신이다. 그런 힘을 가진 동시에 우리가 믿고 기댈 수 있는 존재로는 사실 헤라클레스나 예수의 형상이 더욱 적절하다. 그들은 우리의 고통을 직접 체험해 보았기 때문이다. 이들이 토르보다 분화된 신이라는 뜻이다. 그들이 우리의 고통을 너무나 잘 알기에 우리는 우리 자신을 그들에게 온전히 내맡길 수 있다.

토르가 힘은 있으나 분화되지 않은 신이라는 사실은 몇몇 에피소드에서 드러난다. 그는 힘이 매우 세지만, 가끔씩 힘을 쓰지 못하는 상황에 처한다. 거인을 만나면 위축되기도 하고, 거대한 거인의 크기에 속아 넘어가기도 한다. 사실 계략 가득한 로키조차 가끔씩 허술한 모습을 보이고, 평생 지혜를 구하고 다니는 오딘도 그 통찰력에 감탄하게 되지는 않는다. 다들 뭔가 좀 부족한 신들이다.

예를 들어 이런 에피소드가 있다. 토르 일행은 여행 중 들판 한가운데 세워진 거대한 성을 만나게 된다. 거기에는 거인 같은 남자들이 모여 있었는데, 그 곳의 왕인 우트가르드로키는 토르 일행에게 그들이 가진 힘을 증명해 보이라고 요청한다. 가장 먼저 로키가 그곳에 있던 남자 중 한 명과 빨리 먹기 대회를 하게 되는데, 뼈를 남기고 고기를 먹은 그와 달리 상대방은 뼈뿐만 아니라 음식이 담겨 있던 함지박까지 모조리 먹어치운다. 토르의 하인 탈피가 달리기 종목으로 도전하지만, 이때도 역시 우트가르드로키가 내세운 상대 선수를 따라잡을 수 없었다. 이에 토르가 나섰고, 이번에는 뿔잔의 물을 다 마시는 도전을 하게 된다. 그러나 세 번의 시도에도 불구하고 물의 양은 거의 줄어들지 않는다. 그다음엔 동그란 고양이 한 마리를 들어 올리는 과제를 받는데, 이때도 고양이는 조금 움직였을 뿐 꿈쩍도 하지 않았다. 마지막으로 그는 한 노파와 씨름을 하게 되는데, 토르의 힘으로도 그녀를 이길 수 없었다.

그들이 성을 떠날 채비를 한 후 성 밖으로 나왔을 때 우트가르드로키는 그들을 배웅하며 사실을 고백한다. 그가 자신의 영지를 지키기 위해 그들이 이길 수 없는 게임을 제안했다는 것이다. 로키와 음식을 두고 싸웠던 것은 '불'이었기에 모든 것을 태워버릴 수 있었고, 달리기 선수는 '생각'이었기에 어떤 사람보다 빨랐던 것이다. 뿔잔의 끝이 바다 밑에 있었기에 잔을 비우려면 바닷물을 다 마셔야 했고, 고양이처럼 보였던 둥근 형체는 자신의 꼬리를 물고 인간 세상을 감싸고 있는 미드가르드 뱀이었다. 마지막으로 그가 씨름을 했던 건 다름 아닌 '세월'이었다. 물론 어느 누구도 세월을 이길 수는 없다.

그리스 신화의 신들이 인간의 마음과 인간들이 모여 사는 세상에 대해 설명했다면, 북유럽 신화의 신들은 인간의 한계와 세상의 외연을 묘사하는 듯하다. 극복과 용기와 변화의 이야기보다는 넘어설 수 없는 규칙들과 한계들에 대한 이야기가 더 자주 언급된다. 한계의 서사에서 그것을 넘어서는 극복의 서사로 이동할 때 반드시 수반되는 것은 바로 고통이다. 각성과 변화는 예전 것들이 무너지는 해체의 과정이 필수적으로 전제되는 사건이다. 이 사건이 가능하기 위해서는 지극히 개인적인 노력들이 삶을 바꿀 수 있다는 믿음이 필요하다. 그런데 북유럽 신화는 어떤 개별적인 노력도 종말을 막을 수는 없는 구조로 구성되어 있다. 마치 생물학에서 인간을 설명하는 아무리 대단한 이론이라도 그 끝이 '현재 지구에 인간이 살고 있다'라는 사실에 어긋나면 받아들여지지 않는 것과 같다. 신화의 끝을 종말로 설정하고, 이를 기반으로 구조를 확정 짓고 나니, 개별 신들이 할 수 있는 극적인 일들이 별로 없는 셈이다. 그러니 변화의 고통이나 극복을 위한 용기가 강조될 수 없는 것은 당연하다. 힘 자체에 대해서는 이야기할 수 있지만, 그 힘을 사용하는 지혜에 대해서는 충분히 이야기할 수 없다는 뜻이다. 이 한계는 인도 신화에서 극복된다.

자신감 프로젝트

그럼에도 우리가 토르를 사랑하는 이유는 그가 이유 없이 밝기 때문이다. 어떤 운명을 타고나도, 어떤 역경을 겪어도, 그런 긍정적 마음과 자신감이 있다면 삶이 행복할 것이다. 바로 그것이 토르의 힘이 아닐까? 토르는, "세상이 끝난대"라고 해도 "잠깐만. 저 사람 지금 힘든가 봐. 가보고 올게"라고 말할 수 있는 신이다. 그건 허풍이 아니다. 그에게는 현재의 문제가 내일 다가올 종말보다 중요하다. 종말이 그를 자극하지 못하는데, 다른 무엇이 그를 걱정하게 만들 수 있겠는가? 그는 하나의 거대한 존재의 빛처럼 보인다. 그 정의롭고 아름다운 빛 때문에 토르를 생각하면 기분이 좋아진다.

자신감은 조건이나 상황에 의해 결정되는 것이 아니다. 행복할 수밖에 없는 조건을 가진 것처럼 보여도 행복하지 않은 사람을 어떻게 설명할 것인가? 자신감은 계산으로 구할 수 있는 값이 아니다. 그건 계산과 합리성 너머에 있는 힘이다. 거짓말이나 위선이나 허풍은 바람 속에 흩어지지만, 자신감은 삶 속에 배어들어 양분이 된다. 자신감을 먹은 정신과 자신감의 맛을 본 적 없는 정신은 뚜렷이 구분된다. 몸이 자라듯, 우리의 정신은 자신감을 먹고 자란다. 자발성은 자신감의 다른 반쪽이다. 자신감에 굶주린 이는 나서지 못한다. 당당하지 못하기에 눈치를 보고, 나를 믿어본 적이 없기에 늘 외부에서 답을 구한다. 그런 방식으로는 결코 내 길을 찾을 수 없다.

그렇다면 우리 아이를 어떻게 토르로 키울 것인가? 그에게 묠니르를 만들어주면 된다. 북유럽 신화에는 신들이 저마다 좋아하는 무기가 있다. 오딘에게는 궁니르라는 창이 있고, 토르에겐 묠니르가 있다. 궁니르는 어떤 과녁이든 맞힐 수 있고, 묠니르는 어디로 던지든 목표물을 내리친 후 다시 토르에게 돌아온다. 이 도구들은 각자의 스타일을 말하는 상징이다. 글을 잘 쓰는 아이, 노래를 좋아하는 아이, 춤추고 싶은 아이는 제각각 서로 다른 도구들을 연마하게 된다. 무기를 잃은 토르를 생각해보라. 무기와 함께 힘도 잃게 된다. 이것은 몸에서 분리된 사물이 아니다. 토르의 망치는 자신의 강점을 최대치로 분화시킨 상징이다.

자기 맞춤형 인생을 사는 아이는 행복하다. 좋아하는 걸 하니 신도 나고 속도도 빠르다. 그걸 하기 위해 다른 많은 것들을 배워야 하는데, 이 힘든 일을 아이가 기꺼이 한다. 자신이 필요를 느끼기 때문이다. 물론 무엇보다 먼저 해야 하는 건 관찰이다. 아이를 잘 들여다보고 있으면 얼굴이 언제, 어떻게 바뀌는지 알 수 있다. 당신의 자녀가 지금 뒷걸음질 치고 있다면, 고개를 20도 숙이고 있다면, 물어도 답이 없다면, 한 마디 이상 하지 않는다면, 한 번도 친구를 집에 데리고 오지 않는다면, 자꾸 화를 낸다면, 더 이상 웃지 않는다면 아이의 삶을 조금 더 자세히 관찰할 필요가 있다. 나 자신에 대해 깊이 생각해볼 필요도 있다. 내가 아이와 말하는 방식도 중요하다. 그리고 다음 질문들을 던져야 한다. 내가 아이를 관찰했었나? 아이가 언제 마지막으로 웃었나? 뭘 할 때 웃었나? 언제 말이 많아졌나? 언제 떼쓰며 울었나? 하기 싫다고 우는데 억지로 시켰나? 사실 질문은 딱 하나만 하면 된다. 아이가 행복한가? 내일 세상이 무너진다고 해도 여전히 온 마음으로 집중할 무엇인가를 찾을 수 있도록 도와주어야 한다. 그때 토르의 힘이 발휘된다.

자신감은 행복과 직결되는 요소다. 방향성이 생기면 자신감도 당당함도 행복도 따라온다. 물론 방향은 바뀔 수 있다. 그러나 아이가 지금 스스로 선택한 길을 걷고 있다면 그는 결국 길을 찾을 것이다. 우리가 아이의 미래를 위해 모든 것을 준비해줄 수는 없다. 우리가 할 수 있는 것은 최선을 다해 관찰하는 것이다. 그리고 우리의 아이들이 자기 자신이 되어 현재 속에서 온 마음을 다할 수 있도록 응원하는 것이다.

두려움을 아는 이가 사랑을 한다

지크프리트와 브륀힐드

이 세계에는 두 사람이 있다.
멸과 불멸이다. 모든 존재는 멸이요,
변함없는 것이 불멸이다.[19]

바그너의 지크프리트

보통 지크프리트라고 알려져 있는 이 영웅의 원래 이름은 시구르
드다. 『고 에다』 2부 영웅전설 편의 중심에 있는 시구르드는 용을
죽이고 반지를 찾아내는 게르만 신화의 전설적 영웅이며 브륀힐
드라는 여성과 운명적 사랑을 한다. 그들은 만나고 헤어지고 오해
하고 증오하며 결국 죽음에 이르는 우여곡절을 겪지만, 지하세계
에서 하나가 된다. 신화에서는 이 한 쌍을 갈라놓는 듯 보이는 인
물들도 이야기의 중요한 부분을 맡고 있지만, 북유럽 신화를 바탕
으로《니벨룽의 반지》라는 오페라를 창작한 리하르트 바그너는,
지크프리트와 브륀힐드의 결합과 사랑을 강화하여 이야기의 중
심에 배치한다. 어떤 일이 있어도 두 사람은 결국 함께 있다. 말 그
대로 죽음조차 그들을 갈라놓을 수 없는 것이다.

『고 에다』나 『신 에다』에서도 시구르드와 브륀힐드의 사랑이 부각되긴 하지만, 그 이외의 줄거리가 너무 많고, 인물의 이름도 통일되지 않으며,[20] 브륀힐드가 발키리인지 인간 여성인지조차 모호하게 나온다. 독일 중세 영웅서사시인 『니벨룽의 노래(*Das Nibelungenlied*)』와 북유럽 신화의 각 부분들을 통합하여 바그너가 재조립한 《니벨룽의 반지》에는 고전이나 신화와는 다른 매력 포인트들이 있다. 우선 바그너는 발키리인 브륀힐드가 신성을 박탈당한 후 깊은 잠에 빠지는 것으로 이야기를 설정한다. 이와 더불어 지크프리트는 반지를 훔친 난쟁이 알베리히의 동생에게 양육되며, 그의 유일한 문제는 두려움을 배우지 못한 것이라고 이야기가 이어지는데, 바그너의 변형과 달리, 신화에서는 무엇이든 만들 수 있는 난쟁이 안드바리가 악역을 맡지 않는다. 신화를 보면 그가 반지를 만들었고, 한 가족이 이 반지를 손에 넣게 되며 반지를 중심으로 한 분쟁이 일어난다. 이 싸움에서 아버지를 살해한 파프니르는 용이 되고 그 동생 레긴이 훗날 지크프리트를 키운다. 바그너가 가한 가장 큰 변형은 두려움을 모르기에 완성되지 못하는 영웅의 이야기인데, 신성을 잃은 발키리와 두려움을 배워야만 하는 영웅은 불완전한 것이 더욱 완전한 경지이며 약한 것이 더욱 강하다는 성숙과 치유의 공식을 잘 설명해준다. 바그너는 이 철학을 사랑 이야기에 녹여냈다.

지크프리트와 브륀힐드의 결합 같은 사랑을 꿈꾸었었다. 어떻게 해도 될 사람이면 결국 이루어지겠거니 했건만, 그런 태도로 임했던 연애들은 모두 쉽게 끝나고 말았다. 될 관계라는 건 아예 처음부터 존재하지 않으며, 힘겨운 인내와 노력이 없다면 어떤 관계도 성립되지 않는다는 걸 깨달았다. 그런데도 지크프리트와 브륀힐드의 이야기를 들을 때면 또다시 마음이 흔들린다. 될 관계라는 게 분명히 있다는 느낌을 완전히 지울 수가 없는 것이다.

그리고 다시 생각해본다. 연애가 끝나면 패인을 분석했지만, 오늘은 구체적인 사건들과 실수들 너머의 이야기를 곰곰이 되짚어본다. 그리고 깨닫는다. 그들을 만날 때, 내 안에 신화가 없었구나! 나는 브륀힐드가 될 생각이 없었고, 그를 지크프리트로 여기지도 않았다. 처음부터 매듭을 풀고 시작한 관계였던 것이다. 안될 일만 벼르고 실수만 포착하니, 묶이지도 않았던 매듭이 우리를 지탱해주었을 리 만무하다. 묶인 매듭만 찾았지, 내 손으로 매듭을 단단히 묶고 시작할 생각은 추호도 없었다.

보이지 않는 누군가에게 보이지 않는 매듭을 묶어놓고 내 앞에 있는 남자를 투명인간과 비교했다. 물론 이 싸움에서 이길 수 있는 남자는 없다. 보이는 적과 싸우는 것도 어려운데, 천하무적 투명인간을 어떻게 이기겠는가? 온갖 장애물을 넘어 이루어내고야 마는 사랑은 일단 투명인간의 손을 놓아야 시작된다. 그래야 내 눈 앞에 있는 연인의 손을 잡을 수 있지 않겠는가.

돌이켜보면 다 운명적 사랑이 될 수 있었다. 내가 진지했다면, 내가 그를 놓지 않았다면, 그가 나를 놓아도 내가 그의 손을 잡았다면 그를 내 운명으로 만들 수 있었다. 그렇게 장애물을 극복하고 불멸의 사랑을 할 수 있었다. 첫 장애물에서 손을 놓고, 난관을 극복하고도 힘겨운 마음에 돌아선 일들이 주마등처럼 스친다. 매듭을 자른 건 나 자신이었다. 아니, 겁 많고 이기적인 내가 처음부터 매듭을 묶지 않았다.

사람을 만나 다시 만나고 싶은 마음이 든다는 건 축복이다. 한 번 만났는데, 또 만나고 싶어질 확률이 얼마나 되나? 그런 적이 몇 번이나 있었나? 그 일이 일어났는데도 나는 그를 내 불멸의 인연으로 만들지 않았다. 내 의지가 그 정도라면, 그런 내게는 브륀힐드가 될 자격이 주어지지 않는다. 사랑한다는 말을 하게 되는 것 역시 기적 같은 일이다. 그저 좋은 느낌을 넘어 한 사람을 사랑하게 된다는 건 흔치 않은 경험이다. 그것이 필멸의 존재가 불멸을 경험하는 순간이 아니던가? 그게 별것 아닌 것으로 지나쳐가게 둔 건 바로 나 자신이었다.

지크프리트와 브륀힐드의 사랑 이야기는 종말이 예정된 북유럽 신화에서조차 막지 못하는 영원성을 지닌다. 배신과 음모와 망각이 그들을 갈라놓아도 둘은 결국 다시 하나가 된다. 그런 사랑을 본 적이 있지 않나? 그건 그들이 특별하거나 선택받은 인간들이어서가 아니다. 그들에게는 인연의 매듭을 묶고 그것을 지킬 용기가 있었던 것이다.

두려움을 배우지 못한 영웅

북유럽 신화에서 시구르드라고 불리는 영웅의 이야기는 매우 다양하게 변주되어 전해진다. 오딘의 피를 이어받은 볼숭 가문의 자손이라는 점이 언급되기도 하고, 신들과 무관한 인간의 이야기로 나오기도 한다. 또 브륀힐드가 매우 아름다운 인간 여성이었다고 적혀 있는 부분도 있다. 시구르드와 브륀힐드의 사랑 이야기 이외에, 그들의 사랑을 농락하는 군나르 왕과 그 동생 구드룬의 이야기도 큰 비중을 차지한다.[21]

너무 복잡해서 요약이 불가능해 보일 정도인데, 이야기의 조각들은 다음과 같다. 시구르드가 죽는 장면 뒤에도, 구드룬이 두 번의 결혼을 통해 어떻게 복수극을 완성하는지에 대한 긴 서사가 이어진다. 그녀는 브륀힐드의 오빠인 아틀리와 결혼하고, 아틀리는, 시구르드를 살해함으로써 동생을 자살로 내몬 구드룬의 오빠들에게 복수를 한다. 이후 구드룬은 오빠들을 죽인 남편에게 복수를 하며 아틀리와 낳았던 아들들을 살해한다. 그녀는 마지막으로 세 번째 남편과 낳은 아들들에게 부탁하여 요르문레크에게 복수를 한다. 그가 자신이 시구르드와 낳았던 아이를 죽였기 때문이다. 한편 아틀리와 브륀힐드의 여동생 오드룬은 브륀힐드만을 바라보는 군나르를 사랑해왔으며 오빠에 의해 군나르가 독사에 물려 죽었을 때 크게 상심한다. 이 어지러운 단편적 조각들을 이어 하나의 이야기로 전하는 것은 진정 어려운 일이다. 그걸 대신 해준 것이 바로 바그너다.

바그너의 오페라 《니벨룽의 반지》 중 〈지크프리트〉는 신화의 공통된 서사를 중심으로 단편적 조각들을 이어낸다. 물론 그 중심에는 반지가 존재한다. 바그너는 시구르드라는 영웅을 오딘의 손자로 설정하고 시구르드(지크프리트)를 영웅으로 만들기 위한 오딘의 긴 계획을 오페라의 주축으로 삼는다. 이야기는 저주받은 반지에서 시작된다. 반지는 그것을 보는 사람의 마음과 정신을 빼앗았고, 이 때문에 살인이 일어난다. 파프니르는 반지를 가지고 용으로 변신하여 동굴에 숨고, 그 자신마저 반지의 매력에 휘둘린 오딘은 무너진 세상의 균형을 복원할 지원군을 필요로 하게 된다. 오딘은 자신이 할 수 없는 일을 대신 이루어줄 인간 영웅을 창조하기 위해 하나의 프로젝트를 시작한다. 이 부분은 바그너에 의해 창작된 서사다. 오딘은 인간 여자와의 사이에서 지클린데와 지크문트라는 쌍둥이를 낳게 되는데, 이들은 태어나자마자 따로 자라게 된다. 지클린데는 훈딩이라는 인간 남편을 만나 결혼했고, 지크문트는 세상을 떠돌다 어느 날 우연히 누이의 집을 방문하게 된다. 지크문트와 지클린데는 첫 만남의 순간 운명 같은 사랑에 빠진다. 그곳에는 오딘이 언젠가 꽂아둔 검이 한 자루 있었는데, 어느 누구도 그 검을 뽑을 수 없었다. 지크문트는 발뭉[22]이라 불리는 검을 뽑고, 이 검으로 훈딩[23]과 대적한다. 이 과정에서 발뭉은 부러지고 지크문트는 죽게 된다. 도망친 지클린데는 지크프리트를 낳은 후 대장장이 미메[24]에게 아이를 맡기고 사망한다.

지크프리트의 유일한 문제는 두려움을 느끼지 못한다는 것이었다. 이 세상에는 그를 두렵게 하는 것이 단 하나도 존재하지 않았다. 미메는 오랜 시간, 지클린데에게서 받은 부러진 칼을 이어 붙이고자 노력했으나 아무리 제련해도 두 조각을 원래대로 만들 수 없었다. 이 칼은 두려움이 없는 자의 손에서만 다시 하나의 검으로 태어날 운명이었고, 그 일을 할 수 있는 유일한 사람이 지크프리트였다. 그는 검을 이어 붙인 후 용을 죽이고 반지를 되찾는다. 그 후 영원의 잠에 빠져 있던 브륀힐드를 구하는 순간, 그녀의 앞에서 마침내 두려움을 느낀다. 사랑 앞에서 두려움을 배운 그는 이제 완전한 영웅이 된다.

그들의 사랑 이야기는 예정된 세상의 종말과 맞물리면서 파국으로 이어진다. 지크프리트가 인간들의 속임수에 빠져 결국 살해당하자 브륀힐드 역시 남편을 따라 목숨을 버린다. 반지는 다시 라인강으로 돌아가고, 이전의 모든 것들은 불태워진다. 신들의 성이 불타고, 신도 영웅도 모두 화염 속으로 사라진 세상에서 인간은 다시 새로운 시작을 준비한다.

이 오페라에서 가장 기억에 남는 건 두려움을 배우지 못했기에 완성되지 않은 영웅의 이야기와 우리에게 익숙한 반지의 순환이다. 제자리로 돌아가는 반지 이야기는 〈반지의 제왕(The Lord of the Rings)〉을 통해 잘 알려져 있고, 우주의 균형을 회복하는 서사는 〈스타 워즈〉 시리즈의 줄거리와도 공명한다. 이 영화들이 신화를 차용했기 때문이다. 〈반지의 제왕〉에서도 작은 몸의 프로도가 어떤 영웅들보다 더 용감한 주인공이고, 〈스타 워즈〉에서도 우주의 균형을 되찾는 중심인물은 노예 행성에서 아버지 없이 태어난 아나킨 스카이워커다. 신화 속 영웅들은 이처럼 완벽하고 완성된 영웅보다는 두려움을 아는 영웅, 고통받는 영웅들이다.

인간의 몸과 정신도 마찬가지다. 균형을 맞춘다는 건 늘 건강하고 늘 완전하다는 뜻이 아니다. 끊임없이 균형이 깨지고 많은 것이 어긋나지만, 그 속에서 어긋남들을 통해 균형에 이르게 된다.

병이라는 것도 몸의 균형이 깨졌을 때 다시 새로운 균형을 맞추기 위해 몸이 겪는 작은 종말이다. 두려움을 모르는 영웅은 미숙하고, 두려워 떨 수 있는 영웅이 오히려 더 성숙하다는 이야기는 변화의 가능성을 강조한다. 시시각각 변하는 상황 속에서 삶의 균형을 맞추기 위해서도 끊임없는 변화가 가능해야 한다. 변화란 내 세상이 열려 있을 때 가능한 것이다. 두려움을 모른다는 건 이 세상과 이어져 있지 않으며, 어떤 관계도 형성되어 있지 않다는 말이다. 내가 통제할 수 없는 타인을 대면할 때 우리는 두려움을 배운다. 불안을 견디고 두려움에 맞서며 타인과 손을 맞잡는 영웅적 의지가 몸과 정신과 세상의 균형을 맞추게 되는 것이다.

내 곁의 두려움

뭐가 어떻게 되어도 상관없다는 생각이 밀려올 때가 있다. 그런데 바로 머리를 내저으며 이 생각을 털어버리게 되는 이유는 내게 지킬 사람들이 있기 때문이다. 곁에 아무도 지킬 사람이 없을 때, 이 세상에 혼자 남겨졌을 때, 우리는 두려움보다는 절망을 느낀다. 절망은 삶의 에너지를 소진시키는 질병이다. 반대로 두려움은 삶의 에너지에 방향을 주는 이정표다.

두려움은 우리를 움직이게 한다. 두려움은 우리로 하여금 삶을 위협하는 조건들을 인지하고 그 문제를 해결하게 만들며, 삶의 어긋남들을 살펴 균형과 조화로 나아가게끔 돕는다. 사람과 삶에 대해 두려움을 느끼는 사람은 결코 아무렇게나 행동할 수 없으며, 될 대로 되라는 마음을 가질 수 없다.

재미있는 사실은, 두려움 때문에 두려움을 극복하는 경우도 있다는 점이다. 두려움이 용기로 이어지는 수많은 경우들을 생각해 보라. 사랑하는 이들을 지키기 위해 용기를 내는 모든 순간, 나는 두려움에 맞서고 있다. 혹시 내가 사랑하는 사람들이 고통받을까, 불행하지 않을까 염려하는 마음은 나를 강하게 만든다. 지크프리트가 그의 두려움을 사랑에서 찾은 것도 같은 이유다.

인간 최초의 두려움은 어머니를 잃는 것이다. 눈앞의 어머니가 사라지면 아이는 목이 터져라 운다. 그 사람이 없으면 내 세상이 소멸되는데, 그 존재가 영원히 돌아오지 않을 것 같은 이 상황이 아이에게는 끔찍할 따름이다. 어머니의 부재는 아이에게 영원한 상실로 경험된다. 어머니가 다시 돌아온다는 사실을 배우며 인간은 부재를 견디는 힘을 키우게 된다. 잠시 참으면 어머니가 나타났던 것이다. 그러나 이 사실이 우리의 불안을 없애주지는 않는다. 우리가 태어나 처음 경험한 부재의 기억은 그만큼 강렬하게 몸과 마음에 각인된다.

프로이트는 인간의 삶에서 두려움이란 근본적인 것이라고 설명한다. 무엇 때문에 두려운 것이 아니라, 근본적인 두려움을 극복하고자 무엇인가를 한다는 것이다. 어머니의 상실은 우리가 선명히 기억하는 사건이 아니다. 그건 우리의 몸과 마음에 난 첫 상처로, 그냥 세상에 태어나며 처음부터 그렇게 각인된 공포다. 그 이후 우리는 이 상처를 견디기 위해 많은 일들을 하게 된다.

최초의 상실을 경험한 후 우리는 평생 늘 조금은 불안할 수밖에 없다. 무엇을 잃었는지 확실하지 않은데, 왠지 모르게 어딘가 허전하지 않은가? 모든 일들이 순조롭게 잘 풀리는데도 이상하게 조금은 불안하지 않은가? 심한 경우는 수만 가지 걱정 속에서 정작 지금 이 순간 해야 하는 일들이 밀려나기도 하지 않나? 영웅이란 두려움을 느끼지 않는 자가 아니라, 두려움을 견딜 수 있는 사람이다.

어른이 되었다는 건 아이보다 두려움을 조금 더 잘 견딜 수 있게 되었다는 뜻이다. 아이를 안심시키는 자신의 모습을 다시 한번 되짚어 보라. 사실 나도 떨고 있지 않았나? 아이를 안심시키며 동시에 나 자신에게 같은 이야기를 해주고 있었던 것이 아니었나? 두려움은 사라지지 않는다. 두려움은 평생 우리와 함께할 것이며, 시간에 따라 경감되지도 않는다. 다만 우리가 두려움을 대하는 방식이 바뀔 수는 있다. 어떤 방식으로 두려움을 대하느냐에 따라 지금 이 순간을 더 효율적으로 쓰게 되기도 하고, 현재의 시간을 낭비하게 되기도 한다. 우리의 삶과 미래를 새롭게 개척할 수도 있고, 나 자신의 삶에서조차 도망치게 될 수도 있다. 지크프리트처럼 내면의 두려움을 받아들일 때, 마침내 두려움을 매개로 필멸의 인간이 불멸의 사랑을 하게 된다. 우리가 착각하는 부분은 두려움을 피해 도망칠 수 있다고 생각하는 것이다.

신성을 상실할 때 자유를 얻는다

여전사 발키리

마음의 평화에서 일체 고통의 소멸이 온다.
마음이 평화하면 그의 이성은 곧 확실해지기
때문이다.[25]

당신의 영웅

〈토르: 라그나로크〉에는 여전사 발키리가 등장한다. 톰 크루즈가
주인공으로 나왔던 〈작전명 발키리(Valkyrie)〉(2008)라는 영화도
있다. 발키리는 오딘의 명령을 따르는 전령들로, 전쟁에서 살아남
을 사람을 결정하고 가장 우수한 전사들의 영혼을 발할라로 데려
오는 임무를 맡는다. 그 전사들은 발할라에서 매일같이 전투 연습
을 하며 종말의 전쟁을 대비하게 된다.

발키리 중 가장 잘 알려진 여신이 브륀힐드다. 다양한 이름과
여러 변주들이 있지만, 공통된 부분은 그녀가 명령 불복종으로 오
딘의 눈밖에 나게 되어 긴 잠에 빠지고 그녀를 구하는 인간 영웅
과 결혼하게 된다는 것이다. 바그너는 이야기의 조각들을 모아,
브륀힐드가 신성을 박탈당하고 인간이 되어 긴 잠에 빠진 것으로

서사를 이어간다. 그녀는 지크프리트에 의해 잠에서 깨어난다.

발키리는 매혹적인 존재들이다. 가끔 남성보다 더 많은 적혈구를 가지고 싶을 때가 있다. 더 무거운 걸 들고, 더 빨리 걷고, 더 오래 지치지 않는다면 얼마나 좋을까? 그런데 적혈구 수를 늘리는 정도가 아니라 여신이 된다면, 그래서 어떤 인간 남성보다 더 힘세고 용맹스럽다면? 남성보다 용감한 여신 전사란 정말 꿈만 같은 이미지다. 단 하루라도 그렇게 살아볼 수 있다면! 거기다 전쟁터를 날아다니며 전사들의 운명을 결정한다고 하지 않았나? 가장 용감한 전사들의 영혼을 내 손으로 인도한다니 그 역시 너무 멋지다. 가장 멋진 건, 그녀가 아무 생각 없이 오딘의 명령에 무조건 복종하지는 않는다는 점이다.

이 여전사는 개성이 있다. 사실 잠자는 숲속의 미녀 테마도 꿈같은 이야기다. 인간 중 가장 용감한 인간 남성을 만나 사랑하게 되는 이야기가 아닌가. 어떤 신화에서는 잠자던 미녀가 깨어나 인간 영웅에게 지혜를 전하기도 한다. 잠자는 여신과 여신의 저주를 풀고 그녀를 구원하는 인간 영웅의 이야기는 내 마음을 설레게 만든다. 신과 신의 결혼이나 결합은 그리 극적이지 않다. 가장 극적인 서사는 신성을 박탈당한 여신이 두려움을 배운 인간 영웅과 결혼하여 죽음 이후까지 불멸의 사랑을 나눈다는 이야기다.

성별을 떠나 좀 더 보편적인 서사로 풀어보자. 오딘의 벌로 브륀힐드가 깊은 잠에 빠졌다는 이야기를 잠시 잊자. 이 부분을 이렇게 생각해볼 수도 있지 않을까? 능력을 잃어버린 여전사는 날개가 꺾인 채 지상의 삶을 살아가는 인간들을 뜻하는 것일 수도

있다. 그렇다면 오랜 잠에 빠져 있던 한 인간이 깨어나는 이야기
는 여성들만의 서사가 아니다. 아무 변화 없이 살아가는 모든 사
람, 날개가 뜯긴 채 동일한 하루하루를 반복하며 살아가는 모든
이들은 잠을 자고 있다. 그 영원한 수면 상태에서 그를 깨우는 사
람이 바로 영웅인 셈이다. 영웅이 아니면 깨울 수 없다는 말은,
'적임자'를 나타내는 상징이다. 그 사람이 영웅인 이유는 힘이 세
거나 대단한 조건을 가지고 있어서가 아니다. 당신의 영웅은 당신
보다 더 용감하지 않을 수도 있다. 그러나 그런 건 문제 되지 않는
다. 당신을 깊은 잠에서 깨우는 자, 바로 그가 당신의 영웅이다. 영
화 〈펀치 드렁크 러브(Punch-Drunk Love)〉(2002)를 생각해보자. 주
인공 남성은 창고 속에서 깊은 잠에 빠진 채 세상으로부터 고립되
어 있다. 어느 날 한 여성이 그를 구하기 위해 흰 차를 타고 이 공
간에 들어선다. 흰 차는 현대판 백마가 아닐까? 그렇게 하여 그녀
는 그의 영웅이 된다. 나를 각성하게 만든 그 사람, 내 앞에서 두려
움을 배운 이 인간이 바로 우리의 연인이 되는 것이다.

잠자는 숲 속의 미녀

다시 신화로 돌아가면, 『고 에다』에는 용을 죽이고 용이 차지하고
있던 황금을 가져오는 영웅만이 불길을 뚫고 브륀힐드를 구할 수
있다고 적혀 있다. 그 후 신화에서도 지크프리트는 사랑의 묘약
때문에 다른 여자와 결혼을 하게 되고 결국 죽임을 당하게 되지

만, 죽음에 이르러 지크프리트와 브륀힐드는 다시 하나가 된다.

우리는 바그너의 오페라에서, 다른 어떤 변주보다 극적으로 편집된 신화 이야기를 들을 수 있다. 바그너는 브륀힐드와 오딘의 관계를 더욱 구체적으로 묘사한다. 브륀힐드는 오딘이 가장 사랑하는 발키리였으며, 그 이유는 그녀가 그를 너무나 잘 알고 있었기 때문이다. 인간 여인과 낳은 쌍둥이가 서로 사랑에 빠지고 지클린데의 남편인 훈딩과 지크문트가 결투를 하게 되었을 때, 오딘은 브륀힐드를 불러 자신의 아들인 지크문트를 지켜달라고 부탁한다. 그러나 오딘의 아내 프리그는 법의 신인 오딘이, 아내 이외의 다른 여인과 낳은 아이를 보살피는 것은 그 자신의 법에 위배된다는 점을 강조하며 이를 만류하고, 결국 오딘은 브륀힐드에게 내렸던 명령을 거두게 된다.

브륀힐드는 오딘의 두 번째 명령에 따르지 않는다. 그것이 그가 원하는 바가 아님을 너무나 잘 알았기 때문이다. 결국 오딘은 자신의 손으로 아들을 죽이고 브륀힐드를 벌할 수밖에 없는 상황을 맞게 된다. 이것은 법 밖으로 나갈 수 없는 최고신의 딜레마를 보여주는 장면이다. 오딘은 어쩔 수 없이 브륀힐드에게서 신성을 박탈한 후 그녀를 깊은 잠에 빠뜨린다. 브륀힐드를 사랑했던 오딘은 영웅 중의 영웅만이 그녀를 발견할 수 있도록 그녀 주위에 불을 놓아 브륀힐드를 보호한다.

자신의 법 속에 갇힌 최고신과 모든 것을 감수하고 마음의 목소리에 따르는 브륀힐드의 모습은 극명히 대비된다. 오딘은 가장 지혜로운 신이자 모든 신들을 다스리는 최고신이지만, 자신의 규율에 묶여 있다. 가장 강한 신임에도 그는 자유롭지 않다. 반면 브륀힐드는 힘을 빼앗기고 저주에 걸리며 인간과 결혼하게 되지만, 그런 상황에서도 소신대로 행동한다. 지크프리트를 오해하여 잘못을 저질렀을 때조차 그녀는 후회하거나 절망하기보다는, 자신의 행동에 대한 대가를 치르고 남편을 찾아 저승까지 여행을 한다.[26] 그녀는 오딘보다 자유롭다. 법의 보호를 받는 오딘이 오히려 불안해 보이고, 갖은 우여곡절을 겪는 브륀힐드가 오히려 더 평화로워 보인다.

그림 형제의 〈잠자는 숲 속의 미녀〉는 브륀힐드 이야기의 일부와 매우 유사하다. 브륀힐드의 이야기는 결코 미녀가 수동적인 사람이 아니었음을 알려준다. 이야기의 중심에는 오딘이나 영웅 지크프리트가 아닌 자신의 욕망에 따라 행동하는 브륀힐드가 있다. 예술 작품들 중 그녀를 오딘의 시종으로 묘사한 것은 브륀힐드의 이야기를 왜곡하고 있는 셈이다.

잠자는 미녀의 이야기에서 중요한 것은 그녀를 깨우는 왕자의 출현이 아니라 그녀가 애초에 깊은 잠에 빠지게 된 이유다. 그것이 오딘의 벌이라면, 그녀가 수동적이고 의존적인 인물일 리 없지 않은가? 왕자나 영웅이라 불리기 때문에 그녀를 깨울 수 있는 것이 아니다. 사랑의 키스라는 동화 속 열쇠는 남자들의 지위를 의미하는 것이 아니다. 그녀를 깨어나게 만드는 사람은, 그녀만큼 용감한 사람이다. 그녀는 오직 그런 남자가 나타났을 때만 각성할 수 있다. 그녀를 깨울 수 있는 사람이 왕자 또는 영웅이라 불리게 되는 셈이다. 영웅 지크프리트의 이야기인 듯 보이는 이 신화에서 진짜 주인공은 두려움을 배워야만 하는 영웅보다, 용기 있는 여신 브륀힐드가 아닐까?

신이 신성을 잃어야만 하는 이유

신화는 신들의 이야기다. 우리는 우리보다 강하고 늙지도 않고 죽지도 않는 생명체를 꿈꾸어왔다. 그런데 이상한 건, 전혀 인간적이지 않은 신들보다 신성을 잃은 신, 고통받는 신, 종말을 맞이하는 신의 이야기가 더 마음에 다가온다는 사실이다. 브륀힐드는 마법에 걸려 잠에 빠진 신으로 그녀를 깨우는 첫 번째 남자와 결혼을 하게 된다. 브륀힐드가 인간으로 나오는 이야기도 있는데, 여기에서도 그녀는 힘이 있는 존재였으며, 오딘의 명령에 복종하지 않는다.

예전의 힘이 사라진 그녀는 우리 모두의 이야기를 들려주고 있다. 우리는 자주 인간이 예전의 막강한 힘을 잃고 뭔가 부족한 존재로 추락했다는 공상을 한다. 모든 것이 만족스러웠고, 모든 것을 마음대로 할 수 있던 시절이 정말 있었던 것처럼 느껴지기도 한다. 어렸을 때는 하늘을 날 수도 있을 것 같았고, 영원히 살 수도 있을 것 같지 않았나? 내가 사랑하는 사람들은 아무도 늙지도, 죽지도 않을 것이라 믿었던 시절이 있지 않나? 모든 인간은 한때 신화 속에 살았다.

그런데 말을 배우기 시작하며 내 신성에 뭔가 문제가 생겼다는 걸 알게 된다. 꼭 '밥'이라고 말을 해야만 배가 고프다는 걸 전달할 수 있는 것이다. 밥이라고 말해야 할 때 손이라고 말하면 사람들은 알아듣지 못했다. 내가 전능하지 않다는 걸 자각하게 되는 그 순간을, 프로이트는 '거세'라고 부른다. 거세는 막강한 능력을 상실하는 순간, 또는 그러한 상실을 깨닫는 순간을 의미한다. 그렇게 우리는 모두 생의 초기에 우리의 신성을 잃고 인간의 세상으로 걸어 들어가게 된다.

만약 신성을 잃지 않는다면 어떨까? 정말 멋지지 않을까? 모든 게 원하는 대로 되고, 내 명령 하나에 사람들이 그대로 움직이면 정말 굉장할 것 같다. 그런데 프로이트는 그걸 '정신병'이라고 불렀다. 신성을 잃지 못하는 사람들의 경우, 그들은 하늘과 소통하고 염력을 사용하며 세상의 법칙 너머로 나아갈 수 있다. 문제는 그러한 소통과 염력과 능력이 그를 제외한 다른 사람들에게 인정되지 않는다는 것이다. 분명히 아무도 없는데 그는 사람을 보고, 그냥 낙엽이 떨어지는 것일 뿐인데 그는 그 의미를 이해한다고 말한다. 그에게 무엇인가를 알려주기 위해 낙엽이 그렇게 떨어진다는 것이다. 의미가 없어야 하는 모든 것들이 의미를 가지며 그를 위협한다.

신성을 상실하는 순간, 우리는 왠지 좀 허전한 느낌을 받고, 뭔가 부족하다는 생각을 하게 되며, 정답이 뭔지 몰라 막막한 기분에 휩싸인다. 그런데 이것이 뜻하는 건 우리가 자유롭다는 것이다. 우리가 완전하다면 허전하거나 부족하지 않을 것이며, 모든 것에 정답이 있을 것이다. 막막함이나 허전함, 불안함은 신성과 어울리지 않는다. 그런데 만약 완전한 상태라면, 바꿀 수 있는 게 하나도 없다. 정답이 미리 결정되어 있으니 말이다. 미리 주어진 정답이 있다면, 우리가 원하는 대로 뭔가를 하고, 그걸 내 인생의 정답으로 만들어가는 일 자체가 가능하지 않다. 자유로운 선택과 결정은 오직, 어떤 것으로도 채워지지 않은 빈 공간이 있을 때만 가능하다. 거세가 만드는 게 바로 빈 공간이다. 그러므로 신성 상실이란 자유로운 인간이 되기 위해 치러야 하는 대가다.

그렇다면 왜 우리는 신성, 신, 영웅을 가정하는 걸까? 실제로 그런 힘이 신성을 잃은 인간 속에서 발견되기 때문이다. 그것은 분석심리학의 '자기(self)'나 인도 신화의 브라만이 의미하는 신성한 중심이다. 아주 간단히 '인간 승리'라고 부를 수도 있다. 삶 자체를 정답으로 만든 사람들이 있지 않나? 다른 인간들에게 하나의 지표를 선물하는 삶, 그게 바로 신성의 발현이자 영웅의 삶이 아닐까? 필멸의 인간이 가진 불멸의 정신, 고통 속에서도 간직하는 마음의 평화로움, 바로 그것이 불완전한 인간에게만 허락된 내면의 신성이다.

주어진 시간을 무엇으로 채울 것인가

신들의 최후 라그나로크

> 네 할 일은 오직 행동에만 있지,
> 결코 그 결과에 있지 않다.[27]

생성하는 죽음

버스를 놓쳤고, 회의에 늦었고, 해서는 안 될 말을 해버렸고, 사람을 잃었다. 잘못되기 시작한 일들이 쌓여갈수록 생활은 더 피폐해지고, 내 공간은 더 고독해진다. 사람이 하나둘씩 떠나가고 웃을 일도, 기대할 일도 사라진다. 늘 걱정하고 분노하고 슬퍼하며 끝나지 않을 것 같은 이 지긋지긋한 삶에 몸서리친다. 어느 날 거울을 마주하니 흰머리와 주름과 탁한 눈동자가 보인다. 잊을 만하면 여기, 또 잊을 만하면 저기가 아파오더니 세상 끝 날까지 함께해야 할 병을 만나게 된다.

　20대가 찬란한 시기라고들 한다. 내 20대도 과연 찬란했던가? 왜 나는 청년기가 기억나지 않는 걸까? 그때 난 뭘 했지? 누굴 만났지? 다시는 돌아갈 수 없겠지. 그냥 이렇게 늙어가는 거겠지. 하루하루 견디며. 그런 생각을 하다 보면, 검은 연기를 쏟아내는 기관차가 온 하늘을 검게 물들이고 지나가듯 삶이 어두워진다. 다시는 내 몸과 마음이 예전으로 돌아갈 수 없음을 실감하며 포기와 좌절에 익숙해지려 노력해본다. 조금씩 사그라지는 삶이 참 처량하다.

그런데 이건 내 이야기만이 아니지 않나? 나 하나의 개별적인 사건이라면 엄청나게 비극적인 일이지만, 인간의 삶이 다 그렇게 전개되지 않는가. 그렇다면 그리 슬퍼하거나 괴로워할 일만은 아니다. 그냥 당연한 삶의 이야기다. 어떤 인간도 시간을 거스를 수 없고, 노화를 막을 수 없으며, 필멸의 운명을 바꿀 수 없다면, 정해진 비극에 조금 다른 방식으로 대처할 수도 있지 않을까? 그에 대한 태도를 바꾸는 것, 그것이 우리가 할 수 있는 전부가 아닌가?

끝이 정해져 있다는 건 물론 비극적이다. 그러나 삶의 절반이 그런 비극으로 구성되어 있다는 걸 경험한 사람은, 세상과 사람과 삶을 바라보는 새로운 눈을 가지게 된다. 그들은 더 너그럽고, 덜 서두르고, 더 지혜롭다. 어른이란 삶의 빛과 어둠을 모두 아는 사람을 이르는 말일 것이다. 그들이 우리 등을 두드리며 한마디를 건네는 순간, 그들의 지혜 한 방울이 우리에게 전해진다. 그들은 빛의 세상에 사는 자들이 볼 수 없는 것을 보고, 밝은 곳에 머무는 이들이 느낄 수 없는 것들을 느낀다.

삶과 죽음, 빛과 어둠은 성숙을 빚는 기본 재료다. 행복과 성숙은 빛과 어둠이 함께 있을 때만 가능하다. 빛이 있어야, 종말이 예정된 삶 속에서도 그 어둠에 잠식되지 않을 수 있다. 어둠이 있어야, 영생불멸할 듯한 자기애적 착각에서 벗어날 수 있다. 어둠의 시간 동안 우리는 진정한 삶에 대해 생각할 수 있게 된다. 하루하루의 삶을 더 빛나게 만드는 게 바로 어둠일지도 모른다.

『길가메시』와 영화 〈살다〉에서 어둠은 그들의 삶을 어느 때보다 더 밝게 빛나도록 만들었다. 우리에게 주어진 시간을 죽음으로 채울 것인가, 아니면 찬란한 삶의 순간들로 채울 것인가는 우리 자신에게 달려 있다.

끝과 시작이 맞닿는 곳

운명의 여신들인 노른은 오딘에게 그가 로키의 자식 중 늑대 펜리르에게 죽을 운명이라는 사실을 알려준다. 이에 오딘은 펜리르를 결박하지만, 결국 라그나로크가 도래했을 때 펜리르가 풀려나며 하늘과 땅에 닿을 정도로 크게 입을 벌려 오딘을 집어삼킨다. 미드가르드 뱀 역시 풀려나 맹독으로 토르를 죽이게 되며, 로키 역시 이 마지막 전투에서 헤임달과 싸우다 전사한다.

라그나로크는 신들의 최후 또는 신들의 운명이라는 뜻이다. 말 그대로 신들도 사라지는, 세상의 종말을 뜻하는 개념이다. 라그나로크가 도래하기 전 혹독한 겨울이 오고 서리와 바람이 온 세상을 지배하게 된다. 태양도 달도 별도 사라진 채 암흑이 세상을 덮치며, 모든 이들이 모든 이들과 싸우게 된다. 부모와 자식이 서로 죽이고, 형제들이 서로에게 칼을 빼 들며 관계가 파괴된다. 세상이

뒤흔들리고, 모든 결박이 풀린다. 그때 펜리르와 미드가르드 뱀이 풀려난다. 무스펠헤임의 수르트가 공격을 시작하며 하늘과 땅을 잇던 다리도 무너지고 온 세상이 불타오른다. 불의 전사들과 거인족들이 로키와 함께 신들을 공격하며 이 전투에 헬이 동참한다.

세상이 화염에 휩싸이고 신과 영웅과 인간이 각자의 운명을 맞이한 후, 땅을 삼켜버렸던 바다 위로 또 하나의 육지가 솟아난다. 오딘의 아들 비다르와 발리, 토르의 아들 마그니(힘)와 모디(분노)를 포함한 몇몇 신들은 이 불길에서 살아남았으며, 헬에 잡혀 있던 발드르도 다시 돌아온다. 엘프들이 살던 천상의 김레[28]와 붉은 금으로 만든 신드리[29]는 불길이 세상을 덮친 이후에도 건재하다. 펜리르에게 잡아먹히기 전 태양은 자신을 대신할 딸을 낳는데, 새로운 세상에서 태양의 딸은 어머니의 역할을 물려받게 된다. 세계수 속에 피신해 있던 한 쌍의 남녀가 나타나 그들로부터 새로운 인류가 탄생한다. 이제 인간들은 이 낯선 곳에서 다시 삶을 시작해야 한다.

라그나로크는 이와 같이 끝과 시작이 맞닿는 지점이다. 결코 풀려날 수 없는 신비한 사슬로 아무리 동여매 보아도, 종말의 날, 모든 결박이 끊어진다. 눌러두었던 것, 묶어두었던 것이 풀려나 자신들을 억압했던 것들과 함께 소멸한다. 이것은 이기기 위한 전쟁이 아니다. 제삼자 이외에는 모두 사라지는 전투니 말이다. 숲 속에서 이슬만 먹고 산 남녀와 그다음 세대의 신들, 그리고 헬에 잡혀 있던 신이 귀환하고, 그간의 이야기를 이루었던 나머지 신들은 전부 사라진다.

이야기를 한번 뒤집어보자. 라그나로크에 의해 결박이 끊긴 것이 아니라, 결박이 끊겼기에 라그나로크가 발생한 것이 아닐까? 더 명확히 말하자면, 그러한 결박은 언젠가 끊길 수밖에 없는 것이 아닌가? 영원한 결박이란 착각일 뿐 결코 가능하지 않다. 영원히 마음속에 눌러 가두어놓을 때 문제가 되는 건, 갇힌 것들의 힘이 점차 강해진다는 것이다. 가끔씩 들여다보고 대화도 하는 관계가 아니라면, 나중에는 점차 고조되는 에너지와 강해지는 힘을 더 이상 감당할 수 없게 된다. 내면의 지하실이 폭발하며 그것을 가두던 몸 자체가 파괴된다.

우리는 이런 상황에서 파국의 전조를 느낄 수밖에 없다. 마음의 괴로움을 들여다보거나 달래기는커녕 쇠사슬로 묶어버린다면, 괴로움은 괴물로 변신하여 거대한 분노의 화염을 쏟아내게 된다. 그러한 폭주를 막을 유일한 방법은 우리 스스로 봉인을 해제하는 것이다. 내 손으로 묶은 사슬을 나 스스로 풀어주어야만 한다. 전조, 또는 경고는 그러한 작업을 종용하는 신호다. 신호를 놓치거나 태도를 바꾸지 않으면, 나는 내 안의 괴물에게 잡아먹히고 만다.

그러나 라그나로크는 파국적 종말만을 보여주는 사건이 아니다. 그것은 언제나 하나의 세상이 다시 태어나는 시작으로 이어진다. 내 마음의 괴물이 풀려나고 내가 이 싸움에서 전부를 잃게 되어도, 또다시 내일의 태양은 떠오른다. 이 전투를 두려워할 필요는 없다.

죽어도 사는 사람

꿈에 내가 죽는 경우가 있다. 칼에 찔려 죽고, 불타 죽고, 화살을 맞아 죽는다. 이럴 때 분석심리학의 시선으로 꿈을 분석하면 안심할 수 있다. 그 죽음이 이번 전투의 결과에 불과하기 때문이다. 융은 프로이트처럼 꿈의 이면을 파헤치려 노력하지 않는다. 그는 그저 꿈이 들려주는 이야기를 편안하게 듣는다. 꿈에 누가 나를 죽였다면, 그 서사는 지금 내 현재 상태를 알려주는 지표다.

콤플렉스가 폭주하면 그것은 마음에 거주하는 좋은 힘들을 파괴한다. 신들의 죽음이라 할 수 있다. 분노가 치밀어 오르는데 감정을 해소할 일도, 이 작업을 도와줄 사람도 없다면, 우리 마음속 좋은 부분들에 생채기가 생긴다. 꿈은 그 부분들에 인간의 형상을 부여하여 그들이 살해당하는 광경을 이미지화한다. "지금 네가 이렇게 하고 있어. 위험해"라고 경고하는 것이다. 정말 심각한 경우라면, 내 안의 신성이 위협받는 상황이라 할 수 있다. 그럴 땐 꿈속에서 말 그대로 북유럽 신화의 영상 버전을 보게 된다. 힘없는 예수, 병든 신이 나타나거나, 신들이 살해당하는 것이다. 신은 지치고 힘이 없으며 꿈의 어떤 세부도 지친 신을 돕지 않는다.

여기서 중요한 것은, 내가 어떤 역할을 하고 있는가이다. 꿈에 아예 내가 나오지 않았나? 그럼 난 어디에 있는 걸까? 정말 급하다면, 정말로 그 상황을 피하고 싶다면 내가 나오지 않을 리 없다. 그 상황을 막아야 한다는 생각이 절실하다면, 작은 동물의 형태로나마 꿈에 등장하지 않겠는가? 병든 신의 주위에 그를 위로하는 생명체가 전혀 없고 어느 누구도 그를 위해 어떤 행동도 하지 않고 있다면, 그건 상황을 그렇게 연출하겠다는 내 의지로 설명할 수 있다. 그것은 매우 파괴적인 의지다. 소멸을 선택하고, 모든 상황에서 물러나겠다는 말이다.

그런 꿈은 하나의 경고다. 그것은 내 에너지 레벨이 0에 가까워졌음을 알려주는 지표이기도 하다. 임박한 라그나로크적 풍경은 내 마음이 현재 겪고 있는 고통을 반영해 주는 이미지다.

그럴 땐 어떻게 해야 할까? 북유럽 신화의 조언대로, 숲 속에 한 쌍의 연인을 숨기고 그들을 보호해야 한다. 기를 쓰고 몇 명의 신들을 보살펴야 한다. 내 마음의 로키와 결전을 치를 그날을 준비해야 한다. 또한 꿈속에서 파괴된 부분들을 애도하고 그리워할 수 있어야 한다. 그러한 그리움은 위축되어 있던 마음속 부분들에 에너지를 줄 수 있다. 누군가를 그리워한다는 건, 죽음과 파괴 대신 삶과 관계를 선택한다는 의지이기 때문이다.

어젯밤 꿈에 내가 죽었다면, 그 게임에서는 내 콤플렉스가 승리했다는 뜻이다. 그러나 우리에게는 언제나 다음 판의 결전이 있다. 이번 판의 결과에 연연하지 말자. 깨어난 뒤 꿈을 분석하고, 누가 누구를 죽였는지, 내 죽음이 무엇을 뜻하는지 명상한 후 현실 속에서 전략을 짜야 한다. 공격받았던 부분을 보호하고 내 삶의 에너지를 높여줄 것들을 찾아야 한다. 물론 그 중심에는 관계가 있다. 내 이야기를 들어줄 사람, 나와 함께 내 소중한 부분을 지켜줄 사람을 만나야 한다. 가족, 친구, 선생님, 후배, 옆집 아주머니, 동료 누구든 그 역할을 해줄 수 있다. 그 힘이 더해지면 꿈이 바뀔 것이다. 더 중요한 건 그 힘으로 현재를 바꾸는 것이다.

물론 사람을 만나고 관계를 형성하는 게 힘들다는 생각이 들 때가 있다. 완전히 나 혼자 내버려져 있다는 느낌이 너무 강해서 어떤 시도도 더는 할 수 없을 것같이 느껴질 때도 있다. 그러나 내가 가만히 있으면 그 상태가 지속되고 꿈은 점점 더 험악해진다. 라그나로크적 파국이 오래 이어질수록, 내 에너지는 점점 더 소진된다. 꿈은 언제든 다음 판을 준비하지만, 현실 속에서 내가 관계의 끈을 놓아버리면, 꿈도 더 이상 나를 돕지 못한다. 그럴 땐 내가 움직여야 한다. 우리에게 필요한 건 한 다스의 인간들이 아니다. 라그나로크적 순간을 극복하기 위한 준비물은 '관계'를 형성할 한 사람이면 된다. 우리가 나무 속에 숨어 지치지 않고 기다리면 내 멘토가 나타난다.

인도 경전 『바가바드 기타』는 길을 잃은 한 사람과 그의 앞에 나타난 멘토가 나누는 대화의 내용이다. 긴 대화 끝에 멘티는 자신의 길을 찾을 수 있게 된다. 어디로 가야 하는지 몰라 헤맬 때, 혼자 남겨졌을 때, 내일이 찾아오지 않을 것 같은 두려움이 급습할 때 우리는 최선을 다해 우리 마음속 남녀를 지켜내야 한다. 마음에 분노가 일고 모든 것들을 불태우고 있을 때도 어떻게든 그들을 보호해야 한다. 긴 기다림 끝에 우리 눈앞에 멘토가 나타난다. 그와의 대화를 통해 내가 누구인지, 내 삶이 어디로 가고 있는지, 내 욕망이 무엇인지, 어떻게 살아야 하는지, 어떻게 행복해질 수 있는지 배우게 된다. 그는 내 안의 신성을 찾게 도와주며, 내 마음에 지혜를 선물한다.

크리슈나의 조언

내 안의 신성과 지혜로운 삶을 위하여[1]

해야 하는 일은 해야만 한다

내 마음속의 정답 다르마

제 목숨은 슬픈 심정에 오금이 저리고,
제 마음은 어지러워
제 할 의무를 가려낼 수 없습니다.[2]

다르마에 충실한 삶

간디는 『바가바드 기타』를 "정신의 질병을 치료하는 방법"을 알려주는 "가정의학서"라고 부른다.[3] 기원전 3~5세기경으로 그 연대가 추정되는 경전인 『바가바드 기타』는 고대 인도 서사시, 『마하바라타』 제6권의 일부로,[4] '거룩한 자의 노래'라는 뜻이다. 『마하바라타』는 왕권을 둘러싸고 분열된 바라타 왕족 두 분파 사이의 오랜 전쟁 이야기로, 『바가바드 기타』는 그중 셋째 왕자 아르주나가 마부[5]의 역할을 맡고 있는 크리슈나 신과 나눈 대화를 묶은 것이다.

왕국을 물려받기로 되어 있던 판다바 가문의 유디슈티라는, 카우라바 형제들의 장남인 두료다나와의 도박에서 모든 것을 잃고 형제들과 함께 13년 동안 유배 생활을 하게 된다. 그러나 고된 날들을 견딘 후 약속된 해에도 그는 여전히 왕실로 복귀할 수 없었으며, 그렇게 왕권을 둘러싼 전쟁이 시작된다. 카우라바 형제들과는 달리 판다바 형제들에게는 명분이 있는 전쟁이었다. 그들은 약속된 유배 생활을 끝냈고, 약속을 이행하지 않은 것은 카우라바 형제들 쪽이었다.

그런데 이 전쟁에 앞서 아르주나는 갑자기 회의를 느끼게 된다. '내 친척들을 죽이는 이 전투를 반드시 치러야만 하나?' 물러나고 싶은 마음에 망설이는 그에게 크리슈나가 주는 조언은 단호하다. 싸우라는 것이다. 크리슈나는 그것을 의무라고 부른다. 그것이 무슨 일이 있어도 이루어내야만 하는 정당한 일이기 때문이다.

『바가바드 기타』는 그렇게 해야만 하는 일, 이루어져야만 하는 일을 다르마[6]라고 부른다. 그것은 우리가 벗어버려서는 안 되는 의무와 책임을 뜻한다. 라다크리슈난은 다르마를 "존재의 방식", "존재의 본질적인 성격"으로 정의한다.[7] 다르마에 충실하라는 말은 피할 수 없는 의무와 책임으로부터 도망쳐서는 안 된다는 뜻이다.

아무리 무겁고 고통스러워도, 피하면 안 되는 의무와 책임이 있다. 모든 관계에는 의무가 따른다. 가끔씩 어깨 위의 짐을 내려놓고 홀가분히 살아가고 싶은 생각이 들기도 한다. 이래도 되나 싶은 생각이 들지만 그냥 해버리는 일들도 있다. 누가 신경을 쓰겠는가? 그렇게 되어야만 하는 일들이 있다는 걸 너무나 잘 알면서도, 주위의 눈치를 보다 슬며시 피해버린 적도 있다. 물러서면 모든 게 훨씬 쉬워지지 않나? 부딪치는 것 자체가 다 스트레스인데 뭘 그렇게 어렵게 사나?

『바가바드 기타』의 조언은 명확하다. 물러서서는 안 된다는 것이다. 책임과 의무를 벗어버려서는 안 된다. 해야 하는 일이면 해야만 하고, 이루어야 하는 일이라면 이루어내야만 한다. 다르마에 충실하다는 건, 나 자신에게 충실하다는 뜻이다. 우리는 이미 내 마음의 법을 잘 알고 있다. 누구에게 물어볼 필요조차 없다. 그게 맞는다는 걸 알고 있다. 또는 그렇게 하는 게 틀리다는 걸 알고 있다. 약한 마음, 나태한 마음 탓에 그냥 그렇게 하고 싶지 않았던 것이다.

오늘 하루 나는 내 다르마를 잘 지켰나? 그렇게 해야 하는 일들을 이루었나? 하나의 방향성, 내 마음속 정답이 존재한다는 말은 무겁기 그지없지만, 동시에 위안이 된다. 다르마를 지키라는 말은 삶의 무게를 견디라는 말일 것이다. 무겁다고 그것을 함부로 벗어버리면, 우리는 더 큰 마음의 짐을 지게 된다.

나만의 다르마 살아내기

다르마는 법, 의무를 뜻하는 동시에 존재를 지탱하는 힘 또는 존재의 진리를 의미하는 개념이기도 한다. 그래서 '자신만의 다르마'라는 표현이 가능한 것이다. 모든 이에게 통용되는 법이 아니라, 나 자신에게 충실한 법, 나 자신을 위한 의무라는 말이다. 그것은 내 존재를 위한 길이자 진리로 나아가는 방법이다. 간디의 경우 그가 해야만 하는 것, 그가 진실로 믿는 것, 『바가바드 기타』가 전하는 경전의 뜻을 가장 잘 나타내는 자신만의 의무는 비폭력이었다.

크리슈나는 "잘하지 못하면서라도 제 의무를 하는 것이 남의 의무를 잘하는 것보다 낫다"라고 말한다. "제 의무를 다하다 죽는 것"이 좋다고도 충고한다.[8] 의무나 책임은 외부로부터 내게 지워진 짐이 아니며, 그보다는 내 존재의 요청이라고 할 수 있다. 그러한 의무와 책임을 다하는 것이 진리로 나아가는 길이다. 그러므로 다르마는 나 자신을 위한 올바른 길이다. 아다르마란 그릇된 것, 잘못된 길을 말한다. 다르마의 힘과 아다르마의 힘이 줄다리기를 하며 우리 존재의 질서를 결정한다고 보면 된다. 여기서 올바른 길이란 나만의 길을 의미한다. 온전한 나 자신이 되어 존재의 목소리를 들을 수 있게 되는 것, 바로 그것이 다르마에 충실한 것이다.

우리는 선택과 결정의 순간이 되면 약해지곤 한다. 어떻게 해야 할지 막막한 느낌이 밀려오면, 가능한 한 안정된 것을 선택하기도 한다. 나쁜 소리를 듣지 않는 방향으로, 사람들을 불편하게 만들지 않는 선택으로 마음이 기운다. 부담이 되는 일이라면, 내가 그러한 부담을 지지 않는 쪽으로 선택하기 위해 최선을 다하기도 한다. 뭐든 구실을 찾아 그럴 수밖에 없는 상황을 만들기 위해 노력한다. 우연이라고 말할 수 있는 필연적 상황을 유도하는 것이다.

그런데 이 모든 순간들을 다시 한번 돌이켜보자. 나는 이미 알고 있지 않았던가? 어떤 것이 맞는 선택이었는지, 내 다르마에 충실한 선택이 어떤 것이었는지 나는 처음부터 알고 있었다. 마음속 깊이 울리는 그 목소리를 외면하는가, 아니면 그 소리에 따라 행동하는가의 문제였었다.

아르주나는 이 싸움을 아예 피하고 싶다. 사촌들을 죽여야 하지 않나? 전쟁은 나쁜 게 아닌가? 그의 결정을 지지해줄 수많은 이유들이 있다. 그러나 그는 마음속 깊이, 무엇이 올바른 길인지 이미 알고 있다. 그는 지금 마음속에 있는 정당한 명분을 가려 덮고 있다.

각자의 다르마가 연대하는 순간도 존재한다. 함께 폭력에 맞서 싸워야만 하는 시간이 있다. 인간의 신성을 위협하는 모든 행위는 다르마의 힘이 연대하여 싸워야만 하는 폭력이다. 각자가 하늘의 법을 따르고 있을 때, 우리의 다르마가 연대할 수 있다.

함께 싸워야 하는 외부의 폭력이 있다면, 내면의 전투를 벌여야 하는 마음속 폭력도 존재한다. 나를 올바른 방향으로 나아가지 못하게 막는 것들, 존재의 소리를 듣지 못하게 하는 소음은 미시적 폭력들이다. 그러한 부조화 상태에서 다시 조화와 균형을 되찾기 위해 우리가 집중해야 하는 것이 바로 다르마다.

의무나 책임이라는 말은 무겁게 들리지만, 다르마는 나를 살리기 위해, 내가 숨 쉴 수 있는 진정 자유로운 방향으로 나아가기 위해 그렇게 해야만 하는 것을 의미한다. 그것은 마음의 짐을 들여다볼 기회이기도 하다. 그간의 빚을 갚는 것, 당연한 일들을 이루어내는 것, 내 마음이 원하는 길로 나를 인도하는 것, 바로 그것이 우리에게 주어진 가장 중요한 의무이자 책임이다.

당신의 욕망을 따르라

라캉은 일곱 번째 강연집에서 "당신은 당신 내면의 욕망에 따라 행동했습니까?"라고 묻는다.[9] 『바가바드 기타』에서 크리슈나는 욕망 또는 집착을 나쁜 생각으로 간주하지만, 정신분석학에서 언급되는 욕망 개념은 다르마에 해당하는 '신성한 의무'다. 라캉이 말하는 욕망은 다른 어느 누구와도 다른 내 고유한 삶의 과제를 뜻한다. 다르마에 대해 다른 사람의 다르마가 아니라 나만의 다르마에 충실해야 한다고 말하는 것과 정확히 동일한 의미에서 우리는 나만의 욕망을 추구해야 한다. 모방과 흉내로는 결코 나만의 신화를 쓸 수 없다.

그런데 모방도 소원에서 비롯되는 게 아닌가? 라캉은 그런 소원을 욕망이라고 불러서는 안 된다고 말한다. 그건 집착에 가까운 것으로, 우리는 가끔씩 그런 소원이 내 욕망이라고 착각한다. 열심히 추구하다 보면 가끔씩 만족감도 느끼지만, 사실 모방, 질투, 경쟁 속에서 무엇인가에 열심히 집착하고 있다면, 그건 궁극적으로 나를 오히려 더 힘들게 하는 악수일 수도 있다. 애초에 내 존재의 목소리를 듣고 있지 않았기 때문이다. 다른 곳을 열심히 바라보며 움직이면, 내 존재는 더 어두운 곳으로 숨어든다.

라캉이 이야기하는 욕망이란 내 고유의 소원을 뜻한다. 어느 누구와도 겹치지 않는 나만의 희열이 있는 곳, 바로 그곳에 욕망이 있다. 욕망을 찾는 것은 어렵지 않다. 다른 사람의 시선을 따라 바라보기를 그만둘 때 내 마음이 이끄는 곳으로 나아갈 수 있다. 더 잘 보이고 더 자주 보이는 게 바로 내 욕망이 안내하는 길이다. 빈 노트를 잔뜩 사다놓고 좋아하고 있다면, 스케치북과 크레파스를 들고 기뻐한다면, 음악이 나올 때 늘 조용해진다면, 축구장 갈 생각에 새벽부터 안달이 났다면 그 아이는 지금 자신의 욕망이 펼쳐질 무대를 기획하는 중이다. 그럴 때는 무조건 아이를 응원해주어야 한다. 그가 창조에 임박했기 때문이다.

그런데 욕망은 우리에게 즉각적인 행복이나 희열을 제공하지는 않는다. 사실 그 반대라고 할 수 있다. 욕망은 늘 짐처럼 우리 어깨에 올라탄다. 그것이 그렇게 해야만 하는 것, 내가 이루어야만 하는 것이기 때문이다. 나와의 약속이라고 생각하면 된다. 나는 글을 좋아하는 사람이고, 흰 백지를 까맣게 채워가는 것이 내 욕망의 서사라 할지라도, 매일 한 페이지씩 글을 쓰는 건 놀이라기보다는 노동에 가깝다. 어느 날은 자동차 접촉 사고가 나고, 어느 날은 몸이 아프고, 또 다른 날은 가족이 입원을 하는데, 그런 날들 속에서 백지에 몇 자를 기록해내는 건 쉬운 일이 아니다. 그러나 그럼에도 꾸준히 매일 글을 쓰는 이유는 그 일이 내 다르마에 속하기 때문이다. 그러다 보면 어느 날 한 권의 책이 탄생한다.

고유한 욕망들이 함께 손을 잡는 지점도 존재한다. 라캉은 안티고네의 예를 들며 하늘의 법에 대한 의무를 제시한다. 안티고네는 하늘의 법을 따라 행동했다. 그것이 그녀가 바라는 것이었고, 모든 것을 걸 수 있는 근원적인 욕망이었다. 하늘의 법은 안티고네에게 고유한 개별적 소원이 아니다. 그것은 욕망의 서사를 체로 걸렀을 때 겹쳐지는 공통분모라 할 수 있다. 함께 바라는 것, 함께 싸우는 것, 함께 꿈꾸는 것은 모두 욕망이 가진 보편성과 관련된다. 우리 아이가 건강하길 바라는 마음, 더 좋은 세상을 만들기 위해 꾸는 꿈은 결코 한 사람만의 욕망이 아니다. 욕망에는 이와 같은 보편적 차원도 존재한다.

밤에 꾸는 꿈도 욕망과 관련된다. 꿈은 우리가 진정으로 무엇을 원하는지 알려주는 지표이기도 하다. 꿈은 마음이 진정으로 소원하는 것을 알고 있다. 내가 행복하게 느끼거나 좋아하는 일, 내가 편안했던 순간과 내가 기뻐했던 기억들이 모두 꿈의 단골들이다. 꿈과의 대화는 우리에게 욕망의 이야기를 들려준다. 꿈은 내 신성한 의무로 나아가는 지름길이다.

내 안의 신성을 믿어라

브라만과의 합일

> 죄를 끄고, 의심을 끊고, 마음을 다듬어
> 모든 산 것에 대해 선을 행하기를 즐거워하는
> 성자는 브라마니르바나에 이르느니라.[10]

내 안의 신성[11]

잉마르 베리만 감독은 말하는 영화를 만들었다. 그의 인물들은 모두 참 말이 많다. 별말 아닌 수다를 떠는 것이 아니라 진실한 말을 쏟아낸다. 마음에서 우러나오는 말, 꼭 해야만 하는 말들을 쏟아내는 인물들을 보고 있으면 별로 동적인 장면이 아닌데도 현기증이 날 정도로 어지럽다. 2004년 BBC4 〈아레나(Arena)〉와의 인터뷰에서 베리만은 자신에게 가장 중요한 것이 '신성(神聖)'이라고 말했다. 베리만에 의하면, 그것은 잡을 수도 없고 볼 수도 없지만, 그 존재 자체가 인간에게 큰 위안이 되는 것이다. 어디 있는지, 어떤 것인지 알 수 없음에도 우리가 기대고 매달리며 의지하는 것이다.

인도 신화는 존재의 중심, 신성 그 자체를 브라만이라고 명명한다. 마하리시 마헤슈 요기는 브라만을 "우주 의식"이라고도 부른다.[12] 이는 모든 것이 통합된 상태를 의미한다. 내면의 신성을 가정하지 않을 때 세상은 너무 어두워진다. 주저앉고 싶게 만드는 일들이 늘 일어나지 않나? 힘 빠지는 일들과 화나는 일들도 참 많이 생기지 않나? 유치한 어른, 이기적인 어른을 만나면 늘 다치고 베이고, 말 그대로 가슴이 찢어진다. 그럴 땐 그냥 나도 똑같이 세 살짜리가 되어 눈 딱 감고 한 대 세게 때리고 싶다. 나도 그렇게 이기적으로 행동하고 싶다. 너 하나 없어져도 아무 상관없다는 듯, 네가 어떻게 되든 그게 나랑 무슨 상관이냐는 듯 나를 바라보면 그 순간 마음속 화가 작동하며 내 안에 있는 가장 악한 것이 화려하게 피어난다.

그러나 이건 자멸을 향한 방향성이다. 그것만은 막아야 한다. 미움과 분노는 대상을 가리지 않는다. 가장 가까운 사람에 대해서도 살인적 분노를 느낄 수 있다. 그렇게 폭주하다 보면 나 혼자 남게 된다. 물론 그 끝은 소멸과 절멸이다.

그렇다면 어떻게 이 폭주를 막을 수 있을까? 분노와 자기애로부터 벗어나야만 한다. 성장과 성숙을 가능하게 만드는 것, 그게 바로 브라만이다. 내 안의 신성을 믿고, 그것에 의지하기로 마음을 다잡는 순간 미움과 분노와 공포와 수치가 사그라진다. 내가 상대방을 해칠 수 있는 이유는 그 안의 신성을 인정하지 않기 때문이다. 그것은 내가 내면의 신성과 관계를 맺지 못하고 있다는 걸 보여준다.

내 안의 신성을 소중히 다룰 줄 아는 사람이라면 타인의 신성 역시 존중할 수밖에 없다. 내 앞에 있는 사람을 신성한 존재로 대우하는 사람은 자기 자신을 그렇게 대할 수 있는 성숙한 사람이다. 우리는 지금 어디쯤 있을까?

브라만의 니르바나를 향하여

크리슈나는 브라만[13] 속에 머물 수 있는 사람의 특징을 다음과 같이 설명한다. 브라만에 도달한 사람은 "다시 미혹하는 일이 없으며, 비록 임종하는 순간에라도 거기 결정하고 서면 브라만의 니르바나"에 들어갈 수 있다.[14] 그것은 진실로 영원한 생명과 영원한 평화를 뜻한다. 함석헌은 그것이 결코 죽은 자의 평화나 소멸된 상태의 고요가 아니라는 점을 강조한다. 브라만의 니르바나란 영원한 생명과 합일하여 모든 나쁜 것들을 완전히 씻어내고 진정으로 삶을 살 수 있게 되는 상태다. 그는 이 상태를 살아 있는 행복으로서의 내면적 평화라고 부른다.

그것은 우리가 우리 마음속에서 신성을 발견하는 순간이기도 하다. 그렇게 되면 우리는 더 이상 끔찍한 공허를 느끼지 않게 된다. 모든 것의 근본인 브라만과 합일한다는 것은 온전한 나 자신이 된다는 말이기도 하다. 가장 조화로운 상태, 가장 균형 잡힌 상태로 살아갈 수 있다면 삶이 얼마나 행복하고 평화로울까? 이런 평화로운 상태를, 집착하고 눈치 보고 시기하고 갈망하며 에너지를 소진하는 하루와 비교해보라.

브라만은 만물을 초월한 실재다. 브라만에 의지하는 사람은 카르마의 사슬에서 벗어날 수 있다. 간디는 자신이 모든 것의 중심이라고 생각하는 자기중심적 사고에서 벗어나는 순간 인간은 죄를 짓지 않을 수 있게 된다고 설명하며 "자기중심주의 안에 죄의 뿌리가" 있으며, "'나'라는 의식이 없는 곳에는 죄가 있을 수 없다"는 점을 강조한다.[15] 나와 남과 세상의 뿌리가 같고 이 모든 것이 하나라는 것을 깨달을 때 우리는 브라만을 볼 수 있게 된다.

인간이 영원에 대해 이야기할 수 있는 유일한 방법 역시 브라만과 하나가 되는 것이다. 내 마음이 고요하기에 요동치는 세상을 품을 수도 있다. 자연스럽게 남 잘되라는 마음도 생긴다. 자연과 사람과 세상과 우주가 내 마음속에 곱게 안긴다. 시간과 공간을 초월한 본질이 내 마음속에 있는 것이다. 그것을 찾아낼 수 있는가, 아니면 눈 먼 상태로 그것을 찾지 못하는가에 따라 삶의 질이 결정된다.

여기서 중요한 것은, 브라만의 니르바나가 초연함이나 물러섬보다는 자발성과 나아감에 더 가깝다는 점이다. 그것은 아이 같은 순수한 상태로 현실 속 게임에 적극적으로 동참하여 행동하는 것이다. 죽음보다는 생명, 도피보다는 대면, 후퇴보다는 전진에 가까운 개념이다. 가장 현실적인 문제에 참여하면서도 여전히 마음의 평화를 유지하는 사람을 떠올려보라. 그는 분노하기보다 전략을 세울 것이며, 상대를 멸할 궁리를 하기보다는 그를 위한 구원의 길을 모색할 것이다. 진정 자비롭고 지혜로운 인간은 내면의 브라만과 하나가 된 사람이다. 브라만은 그를 우주와 연결해준다.

나른한 권태가 밀려올 때, 누군가를 만날 때마다 인상을 쓰게 될 때, 분노로 마음이 메마를 때, 우리는 내면으로 침잠하여 영혼의 영원성과 그 본질에 대해 명상해야 한다. 인간 내면에, 인간이 가진 찬란한 내면의 빛을 가능하게 해주는 기반을 가정하지 않으면 우리는 용서, 화해, 희생, 지혜, 성숙에 대한 어떤 이야기도 할 수 없게 되어버린다. 누군가의 마음속에서 언젠가 그 빛이 발한 적이 있다면, 그것은 우리 모두에게 해당하는 보편적 요소일 것이다.

브라만은 존재의 진리 또는 절대적 실재라고도 불린다. 그것은 인간 내면의 신비다. 그러한 신비를 품은 사람은 자아의 딱딱한 껍질을 파괴할 수 있다. 작은 세상을 지어놓고 왕이 되어 통제하는 자아와 그 세상에서 피어나는 이기심을 극복하는 유일한 방법은 더 큰 마음을 발견하는 것뿐이다. 공간적으로 고립되어 있어도 온 우주와 함께할 수 있는 상태, 이미 너무 늦어버렸어도 시간을 뛰어넘을 수 있는 상태, 바로 그 초인적인 힘의 근원이 브라만이다. 브라만은 내가 나 이상이 되도록 인도해주는 것이자 작은 내 세상을 뛰어넘도록 도와주는 것이다. 내면의 평화로움을 찾은 상태에서 나는 다시 세상으로 돌아와 내게 주어진 신성한 의무를 이행해야만 한다. 그것은 세상의 평화와 행복에 대한 의무다.

융의 자기 개념[16]

융의 분석심리학 중심에는 '자기'라는 개념이 있다. 프로이트의 정신분석학에는 존재하지 않는 개념으로, 분석심리학의 가장 특징적인 요소라 할 수 있는데, 융은 이를 "우리 안에 있는 하느님"이라고 정의한다.[17] 그것은 '전체'로서, 나와 남과 세상을 잇는 중심이다. 내면의 중심, 내 안의 신화 같은 표현은 정신분석학에는 어울리지 않는다. 프로이트가 인간 내면의 힘이나 전체성을 언급하지 않았기에, 정신분석학을 공부하다 보면 조금 힘이 빠질 때도 있는데, 이 점을 보완하는 것이 융의 자기 개념이다. 의식의 중심이 자아라면, 자기는 의식과 무의식 전체의 중심으로, 인간은 총체적인 하나가 되어 자기로 나아갈 의무가 있다.

자기는 자아보다 큰 개념이며 모든 것을 포괄적으로 품어내는 상위 요소다. 자아가 부분이라면 자기는 전체이며, 자아가 명백한 것이라면 자기는 결코 전모를 알 수 없는 것이다. 자기는 가장 심오한 원형으로, 우리는 일반적인 꿈과 자기로부터 생성되는 꿈을 구분해야 한다. 융은 후자를 큰 꿈, 또는 '위대한 환상'이라고 부른다. 큰 꿈은 개인적 경험이나 기억으로부터 생성되는 것이 아니며, 그보다 더욱 큰 차원에서 만들어지는 보편적인 이미지다. 인류 전체가 공유하는 집단적 기억이 자기 원형을 통해 우리의 꿈을 방문하는 것이다.

큰 꿈의 이야기와 이미지는 사사로운 이익이나 감정과 관련된 것이 아니다. 자기애나 개인적 감정에서 솟아오른 상들이 아니라는 뜻이다. 그것은 가장 균형 잡힌 조화로운 상으로, 내 마음속에 있는 우주의 중심이 표현된 상징이다. 자기는 이러한 방식으로 우리의 의식에 개입하여 전체로 나아가는 길을 보여준다. 물론 그것은 의식의 사고를 뛰어넘는 기능이다. 자기는 합리적인 선택과 이

성적 사고로는 결코 도달할 수 없는 답을 우리에게 제시한다. 우리에게 주어진 과제는 자기의 목소리에 귀를 기울이고 자기가 안내하는 여정을 용기 있게 경험하는 것이다.

자기는 분열되고 치우친 정신이 통합으로 나아가도록 우리를 이끄는 원형이다. 나보다 더 큰 무엇인가가 내 안에 들어 있는 셈이다. 이 사실은 우리에게 큰 위안이 된다. 〈스타 워즈〉 중 저항군 리더인 루크 스카이워커가 위기에 처했을 때, 이미 사망한 그의 스승 오비완 케노비의 목소리가 들린다. "너 자신을 믿어라. 네 힘을 믿어라." 루크는 컴퓨터를 끄고 내면의 소리에 따라 전투에 임한다. 그리고 불가능한 임무를 완수한다. 오비완 케노비의 목소리는 환청이 아니다. 그건 현실의 문제를 전혀 다른 방향에서 접근하여 타개할 수 있도록 돕는 내면의 성찰이다. 그것은 자기로부터만 우러날 수 있는 목소리라 할 수 있다. 헤르만 헤세(Hermann Hesse, 1877~1962)가 융의 분석심리학을 접한 후 집필한 책이 『데미안(Demian)』이다. 데미안은 싱클레어의 내면에서 비롯된 자기의 상징이라 할 수 있다. 내 경험만으로는 도저히 대처할 수 없는 수많은 일들 앞에서 우리가 의지할 유일한 버팀목은 내 안의 자기 원형이다. 그 속에 인류의 기억이 고스란히 보존되어 있기 때문이다. 답을 원한다면 그 통합적 요청에 따르기만 하면 된다.

자기의 목소리를 듣기 위해 우리는 자아의 오만함을 내려놓아야 한다. 눈이 끌리는 것, 마음이 집착하는 것들을 모두 내려놓고, 고요한 공기의 흐름 속에서 내면으로 다가갈 수 있어야 한다. 물론 그것은 도피나 회피가 아니다. 성찰과 통합의 목적은 현실에

보다 적극적으로 참여하고 더욱 성숙한 방식으로 관계를 맺는 것이다. 다른 말로 그것은 온전한 나 자신이 되는 것이다. 우리는 자기를 만나는 여정을 내면의 신화를 깨닫는 과정이라고 표현할 수도 있다. 신화와 함께 산다는 건, 내 안의 자기와 하나가 되는 경험을 뜻한다.

온전한 나 자신으로 존재하기

영혼의 아트만

그러나 즐거움을 아트만에만 구하고,
아트만에만 만족하며,
아트만으로만 좋다 하는 사람에게는
하지 않아서 아니 될 일이 없다.[18]

내 그릇의 품격

그릇이 작다 또는 그릇이 크다는 말을 한다. 사람의 크기를 재는
표현이다. 작은 사람을 만나는 경험은 별로 유쾌하지 않다. 자기
생각, 코앞의 일에 대한 걱정만 늘어놓으니, 뭔가를 같이 하려면
너무 번거롭다. 자꾸 인상을 쓰게 되고, 스트레스를 받게 된다. 그
릇이 작은 사람이 화를 내는 모습도 참 볼만하다. 어른이 갑자기
세 살배기 아이가 되어 투정을 부린다. 그런데 우리 중 많은 이가
그런 조그만 그릇을 가지고 살지 않는가? 내 그릇이 크다 생각하
는 사람조차 가끔씩은 유아용 식판만 한 크기로 그릇이 작아지기
도 하지 않나? 그릇이 더 이상 담아내는 기능을 수행하지 못하고
깨져버리는 경우도 있다. 내 그릇에 세상을 담기가 너무 힘들게
느껴질 때 그릇이 파열된다. 그릇의 구조가 바뀌기도 한다. 다양

한 내용을 한데 담아야 하는데, 이것과 저것을 나누고 구획을 쳐 버리기도 한다. 그릇을 채우고 가꾸기를 포기해버리는 일도 있다.

요가와 수련도 모두 이 같은 일을 방지하기 위한 방법들이다. 무엇보다 먼저 멘토와 사랑하는 이들로 내 그릇을 무장해야 한다. 나를 강하게 할 목소리, 나를 지켜줄 사람들을 그릇 속에 가득 담 아두어야 한다. 전적인 지지와 무조건적인 사랑과 이유 없는 믿음 은 단 한 번의 경험으로도 그릇의 내구성을 견고하게 만든다.

그릇은 나 자신이 담기는 공간이다. 그렇기에 그릇을 소중히 다 루어야 한다. 깨질 것 같은 충격이 오면 온몸과 마음의 힘을 집중 하여 금이 가지 않도록 보살피고, 흐려지면 내 모습이 투명하게 보이도록 잘 닦아주어야 한다. 그릇에 내 마음이 오롯이 놓이면 몸과 정신이 안정된다. 그때 우리는 그릇의 크기를 키울 수 있다.

그릇이 커지면 나보다 큰 것들을 담을 수 있다. 세상에서 만난 사물과 사람을 담을 수 있게 되는 것이다. 그러다 보면 그릇이 점 점 더 커진다. 몰라볼 정도로 내 그릇의 크기를 키워주는 사람을 우리는 멘토라 부른다. 그 속에 소중한 대상들과 간직하고픈 기억 들이 담기며 그릇은 점점 더 튼튼해진다.

물론 좋은 것만 담길 수는 없다. 미운 사람, 나를 괴롭히는 사람 을 만나면 어쩌나? 그 사람들도 내 그릇에 넣어야 할까? 자꾸만 상처 되는 말을 하고, 해가 되는 행동을 하는데, 그 사람을 어떻게 내 그릇에 넣겠는가? 그릇 속에 들어오면, 기회를 만났다는 듯 흉 기를 들고 내 마음 그릇 곳곳에 상처를 내지 않겠는가? 그래서 우 리는 최선을 다해 그들이 내 그릇에 접근하지 못하도록 저지한다.

그런데 문제는 내 의지와 무관하게 그들이 내 기억 속에 자리를 잡는다는 것이다. 자꾸 기억이 나고, 심지어 꿈에도 나온다면, 그건 허락도 없이 그들이 이미 내 '마음' 속에 들어와 앉았음을 뜻한다. 내 그릇에 담기지 않았기에 그들은 그릇 밖 내 마음의 외곽을 떠돌게 된다. 그렇게 되면 좌표를 그리기가 매우 어려워진다. 어디 있는지 모르니 그 상들이 나를 공격할 때 속수무책이 되는 것이다. 이런 말도 안 되는 상황이 어디 있는가? 현실에서도 공격을 받는데, 혼자 있을 때도, 심지어 잠을 잘 때도 그들이 나를 공격할 수 있게 된 것이다.

어떻게 해야 할까? 방법은 이 기억들이 어두운 오지를 떠돌게 두지 말고 그 이미지들을 내 그릇에 함께 담아내는 것이다. 사랑하고 이해하고 보듬으라는 뜻이 아니다. 감정을 덜어내고 그 인물 자체만 담는 것이다. 일련의 사실들을 중심으로 그에 대해 생각해 보자. 그는 어떤 일을 했고, 어떤 말을 했으며, 어떤 행동을 자주 하는 사람이다. 그 사실 자체는 내 그릇 속에 담아둘 수 있지 않나? 정보를 담아둔다고 해도 될 듯하다. 그러면 분석이 시작될 수 있다. 그 사람을 구성하는 파편들을 정보 삼아 분석을 해보자. 분석을 해야 대책도 세울 것 아닌가? 그 정보들은 내 그릇을 더욱 크게 만든다. 뭐가 겁나나? 나는 내가 가장 좋아하는 사람과 사물들에 둘러싸여 있지 않나? 내 그릇을 믿어야 한다.

내 안의 아트만

아트만은 자아로 번역된다. 몸과 영혼 중 영혼에 해당하는 말로서 참자아, 대아, 진정한 자아라고 불린다. 함석헌은 이를 에고 또는 소아와 구분하여 순수 자아라고도 부른다. 즉 순수한 자아, 참인 자아, 큰 자아, 진정한 자아가 있는 반면 순수하지 않은 자아, 참이 지 않은 자아, 작은 자아, 진정하지 않은 자아도 있다는 말이다. 아 트만은 가장 이상적인 그릇의 품격을 지칭하는 개념이라 할 수 있 다. 『바가바드 기타』에서 크리슈나는 아르주나에게 자아를 가지 라고 말한다. 자아를 가진다는 말은, 소아(小我)를 극복한다는 뜻 이기도 하다. 인간은 누구나 가장 낮은 자아의 상태에서 가장 높 은 자아의 상태로 나아가는 존재들이다. 간디는 『바가바드 기타』 의 가장 중요한 개념으로 아트만을 제시한다. 간디는 다음과 같이 말한다.

> 우리 각자 속에 있는 '아트만'이 다른 모든 사람 속에 있는 '아트
> 만'과 같은 것이라면, 한 사람 몸 안에 태어난 '아트만'이 모든 사
> 람 속에 태어난 것이요 모든 사람 몸에 태어난 '아트만'이 한 사람
> 안에 태어난 것이다. …… 무지(無知)의 상태에서는 우리가 저마다
> 동떨어진 존재처럼 보이지만, 깨어 있는 상태에서는 모두가 하나
> 다. 진리의 세계에서는 '여럿'이란 없다. 오직 '하나'가 있을 뿐이
> 다. 만일 우리가 '아트만'이라는 이름으로 통하는 이 본질(essence)
> 에 관하여 끊임없이 묵상한다면, 그 누구도 죽여야 할 적으로 여기

지 않게 될 것이며 아무에게도 화를 내지 않게 될 것이다. 그리고 우리를 때리는 사람이 동시에 자기 자신을 때리고 있는 것이라는 사실을 알게 될 것이다.[19]

아트만을 가진 사람은 집착이나 갈망에 침잠되지 않는다. 그의 그릇이 집착과 갈망을 포용하고도 남는 크기이기 때문이다. 아트만으로 정의된 자아는 내 것을 챙기기 위해 무리수를 두지 않는다. 자아를 가진다는 것은 온전한 자기 자신이 된다는 뜻이므로, 그는 모든 행동이 자연스럽고 여유롭다. 그의 마음은 무엇에도 달라붙지 않는다. 마음이 온전히 내 안에 들어 있다면 어떤 일을 해도 평안하다. 두려움과 조바심은 마음이 그릇을 떠난 상태를 말한다. 외부 사물과 대상에 마음의 일부가 붙어 있으니 뭔가 불안하고 불편하다.

자아는 브라만과 더불어 통합과 전체성의 상징이기도 하다. 나 자신이 온전한 하나가 되면 무엇을 하건 마음이 안정될 수밖에 없다. 크리슈나는 이 역시 하나의 싸움이라고 설명한다. 나를 자아로 고양시키는 것은 나를 극복하는 것이다. 잘 싸워내 자아로 나아갈 수 있다면 자아는 내 벗이 된다. 그러나 이 싸움에서 질 수도 있다. 그렇게 되면 자아를 원수로 삼게 된다. 이기심으로 내 그릇을 가득 채우고 소아인 채 평생을 살아가게 되는 것이다. 그의 삶에는 평온과 안정이 존재하지 않는다. 행동은 왜곡되고 마음은 불행하다.

자아를 가지게 되면 어떤 변화도 우리를 해칠 수 없다. 늘 우리의 마음이 평온하기 때문이다. 크리슈나는 자아의 통일이란 바람이 사라지고 등불이 빛나는 순간과 같다고 말한다. 흔들리지 않는 등불은 영혼의 빛이다. 보이지 않는 것을 보는 능력이야말로 아트만의 가장 큰 특성이다. 아트만은 몸 안에 있으나 몸보다 더 큰 것이다. 자아가 세상과 관계를 맺기 때문이다. 세상 속에 자아가 있고, 자아 속에 세상이 담기게 된다. 그릇의 크기가 하나의 세상만큼 커진다는 뜻이다. 경계가 사라지고 모든 것이 연결된 하나의 전체를 볼 수 있을 때 진정한 통일이 이루어진다.

분명히 당황할 만한 사건이고, 분노할 만한 일인데, 이 일들에 마주하여 평정심을 잃지 않는 사람들이 있다. 차분할 수 없는 상황인데 그는 매우 안정된 상태로 일을 처리한다. 그럴 땐 그 사람의 자아에 내 미숙한 모습이 비쳐 창피해진다. 내가 집착하고 분노하던 것이 갑자기 전혀 다른 색깔로 바뀌며 내 마음속에서 새롭게 자리를 잡는다. 그의 아트만 속에서 내가 나 자신을 극복하고 있는 것이다.

어떤 것에도 영향받지 않고 온전한 자신으로 존재했다면, 그 수많은 실수들을 하지 않았을 텐데. 너무 미숙했고 너무 거칠었고 너무 마음이 앞섰다. 너무 많은 것을 잡으려 들다가 모두 다 잃기도 했고, 의기소침해져 모든 것을 놓는 바람에 삶의 시간이 멈춰버리기도 했었다. 아트만을 가진다는 것은 집착하지 않고 내려놓는 것인 동시에, 포기하거나 좌절하지 않는 힘을 얻는다는 말이기도 하다. 그렇게 될 수 없다 하더라도, 아트만을 내 마음의 방향성으로 삼는다면, 우리는 지금보다 덜 미숙하고 덜 분노하고 덜 집착하며 더 성숙하고 더 안정되고 더 평안한 삶을 살 수 있게 된다.

프로이트의 자아 개념

아트만은 프로이트의 자아 개념보다는 융의 자기 개념에 가까운 용어다. 아트만이 나와 남과 세상의 구분이 없어지는 원대한 포용력을 가지고 있기 때문이다. 프로이트의 자아는 아트만이나 '자기'처럼 세계를 품는 그릇은 아니다. 오히려 그보다는 자기애나 이기심과 관련된 개념이라 할 수 있다. 아트만은 자아가 자기애적 제한을 극복하고 타인과 세상으로 확대된 상태를 뜻하는 개념인 반면 프로이트의 자아는 소아에 해당한다.

　자아는 프로이트에게 매우 중요한 개념이다. 프로이트는 『자아와 이드(Das Ich und das Es)』에서 인간의 정신을 이드, 자아, 초자아로 구분한다. 우리 내부에 서로 다른 성격을 가진 세 사람이 살고 있는 셈인데, 이드는 누구의 눈치도 안 보는 부분이고, 초자아는 세상 사람들 눈치를 보며 내가 지켜야 하는 규칙들을 강조하는 부분이다. 그 사이에서 이 둘의 관계를 중재하는 것이 바로 자아다. 그래서 자아는 보통 통제하고 조절하고 매개하는 역할을 하는 것으로 알려져 있다.

　프로이트는 마음의 그릇이 만들어지는 과정이 궁금했다. '나'라는 게 있어야 그다음 이야기들이 시작될 것 아닌가? 사람들이 많을 때는 하지 않는 행동들이 있다. 이드는 그런 걸 모른다. 교육받기 전, 사회화되기 전의 특성들이라 생각하면 된다. 그런데 그런 충동은 사회화가 된 다음에도 여전히 우리 안에서 강력한 힘을 발휘한다. 이 힘들은 문득문득 자아를 곤란에 빠트리는데, 초자아의 역할은 이드의 충동을 억제하는 것이다. 초자아는 이드를 통제하기 위해 자아를 다그치고, 그렇게 되면 자아는 난처한 상황에 처하게 된다.

이때 자아가 선택하는 방법이 회유다. 직장에서 일을 하고 있는데, 이드가 "나 배고파. 지금 당장 밥 줘"라고 보채면, 자아는 "30분 있다 이 일만 마치고 간식 줄게"라고 말한다. 또 반대로 초자아가 "부모님 말씀에 복종해. 놀지 마. 쉬지 마. 공부해"라고 말하면, 자아는 "그래. 두 시간 동안 숨도 안 쉬고 공부할게. 그러고 나서 좀 쉬어도 되지?"라고 달래는 식이다. 그런데 이 부분에서 프로이트는 이상한 이야기를 한다. 자아가 초자아를 너무 무서워해서 초자아가 시키는 명령에 다 복종하면, 살아갈 수가 없다는 것이다. 예를 들어 초자아가 강하면 착한 아이가 될 것 같지만, 프로이트에 따르면 그런 아이는 심각한 마음의 병을 앓게 된다. 그 이유는 마음의 평안이 깨지기 때문이다. 그는 늘 위협 속에 살아가게 된다.

초자아가 강하다는 건, 너무 많이 참는다는 의미다. 초자아의 명령에 무조건 복종한다는 건 아이가 하고 싶은 걸 하나도 못하게 된다는 뜻인데, 그렇게 되면 이드의 불만이 고조된다. 가장 자연스러운 갈망들이 해소되지 않기에 불만은 더 커지고, 불만이 커지면, 그것을 감지한 초자아는 더 심하게 아이를 다그친다. 프로이트는 이때 초자아가 사실 아이가 하지도 않은 일에 대해 아이를 벌하고 있는 셈이라고 말한다. 생각하는 것만으로도 죄가 된다는 것이다. 이렇게 되면 아이가 망가진다.

그릇의 크기란 자아의 크기를 뜻한다고 해도 과언이 아니다. 자아가 바로 이드의 충동과 초자아의 명령을 해석하는 부분이기 때문이다. 해석은 신비한 마술 주머니 같은 것이다. 분명히 빨간색이 들어갔는데, 해석 필터를 거치면 파란색이 되어 나오기도 한다. 이 과정에서 하나의 의미가 다른 의미로 바뀔 수도 있다. 자아가 이드의 충동을 얼마나 포용할 수 있는가에 따라, 그리고 사회적 명령과의 관계를 얼마나 융통성 있게 조절해나가느냐에 따라 우리는 그 사람이 얼마나 성숙한지 가늠할 수 있다. 그럴 수도 있다고 말하는 자아와 절대로 그렇게 해서는 안 된다고 다그치는 자아를 비교해보라. 자아의 해석은 그 사람의 품성을 결정한다.

프로이트는 자아가 원래 이드의 한 부분이었다고 설명한다. 갓 태어났을 때를 생각해보라. 그 상태에서 시간이 흘러 우리는 생각하고 판단하는 한 사람이 되어간다. 바로 이 과정에서 태어나는 것이 자아다. 자아는 이드가 세상을 만날 때 이드의 표면이 분화되며 만들어진다. 이드에 사람의 이야기가 쓰이는 부분이 자아로 변한다는 것이다. 그렇다면 어떤 이야기가 쓰이는가에 따라 자아의 크기가 결정된다고도 할 수 있다. 물론 그 이야기를 우리에게 들려주는 사람은 우리의 멘토들이다. 그렇게 소아에서 대아로 자아의 그릇이 넓어진다.

의무를 욕망하라

멘토 크리슈나

> 무엇이거나 어진 사람이 한 것이면
> 다른 사람들이 따라 하는 법이다.
> 그가 모범을 세우면 세상은 그것을 따른다.[20]

스승이 필요한 시간

스승이 필요한 시간이 있다. 방향성을 잃고 도대체 어떻게 해야 할지 모를 때, 마음이 흔들릴 때 믿을 수 있는 누군가가 내게 조언을 해준다면 얼마나 든든할까? 내가 이미 답을 알고 있는 경우도 있다. 뭘 해야 하는지 알고 있지만, 나 자신을 설득할 수 없을 때가 있다. 바로 아르주나의 경우다. 정당한 전쟁임에도 그는 전쟁에 앞서 망설인다. 싸우고 싶지 않은 것이다. 전쟁에서 물러나거나, 아예 죽임을 당하는 편이 나을지도 모른다는 생각을 하고 있을 때, 스승이 이야기를 시작한다.

프로이트의 정신분석학과 융의 분석심리학을 공부하는 동안 내 최고의 스승은 매우 오랜 시간 동안 나 자신의 꿈이었다. 꿈과 대화하면 꿈은 늘 가장 지혜로운 조언을 들려주곤 했다. 그 결과 의무형 인간이던 나는 꿈의 조언대로 균형 잡히고 조화로운 삶을 위해 욕망형 인간이 되기 위해 노력했다. 가능한 한 의무를 내려놓고, 내가 원하는 대로, 마음이 가는 대로 살기 위해 애를 썼다. '당위'라는 메모가 붙어 있는 일은 특히 늘 그 꼬리표를 한번 떼어내 본 후 그게 정말 내가 하고 싶은 일인지 다시 한번 생각하곤 했다.

그런데 크리슈나의 조언은 꿈의 조언보다 좀 더 복잡하다. 크리슈나는 균형과 조화를 위해 의무형 인간에서 욕망형 인간으로 나아가야 한다고 말하지 않는다. 그는 의무를 욕망하라고 조언한다. 의무를 욕망한다는 말에는 '각성'의 경험이 포함되어 있다. 그것이 내가 원하는 것임을 깨닫게 되어야 한다는 뜻이다. 즉 진정한 욕망형 인간은 의무형 인간과 동일하다. 라다크리슈난은 이를 다음과 같이 설명한다.

> 그는 의무에서 해방이 된 것이다. 그가 일하는 것은 의무라는 생각에서 하는 것도 아니요, 자기의 존재를 점진적으로 변화시키기 위해 하는 것도 아니다. 그것은 오직 그의 완전한 천성이 저절로 그렇게 행동으로 나오기 때문이다.[21]

크리슈나와의 오랜 대화는 아르주나가 그의 의무를 온전히 원하게 되는 과정이다. 여기서 의무란 삶의 가장 자연스러운 방향성을 뜻한다. 그렇게 되어야 하는 것, 우리는 그것을 원할 수밖에 없다. 신성한 의무는 결코 나를 짓누르는 짐이 아니다. 그것은 내 존재를 가장 빛나게 만드는 일이라고 할 수 있다.

비틀스에게 의무는 무엇이었을까? 그들에게 내면의 부름을 따르는 신성한 의무는 노래였을 것이다. 그들의 의무는 노래로 세상에 말을 거는 것이었으며, 이를 통해 나와 남과 세상이 하나가 되는 경지에 이르는 것이었다. 놀이로 시작한 일이었지만, 그건 노동이자 의무였다. 이 의무는 그들이 가장 욕망한 것이기도 하다.

스승은 우리가 삶의 신성한 의무에 응답할 수 있도록 돕는 존재들이다. 신성한 의무를 깨닫기 위해 가장 먼저 할 일은 마음의 바람을 가라앉히는 것이다. 그래야 마음속 이야기를 경청할 수 있게 된다. 반드시 추구해야 하는 것, 반드시 욕망해야만 하는 것, 반드시 이루어내야만 하는 것을 찾는 것은 괴로운 여정이다. 아르주나는 크리슈나와 대화하는 과정에서 이 괴로움을 극복하고 마침내 내면의 의무를 깨닫는다.

확신을 가지게 되는 순간이 있다. 스승은 어떤 확신도 없이 망설이고 있던 내게 다가와 나 자신에 대한 무한한 긍정 속에서 내 의무를 확신하도록 돕는다. 소아가 대아가 되고 이기심이 극복되며 나와 남의 경계, 사람과 사물의 경계가 극복된다. 그렇게 되면 이 세상 속에서 내가 위치할 지점이 드러난다. 지도가 보이는 것이다. 그 순간 내가 어디로 가야 하는지, 내가 뭘 해야 하는지가 명확하게 드러난다. 『바가바드 기타』를 따라가며 우리는 망설임에서 확신으로 나아가는 아르주나의 모습을 보게 된다. 그리고 그와 함께 우리가 진정으로 욕망하는 의무에 대해 명상할 수 있게 된다.

내 삶을 인도하는 타인

『바가바드 기타』는 아르주나가 크리슈나에게 삶의 가르침을 받고 깨닫는 과정을 보여주는 이야기다. 아르주나가 '연민'에 잠겨 모든 행동과 결정과 선택에서 물러나려 할 때 크리슈나가 그에게 말을 건다. 아르주나가 가장 약한 모습으로 낙담하며 뒷걸음질 칠 때 크리슈나는 그가 다시 방향을 찾도록 돕는다. 신과의 대화를 통해 아르주나는 자신의 망설임이 비겁한 것이었으며, 진정한 의무가 무엇인지 깨닫는다. 길을 찾게 되는 것이다.

크리슈나는 최고의 스승이다. 그는 아르주나가 망설임에서 결단으로, 불확실함에서 확신으로, 괴로움에서 평온함으로 나아가 온전한 자신이 될 수 있는 길을 안내하며, 그를 이론과 실천이 하나 되는 지극히 안정된 상태로 이끈다. 내면의 신성 속에서 참된 자아를 가지고 드디어 행동하도록 만드는 것이다.

그는 아르주나가 묻는 질문에 하나하나 성실히 답한다. 행동하는 것과 행동하지 않는 것 중 어떤 쪽이 더 중요한가를 묻는 질문에, 그는 꼭 선택해야 한다면 행동이라고 답하며 행위 속에서 무행위를 보고 무행위 속에서 행위를 보라고 조언한다. 도대체 무슨 말일까? 이 책에서 크리슈나는 두 가지의 반대되는 이야기를 하는 듯 보인다. 집착하지 말고 욕망하지도 말고 누구도 차별하지 말며, 친구든 적이든 미운 사람이든 악한 사람이든 다 평등한 마음으로 대하라고 하면서도, 악한 것과 선한 것, 신적인 것과 아수라적인 것은 뚜렷이 구분한다. 구분하지 말라고 하면서, 구분해야 하는 게 또 있는 것이다. 그는 무행위를 강조하면서도 그것이 행위하지 않는 것은 아니라고 말한다.

크리슈나의 이 모든 조언들에는 하나의 방향성이 있다. 그것은 아르주나가 자신의 신성을 찾는 길이다. 크리슈나는 선한 것과 악한 것, 선한 방향과 악한 방향에 대해 이야기하면서도, 아르주나에 대해서는 어떤 판단도 하지 않는다. 오히려 아무리 악한 사람도 올바른 결정을 내리기 위해 노력한다면 죄를 넘어설 수 있다고 말한다. 그는 아르주나에게 자신을 비하해서는 안 되며, 그보다는 스스로를 자신의 가장 좋은 친구로 만들어야 한다고 조언한다. 나와 하나가 되고 세상과 하나를 이룬 후 동요되지 않는 평안한 마음으로 나 자신과 세상을 꿰뚫어볼 때, 미움이나 분노 같은 정념을 내려놓고 진정한 행동을 할 수 있게 된다는 것이다. 이 차원에서는 승리와 패배, 성공과 실패, 이론과 실천이 더 이상 구분되지 않으며 오직 순수한 의무만 남게 된다. 아르주나의 경우, 수행해야 할 의무가 바로 전쟁에 임하는 것이었다.

정말 좋은 스승은 당의정을 걷어낸 약과 같다. 그는 쓴맛을 감추지 않는다. 살다 보면 용기를 내야 하는 순간들을 대면하게 된다. 화를 내야 하는 순간도 있다. 크리슈나의 조언은, 분노에 휩싸여 화를 내서는 안 되며, 그보다는 화를 내는 역할을 아무 감정 없이 수행하라는 것이다. 그것이 내 안의 신성이 바라는 일이라면 말이다. 반드시 그렇게 해야만 하는 일이라면, 화내는 일 앞에서 의기소침해져서는 안 된다. 내가 화를 내야 내 앞의 사람이 깨닫고, 그 사람이 깨달아야 세상의 미래가 더 선한 방향으로 바뀐다면 나는 지금 화를 내는 행위를 실천해야만 한다. 그게 내 의무다. 동시에 그것이 내가 진정으로 바라는 것이다. 만약 그 사람과의 관계가 걱정되어 이 행위로부터 물러난다면 예정된 미래를 막지 못하게 되며, 내 앞의 사람을 구할 수도 없다. 내 의무를 수행하지 않은 대가는 결국 나 자신이 치르게 된다.

스승은 우리에게 이 신성한 삶의 의무를 깨우쳐준다. 그들의 큰 사랑 속에서 우리는 어떻게 살아야 하는지, 어떻게 용기를 내야 하는지, 어떻게 힘을 내야 하는지 깨닫게 된다. 결코 쉬운 여정은 아니지만, 이 과정을 충실히 겪어낸다면 우리는 온전한 나 자신이 될 수 있다.

노현자와의 만남을 꿈꾸며[22]

정신분석학을 공부하며 가끔씩 혼자 내버려진 느낌을 받곤 했다. 이론으로 마음을 헤집어놓고는 아무도 수습을 도와주지 않았다. 그런데 융을 공부할 때는 조금 다른 느낌이 들었다. 늘 누군가 내 옆에 있는 듯했다. 나는 울고 있지만 그는 슬프지 않았고, 내가 감정적으로 동요된 상태일 때도 그는 평안함을 유지했다. 분석심리학이 가정하는 내 마음속 인물이 너무나 미더웠다. 그 하나가 노현자 원형이다. 노현자 원형에는 위그드라실과 같은 생명력이 가득하다. 인간과 세상을 치유하는 근본적인 치유력이 하나의 형상을 만든 것이다. 그러니 그와의 만남이 얼마나 든든하겠는가?

노현자 원형을 대면하지 못하는 경우도 있다. 내면과 대화하지 않거나 성숙으로의 여정을 외면하고 있을 때, 그는 '자기'의 목소리를 듣지 못한다. 미숙한 사람이라면 도리어 감당할 수 없는 에너지에 휩쓸리거나 압도당할 수도 있다. 성숙한 사람이라면 그러한 힘을 가장 분화된 형태로 경험할 수 있다. 개성화 과정이란 낯선 힘을 가장 익숙한 내면의 에너지로 분화하여, 그것을 의식화하는 것이다. 그러면 낯설고 두렵던 그 힘이 사실은 우리 내면에 존재하는 가장 친밀한 것이었음을 깨닫게 된다. 이 치유적 중심은 물론 '자기'다.

노현자 원형은 자기의 상징 중 하나로서, 충분한 시간 동안 개성화에 노력한다면 우리 내면의 가장 멋진 형상들이 우리의 꿈을 방문한다. 우리는 이 치유적 형상들을 영혼의 안내자라 불러도 좋을 것이다. 데미안 역시 이러한 안내자의 하나라고 할 수 있으며, 〈반지의 제왕〉에 나오는 간달프 또한 대표적인 노현자 원형이다.

영화나 소설이나 만화에서 자신이 아무것도 아니라고 생각하는 주인공 앞에 나타나 그가 얼마나 소중한 존재인지 깨닫게 해주는 인물들을 떠올려보라. 물론 내 꿈을 방문하여 그런 이야기를 전한 형상들을 떠올려볼 수도 있다. 지치고 힘들어 그냥 주저앉아버리고 싶을 때 한 번 더 힘을 내도록 나를 독려하는 사람, 수많은 길들 앞에서 망설일 때 등불을 켜고 안내해줄 사람이 있다면 삶이 더없이 든든할 것이다. 내가 분노에 사로잡혀 폭주할 때 나를 진정시키고 마음을 다잡게 돕는 사람, 내가 두려움에 뒷걸음질 칠 때 믿음직스럽게 내 등 뒤에 서는 이가 있다면 다시 한번 용기를 낼 수 있을 것이다. 그가 바로 내 안의 스승인 노현자 원형이다.

그런데 그들이 행복과 기쁨과 안락함을 약속하지는 않는다. 〈반지의 제왕〉을 생각해보자. 프로도가 노현자 원형들을 만나 안락하고 평온한 삶을 선물받았는가? 오히려 몇 번씩 목숨을 걸고 위험한 과제를 수행하게 되었다. 예쁜 반지를 약속받는 게 아니라 오히려 그 반대의 험난한 모험이 기다리고 있었다. 노현자가 이끄는 마음의 길은 결코 순탄하지 않다. 안전한 곳으로 이끌거나 위험을 피하게 하기보다, 그들은 우리가 꼭 겪어야만 하는 위험을 감수하도록 조언하며, 목숨을 걸어야 하는 곳으로 등을 떠밀기도 한다. 그런데 이 과정을 거치며 흔들리던 우리의 눈빛이 제자리를 찾게 된다. 든든해지는 것이다.

그들은 나를 나 자신으로 이끄는 안내자들이다. 대형 화로에 우리를 집어넣고 제련하는 셈이다. 더 정확하게 말하면, 그들은 우리 자신이 스스로 용기를 내 화로에 뛰어들어 자신을 제련할 수 있는 용기를 가지도록 돕는다.

그들은 즉답을 피하고 대신 몇 개의 단서를 제시한 후 우리가 이 조각들을 통해 스스로 답을 찾을 때까지 기다린다. 위기의 상황에 나타나 도와주지만, 한 걸음 물러나 모든 과정을 우리가 스스로 겪어내게 만든다. 이것은 크리슈나가 아르주나를 제련하는 과정이다. 즉 그는 아르주나 내면에서 솟아오른 자기의 상징이라 할 수 있다.

정신분석에서도 성숙과 치유를 위한 방향성은 수수께끼처럼 제시된다. 프로이트는 초자아 쪽으로 내달리면 인간의 자율성이 말살되고, 이드 쪽으로 퇴행해도 야만의 상태로 도태되며, 그렇다고 초자아와 이드 사이에서 그 관계를 중재하는 자아에 머물러도 자기애적 감옥에 갇히게 된다고 말한다. 즉 초자아로도, 이드로도 치우치지 않으면서 동시에 자아에 갇히지도 않는 쪽으로 걸어나가라는 말인데, 우리는 이 수수께끼를 스스로 풀어야만 한다. 인도 신화는 여기에 한 가지 요소를 덧붙인다. 카르마를 제거하는 쪽으로 방향을 잡아야 한다는 것이다. 이 방향성의 미스터리는 우리 모두에게 제시된 수수께끼다.

우리의 모든 순간은 사라지지 않는다

카르마와 윤회

사람의 성격을 결정하는 것은
사람의 행동이다.[23]

이 생에서 우리에게 주어진 선택

인도 신화의 세계관에는 윤회 사상이 존재한다. 인간이 죽으면 다시 태어나는 것이다. 그 이유는 생전에 다하지 못한 의무를 수행하고, 수많은 삶들 속에서 이전 삶의 업을 되갚아야 하기 때문이다. 크리슈나는 아르주나에게 환생하지 않는 법을 가르친다. 궁극적인 통일을 이루어낼 때, 그래서 모든 업을 다 제거할 때 비로소 우리는 윤회의 삶을 벗어나 브라만으로 돌아갈 수 있다는 것이다.

　우리는 이 생에서 저지른 실수들을 후회하곤 한다. 그러면서도 또 다른 행동으로, 후회할 일들의 목록을 늘이기도 한다. 감정의 덫에 빠져 일을 그르치고 다시 똑같은 실수를 저지르고 또다시 후회한다. 잘못을 저지르고 있다는 걸 알면서도 분노에 휩싸여 관계를 망치기 일쑤다. 안 그래야지 하면서도 막상 얼굴을 보면 죽이고 싶도록 밉고, 유치한 일들을 해버리고야 만다. 상처를 주고 상처를 받으면서도, 둘 중 하나가 완전히 망가지기 전에는 또다시 서로에게 죽일 듯 덤벼든다. 그 무모한 싸움을 멈출 수가 없다.

사람을 미워하는 일은 끔찍한 결과를 낳는다. 그런 마음에서 하는 모든 행동들은 과녁을 떠난 화살처럼 언젠가 처음 의도한 그곳에 박히고 세상의 많은 것들을 해치게 된다. 미움에서 비롯된 행동은 언제나 악랄한 결과를 초래하고야 만다. 내가 정확히 그렇게 의도했기 때문이다. 내 말과 행동과 생각은 모두 화살이 되어 내 눈이 쏘아보았던 그들의 가슴에 박힌다. 그럴 때 시원한 느낌을 받는가? 상대를 해쳤다는 사실이 기쁘고 마음이 후련한가?

그런 화살에 나 자신이 맞아 상처를 입게 되는 순간들도 참 많다. 반성은커녕 쓰러진 나를 보고 그들이 웃을 때, 나 역시 조용히 내 화살들을 준비하기 시작한다. 내가 받은 만큼 되갚아 주고 그만큼 상처를 입히고야 말겠다는 생각으로 치를 떨다 보면, 언젠가 기회가 온다. 그때 나는 그의 가슴을 향해 가차 없이 활시위를 당긴다. 그런 분노의 화살은 아르테미스나 아폴론의 화살이 아니다. 그것은 폭력적인 메두사의 시선이다.

이 미숙한 이들의 싸움은 세상을 병들게 한다. 한 집단에서 사람들이 그렇게 싸우고 있다면 함께 일을 도모할 가능성 자체가 없어진다. 어떻게든 서로의 생각을 깎아내리고 성취를 방해하기 위해 애쓸 테니 말이다. 함께 일을 계획할 수도, 협력할 수도 없으며, 서로 보완하거나 의지할 수도 없다. 이런 세상에서는 큰 이야기 자체가 사라진다. 같은 방향을 바라보며 함께 생각하지 못하기 때문에 단체를 위한 일들이 성사되지 않는다. 나 자신을 넘어 생각할 수 있는 사람이 없다면 이 단체는 사멸할 수밖에 없다.

의도하지 않았으나 내 행동이 남에게 상처를 입히는 상황도 있다. 나는 나 자신이었을 뿐인데, 내가 늘 하는 일이나 하는 말이 다른 사람에게 해가 되기도 한다. 내가 내 삶을 성찰하지 못했기 때문에 벌어진 일이다. 우리는 이럴 때 '별생각 없이'라는 말로 그 결과에 대한 책임을 회피한다. 내가 의도한 일이 아니라는 것이다. 정말 그냥 늘 하던 일을 했는데, 왜 그게 문제가 되었나? 그냥 운이 좀 안 좋았고, 일이 좀 복잡하게 꼬여버렸기 때문에 벌어진 일이다. 내 잘못이 아니다.

물론 그건 내 잘못이다. 내가 한 말이고, 내가 한 행동이 아닌가? 그 너머로 나아가 미래를 당겨 미리 생각할 수도 있었다. 일어날 수 있는 일들을 막을 수 있었다는 뜻이다. 우리에게는 선택이 주어졌었다. 그냥 지금의 나로 그 한계 속에서 아무렇게나 행동할 수도 있고, 내 한계를 성찰하고 그 너머로 나아가 그 한계가 초래할 많은 사고들을 막아낼 수도 있다. 이 생에서 선택할 수 있는 일이다. 물론 잘못된 선택을 하는 경우 업이 쌓이고, 과제는 다음 생으로 넘어간다.

과거를 바꾸다

윤회라는 말이 위안이 될 때가 있다. 윤회의 삶이 가능하다면 내가 못 다한 일을 끝낼 수 있고, 갚지 못한 빚을 갚을 수 있다. 이 생에서 못 한 것을 다음 생에 할 수 있게 되는 것이다. 돌이킬 수 없는 잘못들과 후회 가득한 행동들 속에 삶이 영원히 끝나버린다면 얼마나 허무한가. 다시 기회가 주어지고, 그 빚을 갚을 수 있다는 사실 자체가 큰 위안이 된다.

분노의 시선으로 화살을 참 많이도 쏘았고, 내가 쏜 화살에 맞은 사람들도 있다. 마음에 생채기가 되는 말과 행동과 생각을 쏟아낸 적도 많다. 누군가 지금 내 말을 듣는다면, 지금 내 행동을 보고 내 생각을 들여다볼 수 있다면 그렇게 해서는 안 되는 거라고 충고했을 것이다. 그렇게 하면 안 된다는 걸 나 자신이 알고 있었다. 그런데 분노를 잠재우지 못했다. 분노를 행동으로 옮기지 않았던 날도 많긴 하지만, 그 무수한 날들 동안 못된 생각들이 내 머릿속을 떠나지 않았었다.

인도 경전들은 우리에게 행동뿐 아니라 말과 생각도 모두 카르마로 간주될 수 있다고 설명한다. 그리고 우리의 말과 행동과 생각은 모두 이 세상의 다른 무언가로 이어진다. 사람과 사물과 세상이 전부 하나로 연결되어 있기 때문이다. 원대한 관계성을 회복하기 위해 가장 먼저 해야 할 일은 이기적인 집착을 버리는 것이다. 또한 좋은 행동으로, 좋은 카르마를 실천할 필요도 있다. 그러나 이때조차 무엇인가를 바라는 마음을 버려야 한다. 그러한 태도로 우리는 우리가 그간 쌓아온 나쁜 카르마와 겨루어야 한다. 매 순간 우리는 카르마를 쌓아가고 있다. 자칫 방심하면, 또 어느새 나쁜 카르마가 가득 쌓인다. 매 순간이 나 자신과의 전쟁인 것이다.

카르마라는 개념이 좋았던 이유는, 존재의 모든 물질적, 정신적 흔적이 다 세상과 이어져 있다는 전제 때문이다. 지독하게 외로울 때, 누군가 내게 부당한 행동을 할 때, 내가 누군가에게 부당한 행동을 할 때, 남이 나를 해칠 때, 내가 남을 해칠 때, 내가 나 자신을 해칠 때, 누군가에게 상처 되는 말을 할 때, 누군가 내게 상처 되는 말을 할 때, 미움과 분노로 가득 찬 생각을 마음 깊이 품을 때, 그 모든 부분들은 다 이 세상에 공개되어 있다는 얘기 아닌가? 모두가 그걸 보고 있으며, 모두에게 그 영향이 전해진다. 끔찍한 생각과 지독한 말과 잔인한 행동들은 모두 곧바로 이 세상을 공격한다. 세상의 모든 생명과 사물들이 다 이 광경을 고스란히 목격하고 있다. 이 생각은 내 삶을 너무나 많이 바꿨다. 분노에 압도당해 폭주했을 만한 일이 생겨도 그 폭력적인 장면에서 한 걸음 물러나 나를 보호할 수 있게 되었다. 부당한 일을 당할 때 용기 있게 저항할 수 있게 되었다. 내가 혼자가 아니기 때문이다. 어느 날 갑자기, 이 세상 모든 것이 나를 지켜보고 있다는 것이 느껴지며 작은 나를 벗어나게 되었다.

인간이 생산한 분노와 미움은 사라지지 않는다. 그 대가를 지불하기 위해 보내야 하는 오랜 시간을 생각하면, 잠시 멈출 수 있다. 원인과 결과의 사슬을 시작하기에 앞서 우리는 잠시 이 순간에 머물러야 한다. 그리고 가능한 한 내 마음에 붙어 있는 정제되지 않은 감정의 덩어리들을 떼어낼 수 있어야 한다. 의지로 할 수 있는 일이다. 내가 지금 하려는 말, 내가 지금 하는 행동, 내가 지금 품은 생각이 이 세상에 어떤 영향을 끼칠까? 업을 되갚는 일보다 더 중요한 것은 아마도 또 다른 업을 세상에 풀어놓기 전 잠시 멈추어 사유하는 것이다. 우리는 지금 이 순간, 먼 훗날 되갚아야 하는 카르마를 지어낼 수도 있고, 그 반대로 이 세상을 이롭게 하는 원인을 생산할 수도 있다. 그 방향성은 우리의 선택에 달려있다.

초자아를 넘어서

정신분석에서 초자아는 자아의 일부가 분화한 것으로, 자아를 극복해낸 부분이기도 하다. 즉 자아는 나 자신의 안위만을 생각하지만, 초자아의 명령에는 세상에 대한 배려와 관심이 포함되어 있다. 프로이트는 초자아를 아버지의 목소리로 정의한다. 동일시를 통해 자아가 아버지의 모습을 내면에 받아들이면, 그 이미지와 목소리는 자아 속에 하나의 작은 가상 인격체를 형성한다. 내 안에 아버지가 살게 된 셈이다. 이제부터 내면의 목소리는 이렇게 해서는 안 되고, 저렇게 해야만 한다고 명령한다. 그 명령은 영속적인 성격을 띤다. 부모님이 돌아가신 후에도 여전히 내 안에 그 목소리가 내 일부로 남아 있기 때문이다.

초자아는 모든 것을 보는 눈이다. 그래서 잘못이 발각되지 않아도, 초자아는 내가 그 잘못을 저질렀다는 것을 끊임없이 내게 상기시키며 속죄를 요청한다. 여기서 더 나아가 심지어 행동으로 옮기지도 않았는데, 아무 짓도 하기 전에 초자아가 판결을 내리는 일도 허다하다. 내가 그런 나쁜 생각을 했다는 것이다. 생각만으로도 범인이 되고, 그것만으로도 벌을 받아야 한다. 초자아는 내가 나쁜 생각을 품었다는 걸 누구보다 빨리 감지한다. 그것이 내 안에 있기 때문이다. 밖에서 감시하는 것이 아니라 내 마음속으로 들어와 내 일거수일투족을 관리한다. 경찰은 내 눈빛이 흔들려야 나를 범인으로 지목하는데, 초자아는 그런 수고를 할 필요가 없다. 내 마음이 움직이는 순간 센서가 작동한다.

여기서 프로이트는 초자아가 인간의 종교와 밀접하게 관련된다고 말한다. 모든 것을 보는 눈, 모든 것을 아는 눈은 신의 능력을 의미하지 않나? 초자아는 자아보다 많은 것을 볼 수 있다. 자아의 태도뿐만 아니라 이드의 움직임도 감지할 수 있다는 뜻이다. 이렇게 되면 사태가 심각해진다. 자아의 경우는 사회화된 이드의 일부이므로 초자아의 공격에 대비하거나 타협할 여지가 있지만, 이드의 경우는 이드와 관련된 모든 순간이 다 초자아의 공격 대상이 된다. 이드가 '정제되지 않은' 충동이기 때문이다. 그렇다면 우리는 가학적인 초자아에 의해 단 한순간도 죄와 벌의 굴레를 벗어날 수 없는 끔찍한 삶을 살게 되는 상황을 생각해볼 수도 있다. 그것은 삶의 기쁨이 사라진 병리적 상태다. 프로이트는 이 메커니즘으로 우울증을 설명한다. 그건 내 마음이 내 편이 아닌 상태다.

이 같은 교착상태에서 프로이트의 정신분석학을 구하는 것이 바로 카르마를 제거하는 행위가 아닐까? 인도 신화에서는 카르마가 쌓이기만 하는 것이 아니라, 쌓인 카르마를 제거하는 방향성도 함께 존재한다. 그것은 우리에게 어떻게 해야 초자아의 굴레에서 벗어날 수 있는가를 알려준다. 다시 말하면, 행위와 죄의 사슬을 끊을 수 있는 길이 제시된다. 그 방법은 세상과 하나가 되는 것이다.

프로이트는 정신분석학이 하나의 세계관을 제시할 수 없다고 말했다. 그건 정신분석의 한계를 뜻하는 말이다. 정신분석은 지극히 개인적인 이론으로서, 독립된 개인이 각자의 슬픔과 고통 속에서 자신만의 세상을 살아가는 이야기에 다름 아니다. 물론 고립된 인간을 살리고 구하는 것은 다른 인간과의 관계성이며, 프로이트도 그 점은 강조하지만, 그것 역시 독립된 한 사람이 또 다른 한 사람을 지극히 개인적인 이유 속에서 돕고 있는 경우에 해당한다. 모든 인간이 모든 인간과 이어져 있고, 인간과 세상이 하나라는 생각은 정신분석학에는 존재하지 않는 세계관이다.

우리가 모두 이어져 있으며, 그러한 연대 속에서 하나가 될 때 초자아 자체를 뛰어넘을 수 있다는 생각은 우리에게 숨 쉴 공간을 제시한다. 죄를 덜 짓고 초자아에게 더 많이 사랑받기 위해 노력하는 삶의 구조에서 이드의 충동과 초자아의 명령을 모두 넘어서는 경지로 나아갈 수 있다. 근본적인 생각의 패턴 자체가 바뀌는 셈이다. 초자아에 사로잡힌 삶과, 그저 우리가 모두 하나라는 자각 속에 어떤 보답도 바라지 않고 사심과 집착 없이 최선을 다해 하루하루의 삶을 이루어나가는 태도는 기본적인 궤도 자체가 다르다. 후자는 죄와 벌의 굴레를 벗어난 삶이다. 그렇게 사는 건 불가능하지 않으냐고 질문할 수도 있지만, 그러한 좌표가 존재하는 것 자체가 우리에게 하나의 방향성을 제시하고 있지 않나?

내 안의 살의와 싸워 이겨라

신적인 것과 아수라적인 것의 싸움

> 인도의 종교적인 상징 중에서
> 광명을 표시하는 '데바'와
> '어둠의 아들'인 아수라의 대립은
> 아주 오랜 옛날부터 있다.[24]

우리가 싸워야만 하는 이유

좋은 카르마를 실천할 때도 대가를 기대하지 말고, 나쁜 카르마는 멀리하고, 이미 저지른 죄에 대해서는 열심히 그 죄를 제거하는 방향으로 마음을 수련하라고 말했으면서, 왜 크리슈나는 아르주나에게 끊임없이 전쟁을 종용하는 걸까?

간디는 이 책에 언급된 전쟁을 내면의 전투로 간주한다. 그는 『바가바드 기타』에서 말하는 전투가 수천 년 전에 벌어졌던 전쟁이 아니며, 그보다는 "어느 시대에나 있어왔고 오늘에도 벌어지고 있는 싸움"이라고 설명한다.[25] 간디는 경전을 읽고 문자 그대로의 해석에 집착하는 사람들의 주장을 '헛소리'라고 부른다. 이것이 사촌을 죽이고 이웃과 싸우라는 요청으로 해석되어서는 안 된다. 내 이기심을 정당화하는 방향으로 경전을 해석해서도 안 된다.

우리는 지금 내면의 전투에 대해 이야기하고 있다. 카르마를 쌓지 않기 위해 우리가 매 순간 자신과 벌여야 하는 싸움도 하나의 전쟁이다. 오늘 하루를 생각해보자. 하루 종일 얼마나 많은 사람들 때문에 속이 상했나? 어떻게 어른이 저럴 수 있나? 어떻게 사람이 저렇게 말하고 행동하고 생각할 수 있나 싶을 때가 있다. 그럴 땐 싸워야 한다. 그 사람과의 싸움을 말하는 게 아니다. 나 자신과 싸움을 시작해야 한다. 카르마의 굴레를 끊기 위해 내 공격성과 싸움을 벌여야 한다. 싸우지 않으면 내 삶을 보호하는 선택을 할 수 없다. 그와 함께 카르마의 나락으로 떨어질 수밖에 없다.

물론 내면의 전투가 자제와 인내만을 의미하는 것은 아니다. 세상과 하나가 된다는 건, 세상을 위해 부당한 힘들에 맞서 전투를 벌인다는 뜻이기도 하다. 이때 전쟁이란 분노에 의한 행동이 아니라 세상을 위해 함께 하는 기도인 셈이다.

인간은 딱 배운 만큼 말하고 행동하고 생각할 수 있다. 정신분석처럼 개인을 어머니, 아버지, 나라는 삼각 구도 속에 묶어버리면, 부모의 가르침이 내 한계를 정하게 된다. 피와 살과 그들의 한계를 물려받는 셈이다. 그렇게 말하고, 그렇게 화내고, 그렇게 타협하며 세상을 살아가게 된다. 시간이 흐른 뒤 우리는 그 한계를 내 아이에게 물려줄 것이다. 이 기본 단위를 해체해버릴 수는 없을까? 저마다의 한계로 세상의 기본 단위를 구성하는 게 아니라, 모든 사람이 작은 퍼즐 조각처럼 서로의 한계를 보완하며 세상이라는 큰 그림을 구성할 수는 없을까? 이 상태에서는 다른 사람의 눈에 피눈물이 나오게 하는 행동을 할 수도, 생각할 수도 없지 않을까? 그가 내 일부이니 말이다.

　이것이 바로 우리가 싸워야 하는 이유다. 내 마음과 격렬한 전투를 벌여야 한다. 내 분노에 지지 않도록, 미움에 파묻혀 상대를 저주하지 않도록 나 자신과 싸워야 한다. 지금 할 수 있는 수많은 선택들 중 나와 남과 세상을 살리는 선택을 할 수 있도록, 다른 선택을 하려는 나 자신과 싸워야 한다. 세상에 카르마가 쌓이지 않도록 남을 위해서도 싸워야 한다. 분노와 미움이 마음 가득한 사람들을 위해 싸워야 한다. 그들을 위해 버텨주어야만 한다. 그들이 그러한 절망적 고립으로부터 벗어날 수 있도록, 나밖에 없는 삶 밖으로 걸어 나올 수 있도록, 그들을 위해 견뎌주어야 한다. 그것 역시 하나의 싸움이다. 마침내 그들이 하나라는 방향성에 동참하면, 함께 싸울 수 있게 된다.

　우리는 나와 싸우고, 내 부모와 싸우고, 나를 미워하는 사람과 싸워야 한다. 더 적절한 표현으로 바꾸면, 나를 위해 싸우고, 내 부모를 위해 싸우고, 나를 미워하는 사람을 위해 싸워야 한다. 그것은 궁극적으로 이 세상을 위한 전투다. 마음이 괴로울 때, 평정심을 잃게 될 때, 분노가 치밀어 오를 때 잠시 멈추어 크리슈나가 제시한 방향성을 떠올리자. 바라는 것 없이, 이기심 없이, 열정 없이 싸워야 한다. 뭔가를 바라는 것, 이기심으로 내 것을 챙기는 것, 감정의 소용돌이 속에서 그에 따라 행동하는 것은 우리 내부의 엔트로피를 증가시키는 방향성이다. 더 복잡해지고 괴로워질 뿐이다. 그것은 진정한 행복으로 나아가는 여정이 아니다.

신적인 것과 아수라적인 것

크리슈나가 제시하는 방향성은 명확하다. 세상에는 두 가지 존재의 성향이 있다. 하나는 신적인 것이고 다른 하나는 아수라적인 것이다. 가끔은 하는 일마다 나와 남을 파괴하는 폭력으로 분출되는 경우가 있다. 당최 감당이 안 되는 분노가 쏟아져 나오며 나를 집어삼키고 내 앞에 있는 사람들을 해친다. 살의라는 말이 적절할 듯하다. 말 그대로 죽고 싶은 마음과 죽이고 싶은 마음으로 내가 가득 채워진다. 그건 아수라적 방향성이다. 이 영역에는 어떤 평화로움도, 어떤 평온함도 존재하지 않는다. 동요된 마음은 갈피를 잡을 수 없이 흩어진다. 이렇게 화를 내다 정말 누군가를 죽일 수도 있겠다는 생각이 든 적도 있다.

그게 삶을 위한 적절한 방향성은 아닐 것이다. 너무 화를 내다 보면, 그날은 가위에 눌린다. 아수라적 혼돈이 승리하는 영화를 보고 잠이 들었을 때도 악몽을 꿨다. 구원의 빛이 전혀 없는 세상 속에서 망가질 대로 망가진 주인공은 그 자신이 어둠으로 변화한다. 어둠과 혼란이 모든 빛과 질서를 먹어치우는 작품들을 한번에 몰아서 보고 잠이 든 날 나는 다시 가위에 눌렸다. 작품 자체를 탓하거나 비판하는 것이 아니다. 내 개인적인 경험을 이야기하는 것이다. 내가 이 작품들을 신적인 방향성 속에서 해석할 힘이 없었을 때 그것들은 내게 독이 되었다. 뒤돌아보면 내가 그 시기에 어떤 방향성을 갖고 있었는지가 분명해질 때가 있다. 퇴행하는 방향으로, 관계가 사라지는 쪽으로 내달리고 있던 시기에 나는 너무나 불행했다.

크리슈나는 신적인 방향성에 매달리라고 조언한다. 그 속에서 우리가 어려움을 극복하고 슬픔을 제거할 수 있다는 것이다. 모든 분노에는 트라우마가 된 씨앗이 존재한다. 그 속에 이야기가 있다. 살아 있는 과거의 이야기 때문에 현재의 조각들이 더 큰 어둠을 겹겹이 껴입게 되는 것이다. 아수라적 혼돈 속에서는 어떤 이야기도 들리지 않는다. 혼탁한 렌즈로, 뒤섞인 과거의 조각들을 보면 어떤 형체도 보이지 않는다. 신적인 방향성은 현재 속에 서는 것이다. 투명한 렌즈로 어떤 집착도, 어떤 사심도 없이 현재를 바라보면 모든 것이 명확해진다.

크리슈나는 만약 우리가 신적인 방향성 속에 있다면, 우리는 죽은 자에 대해서도, 그리고 살아 있는 자에 대해서도 더 이상 슬퍼하지 않는다고 말한다. 즉 더 이상 끊임없이 과거로 돌아가지 않는다는 뜻이다. 내가 구할 수 있었던 사람, 막을 수 있었던 슬픔, 놓치지 않을 수 있었던 사람, 누릴 수 있었던 영화, 기뻐할 수 있었던 일들이 내 안에서 큰 소용돌이를 만들어 현재를 관장하고 있다면 우리는 결코 온전한 나 자신으로 하루를 충실히 살아갈 수 없다. 과거와 현재가 뒤섞여 현재의 경험들이 다 엉망이 되어 버릴 것이다. 신적인 방향성은 우리를 멈추게 한다. 더 이상 슬퍼하지 않도록, 더 이상 돌아가지 않도록, 더 이상 후회하지 않도록 우리의 마음을 보듬는다. 그렇게 할 수 있을 때 비로소 온전한 현재의 경험이 시작된다. 신적인 방향성이란 감정적 동요나 사심이나 집착이 없이 현재를 체험하는 것이다. 이때 우리는 기쁨, 행복, 평온함을 느낄 수 있다. 신적인 방향성을 선택하기 위해 우리는 아수라적 성향과 싸움을 벌여야 한다. 내 안의 살의와 대결하여 이 전투에서 승리해야만 한다. 전쟁에서 패하면 오늘 밤 다시 악몽이 나를 찾을 것이다. 악몽은 내 마음속 아수라를 보여주는 조각이다.

문명 대 충동

프로이트는 1930년에 『문명 속의 불쾌』라는 책을 출간하는데, 이 제목보다 먼저 생각했던 제목은 『문명 속의 불행』이었다. 왜 불행하고 불쾌할까? 그 이유는 문명의 발전과 인간의 쾌락이 반대 방향으로 움직이기 때문이다. 프로이트는 문명 속에서 인간은 불행할 수밖에 없다고 생각했다. 인간이 원하는 많은 것들이 문명 속에서 좌절되기 때문이다. 즉 문명과 인간의 충동은 그 목적지가 정반대로 설정되어 있다. 문명은 끊임없이 충동을 좌절시킨다. 문명이 충동에 대해 이렇게 하면 안 되고, 저렇게 하면 안 된다고 훈육하는 셈이다. 충동은 타협의 여지가 없는 에너지로, 원하면 그쪽으로 움직여가는 막강한 힘을 가지고 있다. 배가 고프면 먹어야만 한다. 기본적으로 모든 충동은 식욕과도 같은 것이다. 절제나 억제가 쉽지 않다는 뜻이다.

그런데 이렇게 되면 인간의 위치가 너무 낮아지지 않나? 우리는 위에서 인간 내면에 존재하는 신적인 방향성과 아수라적인 방향성에 대해 이야기했다. 그런데 이와 달리 프로이트는 인간을 문명이 제련해야 하는 충동 덩어리로 본다. 그래서 프로이트에게 이웃을 사랑하라는 말은 인간의 수행 능력을 고려하지 않고 강압적으로 부과한 억지 명령으로 간주된다. 충동의 존재로 인해 인간은 결코 이웃을 자신의 몸처럼 사랑할 수 없다. 원수를 사랑하라는 문명의 요청 역시 개인의 행복이나 쾌락과는 무관한 것이다. 충동은 대상을 가리지 않고 공격한다. 문명화 과정에서 특정 대상을 가릴 수 있도록 교육한다면, 충동이 얻을 수 있는 쾌락의 양은 적어진다.

여기서 프로이트는 이상한 질문을 던진다. 대상을 가릴 수 있도록 교육하는 게 누군가? 물론 부모, 선생님 등 타인들일 것이다. 프로이트는 교육을 받았을 때 우리가 그 타인들이 존재하지 않을 때조차 여전히 대상을 가려 공격하게 되지 않느냐고 질문한다. 타인이 없을 때 충동을 제어하는 게 누굴까? 그건 나 자신이다. 동일시를 통해 타인의 이미지가 내 안에 들어오게 되는 것이다. 그렇다면 충동을 제어하는 것 역시 나 자신의 일부인 셈인데, 이렇게 되면, 문명 편에 서서 충동을 억제하며 쾌락을 느끼는 것도 나 자신이라고 할 수 있다.

이와 같이 프로이트는 내면의 방향성을 두 가지로 분류했다. 삶의 시작부터 존재했던 충동의 방향성과 이후에 동일시한 문명의 방향성이 한 사람 내면에 동시에 존재하는 것이다. 그런데 여기서 한 가지 과정이 다시 추가된다. 신성과 아수라의 대립에서 신성이 절대적인 방향성으로 간주되는 것과는 달리, 프로이트의 정신분석학에서 문명의 방향성은 충동의 방향성만큼이나 위험한 것이다. 충동을 말살하려는 문명의 요청에 수긍하고 이를 실천하려 할 때 인간의 행복 자체가 소멸되기 때문이다. 인간이 100퍼센트 문명화되는 세상은 『1984』의 폭압적 풍경으로 이어진다.

즉 프로이트에게 신성이란 문명과 충동이라는 대극 사이에서 어느 쪽으로도 치우치지 않을 때 가능한 경지다. 우리는 두 개의 전쟁을 치르고 있다. 하나는 충동과 벌이는 전쟁으로, 여기서 지면 우리는 거리낌 없이 타인을 해치게 된다. 인간과 동물의 경계가 사라지는 아수라의 세상에 갇히게 되는 것이다. 만약 문명과의 전쟁에서 지면, 우리는 어떤 자율도 존재하지 않는 감옥에 갇히게 된다. 이곳은 창조가 불가능한 세상이다. 개성이 허용되지 않기 때문이다. 둘 모두 아수라적 방향성이라 할 수 있다.

충동에도, 그리고 문명에도 전적으로 지배당하지 않는 중심, 바로 그 지점이 인도 신화의 신성이 거하는 곳이다.

내 결심이 나를 해방시킨다

카르마 제거

인생이란 불완전한 물질적인 데서
거룩한 영적인 데로 자라나갈 수 있는
하나의 기회다.[26]

실수 대 잘못

아, 그렇게 말하지만 않았어도 잘 마무리됐을 텐데 내가 일을 망쳤다며 후회한 적이 있나? 그렇게 행동하지만 않았어도, 조금만 기다렸어도 상황이 달라질 수 있었다. 그러나 우리는 다시 돌아간다 해도 동일한 실수를 반복한다. 그때 실수를 하지 않았다면, 다음번에 더 큰 실수를 했을 것이다. 그것이 무의식의 뜻이었기 때문이다. 내가 그 하나의 사건으로 화를 냈겠는가? 그처럼 화를 냈다면, 그건 무의식에 켜켜이 쌓인 사연이 있었기 때문이다. 이 사건을 빌미로 다른 것에 대해 화를 냈던 것이다. 나 자신이 그걸 모르고 있을 뿐이다.

사실 그 일을 실수라고 부르면 안 된다. 그냥 잘못이라고 말하는 게 낫다. 알고 저지른 일이기 때문이다. 어쩌다 보니 의도치 않게 나타난 행동이 아니라, 오래 묵은 감정이 의도적으로 폭발한, 예정된 잘못이었다. 그것이 내 잘못인 이유는, 내가 그에 대해 아무 조치도 취하지 않았기 때문이다. 그중 가장 마음 아픈 경우는 사랑하는 이들의 마음을 해쳤을 때다. 모든 말을 쏟아낸 후, 관계도 감정도 걷잡을 수 없이 추락했다. 어떻게 해야 하나? 꼭 그런 말은 아니었는데 왜 그렇게 심하게 표현했나? 사실은 오래된 다른 이야기가 있는데, 왜 전혀 다른 일로 그렇게 화를 냈나?

분석하지 않았고, 대화하지 않았고, 변화를 위해 노력하지 않았기 때문이다. 그렇게 하지만 않았으면 다 좋았는데, 왜 못 참았을까 하고 생각해서는 안 된다. 참을 수 없는 것이었기 때문에 몸이 말을 한 것이 아니었나? 뭘 참을 수 없었는지 분석하는 게 더 중요하다. 그걸 분석하고, 그것에 대해 화를 내고, 그것을 해결하고 나면, 이런 방향성 잃은 분노도 사라진다.

언젠가 강연 중 한 중학생에게 무의식이 악할 수 있느냐는 질문을 받은 적이 있다. 나는 무의식이 불쌍할 수는 있지만 악할 수는 없다고 답했다. 어느 누구도 좋은 기억을 심어주지 않았고, 어느 누구도 사람의 온기를 전해주지 않았다면, 그의 무의식은 황폐할 수밖에 없다. 그가 겪었을 괴로움과 관련된 끔찍한 표상들만이 무의식을 채우고 있을 것이다. 슬픔, 분노, 미움, 괴로움이 한 사람의 무의식을 채우고 있다면, 그리고 그런 표상들을 중화시킬 어떤 좋은 표상도 들어 있지 않다면, 그는 아수라의 세상으로 추락할 수밖에 없다. 그를 구할 수 있는 유일한 방법은 그의 무의식 속에 좋은 씨앗들을 심어주는 것이다. 좋은 씨앗을 심어주는 일을 우리는

'경험'이라고 부른다. 자아의 경험 속에서 과거가 재해석되고 마음 그릇의 크기가 넓어질 수 있다.

내가 사랑하는 사람들에게까지 그토록 화를 낸 이유는 내 마음 속에 해소되지 않은 이야기가 있기 때문이다. 경험 속에서 과거가 새롭게 해석되고, 에너지의 길이 생기면 이야기 속에서 '화'가 자신의 길을 찾는다. 그렇게 분노가 해소될 수 있다. 다 털어놓고 말해버린 후 후련함을 느끼는 상황이라 생각하면 된다. 화와 분노에 대해 하나의 이야기를 쓰는 것이다. 화와 분노가 있던 자리에 이제 현재의 계획과 소원들을 채울 수 있다. 이야기를 만들지 않고, 삶을 계획하지 못하고, 미래를 소원하지 않으면 과거에 사로잡힐 수밖에 없다. 이유 없이 화를 내거나 신경질을 내거나 짜증을 내고 있다면, 그건 내가 마음의 에너지에 길을 내지 않았기 때문이다. 잠시 멈추어 뭐가 막혔는지 들여다보고, 내 마음에 이야기의 길을 내주어야 한다. 막힌 부분을 끄집어내 길을 뚫어주어야 한다. 말 못 하고 있던 이야기들을 할 수 있어야 한다. 물론 이 모든 것은 우리가 하고 싶었던 그 일들을 하기 위한 준비 작업이다.

결심하는 사람들

인도 신화가 그리는 성숙한 인간의 모습은 매우 명확하다. 그는 길을 찾은 사람이다. 길을 찾은 사람은 마침내 육신의 주인이 되어 어떤 자극에도 흔들림 없이 마음의 평온을 유지할 수 있다. 크리슈나는 성숙하지 못한 사람, 길을 찾지 못한 사람을 다음과 같이 묘사한다. 그는 지나치게 먹거나, 지나치게 자거나, 혹은 잠을 거의 안 자는 사람이다. 그런 사람에게는 수련이나 통일, 합일이 불가능하다. 그는 육신의 주인이 될 수 없으며 그런 상태에서는 마음의 방향성을 찾을 수도 없다. 그에게는 끝없는 고통과 혼돈이 있을 뿐이다.

고통과 혼돈의 정도가 극심해져 '악한 자'라고 불릴 수준으로 추락하는 사람들도 있다. 그러나 크리슈나는 인간이 모든 악에서 해방될 수 있다는 점을 강조한다. 이를 위해 전제되어야 하는 조건이 하나 있는데, 바로 어떤 존재에 대해서도 원한을 품지 않는 것이다. 원망과 분노와 미움을 내려놓고 0에서 현재의 순간을 시작할 수 있는 사람이 되는 것이다. 그때 그는 크리슈나를 만날 수 있다.

방향성을 찾은 이는 자신과의 관계를 적절하게 유지할 수 있는 사람이다. 그는 자신을 비하하지 않으며 스스로를 존중한다. 또한 그는 그 자신의 친구이자 적이 되어야 한다. 즉 신성을 향한 방향성을 견지하기 위해 자신의 감정들과 싸워야 하며, 자신을 미워하거나 비하하는 대신 스스로를 존중하고 돌볼 수 있어야 한다는 뜻이다. 그는 모든 일을 크리슈나 안에서 바라보며, 말하고 행동하고 생각하는 모든 순간 크리슈나를 잊지 않는다. 사람들은 그를 두려워하지 않으며, 그도 사람들을 두려워하지 않는다. 그는 불쾌와 공포뿐만 아니라 환희나 감정적 동요로부터도 해방된다. 지나치게 기뻐하고 바라고 흔들리는 자는 평온함을 쉽게 잃어버린다.

크리슈나는 너무나 쉽게, 악한 자가 마음을 바꾸면 선한 자로 변할 수 있다고 말한다. 신이 나를 용서하는 것이 아니라, 내 결심 자체가 나를 악으로부터 해방시키는 것이다. 그렇다면 이미 저지른 죄는 어떻게 해야 할까? 그게 바로 카르마다. 우리는 수많은 삶 속에서 카르마를 완전히 비워낼 때까지 죗값을 치러야 한다. 이번 삶에서도 예외는 아니다. 방향성을 찾았다 하더라도 이미 쌓인 카르마를 제거하는 노력을 지속해야만 한다. 적어도 그 이상의 카르마는 쌓지 않기 위해 애써야 한다.

내가 이미 흘린 눈물들, 내가 이미 남의 눈에 흐르게 만든 눈물들이 현재를 망가뜨릴 때가 있다. 그 괴로움에 사로잡히면 괴로움이 시작된 근원적 고통이 내 현재를 집어삼켜 버린다. 나 스스로 현재의 관계들을 파괴하게 되는 것이다. 그걸 멈추는 건 생각보다 어렵다. 그냥 그 방향으로 나아가 모든 걸 파괴하고 나면 마음이 후련할 것도 같다. 그러나 그건 나와의 싸움에서 완패했음을 뜻한다. 크리슈나는 의외로 답이 간단하다고 말한다. 결심하면 되는 것이다. 지금 당장 보상할 수 없고, 잘못을 되돌릴 수 없지만, 다음 생에, 그리고 그다음 생에 이어지는 시간들이 내게 허락된다. 지금 결심하면 주어진 시간 동안 카르마를 제거할 수 있다.

세상에는 뉘우치지 않는 자들이 있다. 그들은 결심하지 않는다. 오히려 더 많은 카르마를 쌓는 방향으로 나아갈 뿐이다. 물론 그것은 자신을 파괴하고 남을 망가뜨리고 세상을 망치는 방향성이다.

오이디푸스 이야기

잘게 부수어지지 않은 덩어리들을 계속 흘려보내면, 하수구가 막히게 마련이다. 살아가다 보면 누구나 몇 번 정도는, 마음의 하수구를 막을 만큼 커다란 덩어리들 때문에 골머리를 썩게 된다. 그 덩어리를 응집시키는 힘은 분노와 미움과 원망이다. 그렇게 하지 않았다면, 그때 거기 없었다면, 그 사람을 만나지 않았다면, 그 일이 생기지 않았다면 행복했을 것이라는 생각은 미움과 원망과 분노를 다져 감정의 덩어리를 만든다.

보통은 우리 자신이 이 덩어리를 만들거나 키우는 데 어느 정도는 관여를 한다. 그런데 이야기 속 인물들 중 정말 억울한 사람이 한 명 있다. 그는 아예 자기 몸보다 더 큰 덩어리를 짊어지고 세상에 태어난다. 그것 때문에 삶이 망가지고, 그것 때문에 죽게 될 것이다. 어떤 대책을 세우고 어떤 지혜를 손에 넣어도 저주를 피할 수는 없다. 그가 바로 오이디푸스다.

태어나기도 전에 내가 저지르지도 않은 일로 이미 내 존재가 저주를 받았다면, 우리 대부분은 아마도 분노에 휩쓸려 세상과 삶과 타인과 가족과 자신을 저주하며 몰락의 길을 걸을 것이다. 그게 당연하지 않나? 그런데 오이디푸스는 이 당연한 파국적 방향성을 막아낸다. 그는 자신과의 싸움을 벌여 이 전투에서 승리한다. 싸움에서 이기면 나는 내 적이 아니라 나 자신의 친구로 다시 태어난다.

분노하지 않는 오이디푸스의 모습은 고결하기까지 하다. 이것이 바로 오이디푸스가 정신분석학 이론의 대표적 인물인 이유다. 최악의 상황에서 평정심을 유지할 수 있는 인간은 가장 성숙한 경지에 이른 사람이다. 오이디푸스는 자살을 하거나 살인을 하지 않는다. 대신 그는 남은 시간 동안 그가 해야만 하는 일들을 최선을 다해 해낸다. 그뿐만이 아니다. 그는 자신의 무죄를 당당히 주장한다. 행위에 의한 카르마는 기꺼이 갚겠으나, 의도가 없었으므로 자신이 죄를 짓지는 않았다는 것이다.

죄를 짓지 않았다고 말하는 것도, 그럼에도 불구하고 자신이 저지르게 된 일에 대해서는 책임을 지겠다고 자청하는 것도, 모두 인간이 낼 수 있는 용기의 범위를 넘어선 기백이다. 그는 겁내지 않는다. 망설이지 않으며, 눈치를 살피지도 않고, 불안해하지도 않는다. 진정으로 평온한 상태를 이루어낸 것이다.

라캉은 오이디푸스의 모습이 바로 정신분석적 치료의 궁극적 목표라고 말한다. 오이디푸스는 트라우마에 의해 무너지지 않으며 감정에 흔들리지도 않는다. 지혜롭게 판단하고 용기 있게 결단하며 실행에 망설임이 없다. 이런 마음가짐이라면 어떤 어려움도 헤쳐나갈 수 있지 않겠는가? '누구 때문에'와 '무엇 때문에'가 빠진 삶은 진정 평화롭다. 더 이상 과거의 소음이 들리지 않을 때 우리는 현재에 집중할 수 있다.

오이디푸스의 이야기가 들려주는 조언은 카르마의 제거와 정신의 통일이라는 인도 신화의 가르침과 다르지 않다. 몇 컵의 물이 더 쏟아져도 전혀 변함이 없는 바다를 떠올려보라. 땅에 고인 웅덩이에 조금 흩뿌려진 물은 더우면 말라버리고, 사람이 딛고 지나가면 다른 곳으로 흩어져버린다. 그러나 바다는 그런 방식으로 쉽게 변화되지 않는다. 토르조차 그 물을 다 마셔내지 못하지 않았는가? 어떤 것도 바다를 자극할 수는 없다. 우리 마음이 그렇다면 얼마나 좋을까? 평온한 마음은 트라우마가 존재하지 않는 삶을 뜻하는 것이 아니다. 그것은 과거의 덩어리들을 뭉쳐낼 수많은 이유에도 불구하고 여전히 평안을 지속할 수 있는 상태를 뜻한다. 그 방법은 나와 남과 사물과 세상을 통일시키는 것이다. 그 중심에는 행위(카르마)와 무행위(아카르마)가 하나 되는 균형이 존재한다.

행위 속에 무행위를 담아라

카르마와 아카르마

행위 속에 무행위를 보며
무행위 속에 행위를 보는 자는
사람 중에서 깨달음을 얻는 자니라.**27**

이기고 지는 일

내가 옳다고 확신했는데, 시간이 흐르며 내가 비판했던 상대편이
나 나나 다 거기서 거기라는 생각이 든 적이 있다. 대단히 정직하
고 올바른 척했는데 그것도 아니었다. 내 생각이 100퍼센트 다 맞
지 않았고, 내가 몰랐던 부분들도 있었다. 너무 순진해서 한 실수
였을 수도 있다. 다시 동일한 상황이 반복되면 전혀 다른 방식으
로 대처할 것이라고 생각한다면, 당시 내 판단이 틀렸다는 뜻이다.

이기는 것과 지는 것 역시 마찬가지다. 분명히 이겼다고 생각했
는데, 나중에 보니 그게 아니었다. 판판이 진 것임에 틀림없었는
데, 시간이 흐른 뒤 다시 돌아보니 그것도 아니었다. 완승이나 완
패는 순간의 착각이다.

물론 정말로 상대를 재기 불능으로 완패시키는 경우도 있다. 그

런데 그를 그렇게 파괴하고 난 후에 진짜 문제가 시작된다. 그 분노와 미움을 어떻게 수습할 것인가? 대극을 나누고 한쪽 편을 들고 상대편을 무너뜨리는 공식을 너무 자주 사용하는 사람은 결코 행복한 삶을 영위할 수 없다. 그 카르마를 어떻게 감당할 것인가?

그렇다면, 최선의 방법은 통합적 시선 속에서 대극적 구도를 무너뜨리는 것이 아닐까? 이 상태에서는 이기는 것과 지는 것이 그리 다르지 않다. 꼭 이겨야만 하는 것도, 지는 게 나쁜 것도 아니다. 물론 그것은 일부러 져준다는 뜻이 아니며 승부에 관심이 없기에 최선을 다하지 않는다는 의미도 아니다. 무심하지만 방향성을 가지고 행동하는 것, 목표가 있지만 그것 자체가 가장 중요하지는 않은 상태는 성숙에 대한 또 다른 정의들이다.

최선을 다하되 사심 때문에 무리수를 두지는 않는다. 승리한다고 해서 자만하지 않고, 패하더라도 주눅 들거나 슬퍼하지 않는다. 모든 것을 거는 집중력을 발휘하지만 집착하지는 않는다. 목적 때문에 나와 남과 세상을 희생시키지도 않는다. 그 모든 노력이 궁극적으로 나와 남과 세상을 살리기 위한 일이기 때문이다. 행하면서 아무것도 바라지 않고, 행하지 않으면서도 초조해하지 않는다. 마음의 방향성이 있다면 언제든 뜻한 바가 이루어질 것임을 믿기 때문이다.

이 상태에서는 생각과 행동이 하나가 된다. 즉 이론과 실천이 한편에 배치되는 것이다. 이 상태를, 용기가 없어 머릿속에 이론만 가득하거나 사유 없이 무턱대고 행동하다 실수를 저지르는 경우와 비교해보자. 현실 속에서 관계를 맺고 사람과 어울려 사는 게 너무 무서워서 생각만 하기로 결심하는 사람이 있다. 그들에게 가장 두려운 단어는 아마 '집회'일 것이다. 그들에게는 함께 모여 한 소리를 내는 일이 가능하지 않다. 반면 아무 계획도 없이, 어떤 이론적인 사유 과정도 거치지 않고, 떠오르는 생각들을 그대로 실행해버리는 사람들도 있다. 그들이 싫어하는 단어는 '준비'다. 임기응변이 좋고 감이 발달했다고 할 수도 있지만, 그런 이들은 큰 그림을 그리지 않으므로 오랜 시간 노력과 인내로 빚어낼 수 있는 최상의 결과를 통찰하지는 못한다.

그러한 통찰을 가지고 사색을 한다면 행동하고 실천하는 것과 동일한 일을 하고 있는 셈이다. 그런 방식으로 행동하고 실천을 한다면, 그 자신이 큰 지도의 한 부분을 구성하는 이론이 된다. 행동하는 것과 행동하지 않는 것이 같아지는 순간이라 할 수 있다.

햄릿은 "준비되어 있는 것, 그게 전부다"라고 말한다.[28] 그것이 이론이든 실천이든, 행동하는 것이든 행동하지 않는 것이든, 내 마음이 준비되어 있다면, 그 방향성 속에서 이 모든 대극들은 통합을 이루어낼 수 있다.

이론과 실천의 합일

크리슈나는 아르주나에게 이론적인 지혜가 실천을 만나면 카르마의 속박을 벗어나게 된다고 말한다. 그런데 그는 이와 동시에 이론에 의해 도달할 수 있는 경지는 실천에 의해서도 이를 수 있는 것이라고 말한다. 그는 또한 이론과 실천을 하나로 간주하는 자가 바르게 통찰할 수 있다고 설명한다. 이론적인 지혜가 실천을 만난다는 이야기는 실천의 중요성을 강조하는 것이 아니다. 그보다 이 말은 내면에서의 통합에 대한 메시지로 이해해야 한다. 언제든 움직일 수 있는 상태이며 이론적으로 가장 고양된 지혜로운 상태라면, 그가 카르마를 제거하는 것은 시간문제다. 아카르마는 행위하지 말라는 뜻이 아니다. 라다크리슈난에 따르면 그것은 집착이 없는 행위로서, "행위의 결과로 오는 얽매임이 없다는 뜻"이다.[29] 간디는 "생각을 하는 것도 일종의 카르마"가 될 수 있으며, 행하더라도 사심 없이 세상과 사람을 섬기며 행하는 행위는 아카르마라고 설명했다.[30] 그러므로 카르마와 아카르마는 엄밀히 말해, 행위하는 것과 행위하지 않는 것으로 나눌 수 없는 개념들이다.

이론과 실천이 하나 되는 경지란 행위(카르마)와 무행위(아카르마)가 통합되는 상태를 뜻한다. 움직이지 않고 있어도, 그것은 결코 용기가 없기 때문이 아니다. 때가 오면 그는 너무나 자연스럽게 행동할 것이다. 행동하고 있더라도 그러한 행위는 사유할 시간을 희생한 대가가 아니다. 그는 지금 사유의 끝에서 행동하고 있다. 크리슈나는 이를 행위 속에서 무행위를 볼 수 있고, 무행위 속에서 행위를 볼 수 있는 상태라고 설명한다.

아르주나는 크리슈나에게 묻는다. 행위와 무행위를 동일하게 간주하라는 말과 함께 크리슈나는 의무를 수행하라고 하거나 행동해야 한다고도 했는데, 이 경우는 행위와 무행위 중 하나를 선택하는 것이 아닌가? 둘이 동등하다면 어떻게 더 중요한 게 있을 수 있는가? 크리슈나는 이에 대해, 행위는 행위하지 않는 것보다 낫다고 말한다. 행위하지 않는 것이 가능하지 않다는 뜻이기도 하다.

일어나 잠잘 때까지 우리는 끊임없이 움직인다. 노동은 중요하다. 행위를 벗어나 살 수 있는 인간은 없다. 그러나 행위 속에 무행위를 담으라는 말은, 행위하되 그 속에서 집착을 하지는 말라는 뜻이다. 간디는 집착하지 않는 사람들은 오히려 훨씬 더 열심히 일한다고 말한다. 그들은 최선을 다해 일하고 용기 있게 결단하며 늘 에너지로 가득 차 있다. 이 모든 것이 나를 중심으로 생각하지 않기에 가능한 일들이다. 무행위와 같이 행위할 수 있는 것은 아트만뿐이다. 이 경지에서는 행하는 것과 행하지 않는 것 사이에 차이가 없다. 그리고 이와 같은 태도로 매 순간 다르마를 실천해야 한다.

크리슈나의 조언은 매우 실천적이다. 아르주나에게 필요한 것은 사유의 끝에서 이론이 실천과 만나는 사건이다. "싸워라"[31]라는 크리슈나의 조언은, 그 사건을 가능하게 만들기 위해 아르주나가 들었어야 하는 말이기도 하다. 그리고 아르주나는 마침내 "당신의 말씀을 행하겠습니다"라고 답한다.[32]

행위가 행위하지 않는 것보다 낫다는 말에서 전제되는 것은 행위하는 자의 지혜로움이다. 크리슈나는 어리석은 자들은 이론과 실천이 다르다고 생각하지만, 지혜로운 이들은 그것이 결코 서로 다른 것이 아님을 이해한다고 말한다. 그러므로 그들의 대화에서 언급되는 행위는 이론과 실천, 행위와 무행위에 대해 크리슈나가 전제한 통합의 원리를 기반으로 한 사건이다. 통합을 전제로 한 행동을 크리슈나는 다른 말로 의무라고 부른다. 이론과 실천이 하나 되는 그 행위를 회피하면 그것은 죄 또는 불명예를 남긴다. 이는 아르주나가 행동하지 않았을 때 크리슈나가 그것을 불명예라고 부른 이유이기도 하다.

마지막으로 그는 행위에도, 그리고 무행위에도 집착해서는 안 된다고 거듭 강조한다. 이론과 실천, 행위와 무행위는 모두 인연과 같이 내게 찾아와 주는 사건들이다. 그 사건들이 현재에 벌어졌을 때 온 마음을 다해 동참하면 된다. 정신이 통일된 가장 평온한 상태를 이루어내고 그 속에서 우리의 의무를 수행하면 된다. 이 상태는 행위와 무행위가 하나 되는 시간으로 묘사되지만, 그러한 경지의 필연적 결과는 의무의 실천이다. 이 지점에서 아르주나는 마침내 싸울 수 있게 된다.

속이고 속는 일

정신분석학에서는 속이는 자가 결국 자신이 속았다는 걸 깨닫게 된다. 라캉은 이를 '속지 않는 자의 오류'라고 부른다. 자기는 속지 않았다고 자만하는 자가 머잖아 자신 역시 이 게임에서 속은 자의 목록에 추가되었음을 알게 된다는 뜻이다. 나는 절대로 그러지 않을 거라고 생각하지만, 결국 나도 내가 비판한 사람들과 똑같은 실수를 저지르게 된다.

분명히 내가 제일 잘나간다고 생각했는데, 바로 다음 순간 주변으로 밀려난다. 이 지위와 힘이 영원할 것이라고 생각하지만, 시간은 어김없이 나로부터 그 힘을 빼앗고야 만다. 그런데도 우리는 언제나 물러나는 시간이 너무나 낯설다.

이겼다고 생각했지만, 정상이라고 생각했지만, 복수를 했다고 후련해했지만, 그 시원함은 다음 순간으로 지속되지 않는다. 두 눈을 멀쩡하게 뜨고 있으면서도 그 상황 속에 있으면 나를 휘두르는 힘의 간사한 계략이 보이지 않는다. 내가 속았다는 걸 깨달을 때까지 우리는 그렇게 '못 보는 위치'에서 코믹한 연극을 지속할 수밖에 없다. 왕인 척, 어른인 척, 내가 다 아는 척하지만 나는 더 이상 왕이 아니며, 어른도 아니었고, 모르는 것투성이에 한 치 앞을 볼 수 없었다. 그런데 왜 우리는 항상 이런 실수를 할까?

라캉은 순간의 허상을 뚫고 시간의 이야기를 들을 수 있는 사람이 되어야 한다고 조언한다. 허상 속에서는 도무지 길이 보이지 않는다. 멈추어 있기 때문이다. 끝없이 나 자신에게 거짓말을 하거나 남에게 거짓말을 강요하며 순간을 잡으려 애쓰지만, 그건 시간 낭비일 뿐이다. 허상 너머의 길을 볼 때, 비로소 우리의 행동이 진정한 의미를 가지게 된다. 허상 너머의 현실은 내가 정답이라고 믿는 사실이 언제든 무너질 수 있는 세상이다. 그런 현실을 받아들인다는 것은 만사에 열려 있는 태도를 배운다는 뜻이다. 수많은 돌발 상황과 변수 속에서 모든 것이 변할 수 있다는 걸 염두에 둔다면, 내 대극을 박멸하거나 나와 생각이 다르다는 이유로 그들을 존중하지 않는 무례한 행동은 할 수 없게 된다.

물론 이것이 모든 것이 상대적이라거나, 결국 우리가 모두 정답

없는 허무한 세상 속에서 살아간다는 이야기는 아니다. 우리는 내면의 신성을 위해, 나와 남과 세상을 위해 매 순간 싸워야 한다. 그러나 이와 함께 하나의 전제를 잊지 말아야 한다. 이기는 것과 지는 것은 내가 이 순간 판단한 것같이 그리 간단하지만은 않다. 모든 사람이 존중받고, 모든 이들이 자신의 몸과 마음을 돌보며 만물과 함께 살아가는 세상을 만들기 위해 우리는 끊임없이 싸워야 하지만, 경직된 태도와 미숙한 허상으로는 이 싸움을 수행할 수 없다.

매 순간 내가 나 자신에게 속고 있을 수 있다는 점을 염두에 두고 내 마음의 위치를 추적하는 여유가 있다면, 우리는 더 성숙한 태도로 세상과 관계를 맺을 수 있다. 왈칵 말을 쏟아내기 전에 내가 어디에 배치되어 있으며 그 위치에서는 어떤 말을 하게 되는지 살피면 더욱 성숙한 방식으로 대처할 수 있다. 내가 어떤 역할을 부여받았는지 분석하면 굳이 그 역할에 사로잡히지 않아도 된다는 사실을 깨달을 수 있다. 잠시 멈추어 그다음 말과 행동을 미리 그려보면 속지 않는 자의 오류를 피할 수 있다. 그게 삶의 지혜가 아닐까?

성숙한 주체가 되기 위하여

온전한 자신이 되는 지혜

크리슈나는 다만 차부일 뿐이다. 그는 아르주나가 가는
방향대로 따라갈 뿐이다. 그는 무장은 하지 않았다.
그가 어떤 영향을 아르주나에게 준다면, 그것은 모든 것을
사로잡는 사랑을 통해서일 뿐이다. 그 사랑엔 한이 없다.
아르주나는 스스로 생각하고 스스로 찾아내어야 한다. [33]

성숙한 삶

무너질 때가 있다. 성숙한 사람은 무너지지 않는 사람이 아니라,
무너졌을 때 성숙한 태도로 다시 마음을 다잡을 수 있는 사람이
다. 태어날 때부터 성숙한 사람은 아무도 없다. 백지 상태에서 사
람이 되어가는 과정을 밟아야 하고, 이 과정을 아주 잘 겪어내도
쉽게 해결되지 않는 수많은 문제들을 대면해야만 한다. 성숙해 보
이는 사람이라 할지라도 늘 지혜로운 결정을 할 수는 없다. 그런
이들도 실수를 한다. 우리는 기뻐하다 슬퍼하다 미워하다 좋아하
다를 반복하며 갖가지 감정들 사이를 오간다. 이 감정들이 존재하
는 한 마음의 동요도 계속된다. 그런데 이상한 일은, 좋을 때조차
우리가 비슷한 두려움을 느낀다는 것이다. 너무 좋으면 이게 언제
까지 갈까 두려워하고, 너무 잘되면 이렇게 달리다 넘어지지는 않

을까 걱정을 시작한다. 좋을 때 기뻐하고 잘 나갈 때는 즐기고, 슬픔이 찾아오거나 일들이 잘 안 풀리게 되면 또 그 상황에서 잘 대처하는 기계적인 삶이 인간에게는 거의 불가능해 보인다.

미숙하지 않은 사람의 삶 속에서도 어색한 관계들이 나타나고 힘든 상황이 발생한다. 입장을 취하는 경우가 여기에 포함된다. 입장을 견지할 때 우리는 항상 누군가와 싸우게 된다. 모든 사람과 다 좋은 관계를 유지할 수는 없다. 인간은 생각하기 시작하는 그 순간부터 편이 갈린다. 나와 다르게 생각하는 사람이 있기 때문이다. 싸워야 하는 경우가 있다. 모든 관계가 다 원만했으면 좋겠다는 말은 누구와도 싸우지 않겠다는 말이고, 그건 생각 자체를 하지 않겠다는 이상한 결심이다.

정말 성숙한 어른들은 그런 상황에서조차 우리에게 평정심을 보여주었다. 그분들은 화를 내야 할 때 웃었고, 이성을 잃을 만한 사건 앞에서 초연히 타인을 감쌌다. 그들은 좌절하지 않았으며, 우리를 비난하지 않았고, 삶을 미워하지 않았다. 늘 좋은 일들만 생겨서가 아니라, 어떤 나쁜 일도 그들의 마음을 동요하게 만들 수 없었기 때문이다. 그들은 평생 상처가 되는 말들을 우리 마음에 박아 넣지도 않았고, 오히려 박혀 있는 말의 가시들을 조심스럽게 제거해주고 주저앉아 있던 우리에게 손을 내밀어주었다. 우리가 그의 편이건 그렇지 않건 그건 상관없는 일이었다.

그들은 찬사에 쉽게 휘둘리지 않았고, 비난에 흥분하지도 않았으며, 작은 일에 기뻐하고 큰일에 담담하게 대처했다. 지혜롭지만 태도는 아이처럼 순수했다. 그들은 우리에게 너무나 많은 것들을 주었지만, 우리에게 바라는 것은 없었다. 원수가 생기더라도 친구 대하듯 품었고, 가까운 친구라도 어려운 사람 대하듯 존중했다. 그들은 가끔씩 더러운 것과 깨끗한 것을 구분하지 않았는데, 그들의 손 안에서 결국 깨끗한 것은 더러운 것으로 드러나고, 더럽던 것은 빛나는 보석으로 다시 태어났다.

그들은 이기려 하지 않았으며 일부러 지려고 하지도 않았다. 그들의 게임에 동참하면, 이기는 것과 지는 것이 구분되지 않았다. 이겨도 반성하게 되고, 져도 무엇인가를 배우게 되기 때문이다. 이 게임에서는 모든 사람이 결국 승자다. 그러나 이 게임을 끝내 배워내지 못한 사람들은 자신의 이기심과 욕심과 분노와 미움 때문에 어떤 도움도 받을 수 없는 상태가 되어버린다. 바로 이것이 현자가 가장 두려워하는 상황이다. 아르주나는 크리슈나의 가르침 속에서 그 자신이 현자로 거듭나게 된다.

지혜로운 사람

계획들이 무산되는 경험을 할 때가 있다. 내가 아플 때, 내 가족이 아플 때 그랬다. 그럴 땐 내가 바라고 계획하던 게 더 이상 아무것도 아닌 상태가 된다. 모든 게 정지되며 단 하나만을 소원하게 된다. 계획도 미래도 모두 먼지같이 하찮은 것으로 느껴진다. 그런데 평소에는 왜 그렇게 계획하고 바라고 집착했을까? 왜 그렇게 미워하고 화내고 분노했을까? 그건 중요한 게 아니었다.

크리슈나는 지혜로운 사람은 기뻐하지도 않고 미워하지도 않고 슬퍼하지도 않으며 갈망하지도 않는다고 말한다. 지혜로운 이는 좋아하는 것과 좋아하지 않는 것을 떠날 수 있는 사람이다. 원수와 친구를 같은 태도로 대하며, 존경과 멸시를 동일한 태도로 받아들인다. 추위나 더위, 즐거움이나 고통을 가리지 않으며 이 중 어떤 것에도 집착하지 않는다. 입장이 다르고 생각이 다르기에 서로 다른 위치에 서 있지만, 지혜로운 사람은 자신의 대극을 친구처럼 대한다.

비방에 좌절하고 찬사에 힘을 낸다면 그는 아직 충분히 지혜로운 사람이 아니다. 진짜 지혜로운 사람은 비방과 좌절에 대해 똑같이 무관심하며 침묵한다. 그는 무엇에나 만족하고, 마음이 언제나 확고부동하다. 그에게는 고통과 즐거움이 서로 다른 것이 아니며, 흙덩이와 돌과 황금이 동일한 가치를 가진다. 흙으로 판단하고 버리거나 황금으로 간주하고 집착하는 일이 없으므로 그 앞에 섰을 때 우리는 평가받지 않는다.

우리는 늘 평가하며 좋은 것과 싫은 것, 아군과 적군을 구분하지 않나? 어떻게든 내 편을 좀 더 만들어야 마음이 편하지 않나? 그런데 이런 패싸움이 얼마나 유치한 일인지 우리 모두 뼈저리게 경험해오지 않았던가? 지혜롭다는 건 평가와 구분을 떠나 인간을 대하는 태도를 뜻한다. 지혜로운 사람은 그를 평가하는 사람들 앞에서 공경하는 자도, 무례한 자도 동일하게 대한다.

크리슈나는 이렇게 할 수 있는 사람을 현자라고 부르는데, 그는 감정에 의해 삶이 좌우되지 않는다. 그는 어떤 것에도 동요되지 않으며, 즐거움과 고통, 이익과 손해, 승리와 패배를 동등하게 여기고, 그런 순수함으로 진리를 볼 수 있다. 그것은 다른 말로 불사에 이르는 삶이다. 그를 만나는 모든 사람들이 그를 마음에 품고 기억할 것이기 때문이다.

우리는 인간을 그런 태도로 대한 사람들을 기억한다. 그가 세상을 떠난 뒤에도 우리는 기억 속에 그를 살려두고 필요할 때마다 그를 찾는다. 마음속에 그가 있다면 우리가 약해지거나 원수를 죽이고 싶을 때, 좌절하거나 우쭐거릴 때 그의 목소리를 다시 들을 수 있다. 그를 통해 우리는 내면의 신성을 만날 수 있다.

주체로 나아가는 길

정신분석학에서는 성숙한 사람을 '주체'라고 부른다. 그는 한마디로 든든한 사람이다. 남 안에 갇혀 남의 눈치만 보는 사람을 히스테리적 유형이라 부르고, 관계에 대한 두려움으로 자신만의 세상에 자신을 가두어버리는 사람을 강박적 유형이라고 부른다면, 주체란 이 두 유형 사이에서 기막히게 균형을 잡고 하루하루의 선택과 결정을 대면해가는 사람을 뜻한다. 아무리 성숙한 사람이라도 다른 사람의 기분을 살피기도 하고, 자신의 규칙 몇 가지 정도는 다들 가지고 살아간다. 성숙하지 못하다는 건, 다른 사람의 욕망에 휘둘린 채 자신이 사라져버리게 방치하거나, 자기만의 규칙이 너무 많아서 아예 관계 자체를 맺을 수 없게 되어버리는 경우라 할 수 있다. 주체는 지나치게 히스테리적이지도 않고, 지나치게 강박적이지도 않은 사람이다. 그는 히스테리와 강박을 조금씩 오가며, 그 속에서도 자신의 마음이 가는 대로 선택하고, 결정하고 그에 대해 책임을 진다.

주체는 세상을 불태울 듯한 분노에서 해방된 사람이다. 그는 화를 내기도 하지만, 그건 미움과 분노에서 분리된 행동이다. 그래서 그가 화를 내더라도 우리는 별로 억울하지 않다. 잘못한 것과 미처 생각하지 못했던 부분을 배울 수 있으니 그 사건은 오히려 우리에게 득이 된다. 그래서 그가 화를 낸 바로 다음 날 우리는 그에게 약간 겸연쩍게, 그러나 반갑게 인사할 수 있다. 그가 우리를 해치지 않았음이 명백하기 때문이다.

주체는 타인도 자신도 해치지 않는다. 그보다 그는 자신과 타인과 세상에 득이 되는 행동을 한다. 그는 부모일 수도, 스승일 수도, 배우자일 수도 있으며 우리의 친구일 수도 있다. 그들이 가까이 있으면 우리의 세상이 달라진다. 그들과 함께 있다면, 우리는 나와 남과 세상을 보살피는 법을 배우게 되며, 세상을 보는 넓고 따듯한 시선을 가지게 되고, 나 자신에 대한 믿음을 시작으로 타인과 세상을 믿게 된다. 절망의 순간에 이르렀을 때 다시 일어나는 법을 알게 되며, 내 안의 악마가 고개를 들 때 싸우는 법을 배우게 된다. 그리고 마침내 나 자신이 주체가 되는 길을 걸을 수 있게 된다.

프로이트가 중요하게 언급하는 개념 중 '양가감정'이라는 단어가 있다. 두 가지 감정을 동시에 가진다는 뜻이다. 친해지면 그러한 특징이 훨씬 명백히 드러난다. 부모에 대해서도 마찬가지다.

프로이트는 우리가 부모를 사랑하는 동시에 미워하게 되며, 이 갈등은 모든 인간의 과제로 남는다고 말한다. 한 사람을 100퍼센트 사랑하는 건 불가능하다. 주체는 한 사람을 대할 때 양가감정으로부터 거리를 둘 수 있는 사람이다. 사랑과 미움이 함께 있지만, 어느 것에도 휘둘리지 않는다. 우리는 나에 대해서도 유사한 혼란을 느낀다. 나 자신에 대한 평가가 땅속 깊이 떨어졌다 하늘로 치솟기도 한다. 주체는 나 자신에 대해서도 평가를 보류한다.

수많은 관계 속에서 온전한 나 자신이 된다는 건 정말 어려운 일이다. 내 개성과 스타일을 찾고, 그러한 개성화 과정 속에서 다시 남과 손을 잡는 일은 더욱 어렵다. 내 것만 지켜야 한다고 생각하는 순간 우리는 다시 내 안에 갇히게 된다. 나는 아무것도 가진 게 없다고 한탄할 때도 역시 세상과 관계를 형성할 수 없다. 내가 세상에 기여할 나만의 의무를 아직 찾지 못한 상태이기 때문이다. 어느 쪽이든 주체적인 방향성은 아니다. 온전한 나로서 남과 손을 잡고 세상으로 나아가는 것, 바로 그것이 정신분석학적 주체와 분석심리학적 자기의 방향성이다. 이 여정을 걸어가는 주체는 초자아에 압도되지 않으며, 이드에 휘둘리지 않고, 자아의 중재에 의존하지도 않는다. 그 이외에 제4의 중심이 탄생하는 것이다. 그 중심은 웬만한 바람이 불어도 흔들리지 않는다. 그 자리가 내 신성이 거하는 장소이기 때문이다.

신화에서 발견한 치유의 열쇠

전체를 한눈으로 내려다보면,
우리는 악이 아니라 선이 세상을 다스린다는
사실을 보게 된다.[1]

요르고스 란티모스라는 아테네에서 태어난 그리스 감독이 있다. 그는 자주 신화적 모티프를 차용하여 영화를 만든다. 그는 신, 인간, 동물의 어우러짐을 다른 어떤 영화보다 독특하게 표현해낸다. 그가 그리는 신화적 세상은 인간만의 세상이나 인간 이성이 최고의 자리를 차지하는 세상과는 거리가 먼 곳이다. 그는 〈더 랍스터(The Lobster)〉(2015)에서 사랑에 빠지지 못하면 동물로 변하는 사람들에 대한 이야기를 능청스럽게 그렸고, 〈킬링 디어(The Killing of a Sacred Deer)〉(2017)에서는 자식을 희생 제물로 바치는 부모 이야기를 들려주었다. 그런데 문제는 그가 신화와 함께 사는 사람처럼 보이지 않는다는 점이다. 〈킬링 디어〉는 희생을 다루지만, 그의 신화 이야기는 살벌하고 끔찍하다. 부모는 아이들을 사랑하지

않고, 그들을 이해하지 않으며, 자신의 죄 속에서 허우적거릴 뿐이다. 인물들은 죄를 서로에게 미루고 책임을 전가하며 서로를 원망한다. 물론 신화를 읽는 다양한 방식들이 있겠지만, 이와 같은 해석은 내게 도움이 되지 않았다.

치유적인 신화 이야기를 하고 싶었다. 이기심을 극복하도록 도와줄 신화적 에너지에 대해 설명하고 싶었고, 융적인 의미에서 내면의 신들을 발견하게 도와줄 수 있는 이야기를 전하고 싶었다. 익숙한 신들을 내면에서 만날 수 있는 서사를 써내고 싶었다. 우주 자아가 되어 나와 남과 세상을 두 팔 벌려 끌어안고 그 풍요로움 속에서 위로받을 수 있는 계기를 찾고 싶었다. 이 목적을 위해 신화와의 만남을 주선한 멘토가 바로 간디였다.

간디는 『바가바드 기타』 강독에서 끊임없이 두 가지를 강조한다. 우선 자기중심적 사고를 극복해야 한다는 것이다. 그는 어떤 마음의 동기도 이기심과 이어지지 않을 때 비로소 우리가 진정한 행위를 하게 된다고 설명한다. 또한 그 행위는 오직 "세상의 유익을 위한 것"으로서, 그리고 "세상에 유익을 주는 것"으로서 수행되어야만 한다.[2] 나 자신을 극복하고 세상을 이롭게 하라는 뜻이다. 이를 위해 나 자신과 싸우고 세상의 부당함과 전투를 벌여야 한다. 그렇게 살면 원한, 분노, 미움, 슬픔과 결별할 수 있다. 바로 그 상태에서 아르주나가 행동하게 된다.

신화와 함께 살지 않았던 날들이 참 힘들었다. 융을 가르치면서도, 정작 내 삶 속에서 나는 일종의 퇴행을 겪고 있었다. 시간이 지나며 예전엔 참던 것들을 참지 못하게 되고, 예전에 견뎠던 것들을 더 이상 견디지 못하는 상황이 빈번해졌다. 자꾸 화를 내고 원망하고 과거로 돌아가며, 나쁜 순환을 반복하게 되었다. 기분 나쁜 일인지 생각하기도 전에 몸이 증상을 통해 말하기도 했다. 체하거나 어지럽거나 심장이 터질 것같이 뛰었다. 점점 더 폭력적으로 변해갔고, 나 자신과 타인을 파괴할 수 있는 극심한 분노에 휩싸이기도 했다.

그때 나를 도운 게 『바가바드 기타』였다. 크리슈나는 내 안의 신성을 찾도록 나를 이끌었고, 평온함 속에 모든 폭력을 이길 수 있는 힘이 배태되어 있다는 사실을 알려 주었다. 간디는 우리의 아트만이 깨어 있다면, 어떤 폭력도 우리를 다치게 할 수 없다고 말했다. 내 안의 신성에 의지한다면, 이 고통을 떠나보낼 수 있다. 그렇게 나는 신과 함께 사는 사람의 대열에 합류하게 되었다. 융이 왜 인간을 신화와 함께 사는 사람과 그렇지 않은 사람으로 나누는지 이해할 수 있었다. 그동안 재미없게 느꼈던 그 모든 신들의 이야기가 사실은 내 안에 있는 신성의 한 부분이었다. 제우스, 아테나가 모두 내 안에 있다면, 토르가 내 마음속에 존재한다면 더 이상 무서울 게 없었다.

크리슈나는 이상한 조언을 한다. 기뻐하지도 말고 슬퍼하지도 말아라. 좋아하지도 말고 싫어하지도 말아라. 행동과 행동하지 않는 건 같은 것이다. 원수와 친구를 똑같이 대하라. 이 말도 안 되는 이상한 조언들이 신기하게도 내게 실천적인 도움이 되었다. 마음이 편해졌다. 정말로, 과거의 기억을 놓아줄 수 있게 되었고, 바로 지금 이 순간에서부터 미래를 계획할 수 있게 되었다. 많은 것을 잃었지만, 많은 실수를 저질렀지만, 내가 오늘 지금 어떻게 하는가에 따라 모든 게 달라진다는 믿음이 생겼다. 그리고 무엇보다 『바가바드 기타』는 나를 행동하게 만들었다. 마음속 분노와 전투를 벌이고 이 싸움을 지치지 않고 지속하는 것이 답이라는 걸 배우게 되었을 때, 내 하루가 되살아났다.

그렇게 내 과거와 미움과 분노와 절망과 싸우다 보니 예전의 증상들이 사라졌다. 통제할 수 없는 감정들이 쏟아지는 일도, 한 사람이 죽이고 싶을 정도로 미워지는 일도 횟수가 줄어들며 마음이 안정되었다. 후회와 미움에 쏟았던 에너지를 이제 오늘 이 하루에 쏟을 수 있다. 마음은 여전히 아프고 고통은 여전히 그 자리에 있지만, 그것들이 나를 해치지는 못한다. 이 정도면 아주 잘하고 있는 게 아닌가? 아리면 아린 대로 괴로우면 괴로운 대로 나를 내맡기고, 그럼에도 불구하고 평정심을 유지할 수 있다는 건 엄청나게 효율적인 삶의 방식이다. 과거를 잊는 게 아니다. 내 하루로 최선을 다해 카르마를 갚는다는 건, 과거를 기억한다는 뜻이다. 그러나 그 방향성은 미래를 향한다. 과거는 짊어지고 앞으로 나아가는 것이다. 과거를 놓아주며 동시에 제대로 기억하는 일, 바로 그게 치유가 아니던가? 신화에서 발견한 이 치유의 열쇠를 이제 독자들과 공유하고 싶다.

참고문헌

간디, M.『평범한 사람들을 위해 간디가 해설한 바가바드 기타』, 이현주 옮김, 당대, 2001

그랜트, M.『그리스·로마 신화사전』, 김진욱 옮김, 범우사, 1993

김서영.「정신분석학적 해석에 대한 철학적 고찰: 항우울제에 부재하는 해석의 차원을 찾아서」『현대정신분석』제20권 1호, 2018, 9~40쪽.

_____.「잉마르 베리만의 영화에 나타난 치유적 이야기」,『문학과영상학회』제13권 3호, 2012, 487~515쪽

니체, F.『니체 전집3 유고(1870~1873년): 디오니소스적 세계관, 비극적 사유의 탄생 외』, 이진우 옮김, 책세상, 2001

새뮤얼, A. 외.『융 분석비평사전』, 민혜숙 옮김, 동문선, 2000

샌다즈, N. K.『길가메시 서사시』, 이현주 옮김, 범우사, 2011

스툴루손, S.『에다 이야기』, 이민용 옮김, 을유문화사, 2013

오비디우스.『변신 이야기』, 천병희 옮김, 숲, 2016

융, C. G.「콤플렉스 학설의 개요」,『정신요법의 기본문제』, 한국융연구원 C. G. 융 저작번역위원회 옮김, 솔, 2001

_____.「자아와 무의식의 관계」,『인격과 전이』, 한국융연구원 C. G. 융 저작번역위원회 옮김, 솔, 2004

임승택,『바가바드 기타 강독』, 경서원, 2003

짐록, K. 옮김.『북유럽 신화 에다: 게르만 민족의 신화, 영웅전설, 생활의 지혜』개정판, 임한순 외 역주, 서울대학교출판문화원, 2015

플라톤.『소크라테스의 변론, 크리톤, 파이돈, 향연』, 천병희 옮김, 숲, 2012

헤시오도스.『신들의 계보』, 천병희 옮김, 숲, 2009

함석헌 주석.『바가바드 기타』, 한길사, 1996

Lacan, J. *Le Séminaire, livre VII, L'éthique de la psychanalyse 1959-1960*, Paris: Seuil, 1986

Shakespeare, W. "Hamlet" in *Shakespeare Complete Works*, P. Alexander (ed.), London: Collins, 1959

미주

들어가는 말 : 내 마음속에 살아 있는 신화

1 마하트마 간디, 이현주 옮김, 『평범한 사람들을 위해 간디가 해설한 바가바드 기타』(당대, 2001), 205쪽.
2 『평범한 사람들을 위해 간디가 해설한 바가바드 기타』, 5쪽. 함석헌은 『바가바드 기타』 제1장 「아르주나의 고민」 편의 해설을 시작하며 간디의 이 말을 주석으로 제시한다.
3 『평범한 사람들을 위해 간디가 해설한 바가바드 기타』, 525쪽.
4 『고 에다』, 71, 73쪽. 북유럽 신화의 기본 자료는 『에다(*Edda*)』인데, 운문 형식과 산문 형식이 전해진다. 전자는 『고 에다』라 부르고 그보다 늦게 출간된 후자는 『신 에다』로 명명된다.
5 『오디세이아(*Odysseia*)』와 『일리아스(*Ilias*)』를 쓴 호메로스(Homeros)와 비슷한 시기에 활동한 시인으로 알려져 있으며, 대부분의 시들은 기원전 700년경에 창작된 것으로 추정된다.

길가메시 이야기 : 좋은 삶을 살아가는 법

1 이 부분에서는 N. K. 샌다즈, 이현주 옮김, 『길가메시 서사시』(범우사, 2011)를 참고했다.
2 함석헌 주석, 『바가바드 기타』, 라다크리슈난(한길사, 1996), 517쪽. 이하 각 장의 제언들은 함석헌 주석, 『바가바드 기타』의 본문과 저자가 인용한 주석의 내용이다. 책제목, 인용주석가 또는 장과 절, 쪽수로 표기했다.

3 이 문장은 〈오디오클럽 월간 정여울〉 제31회 '어떻게 무의식과 만날 수 있을까'
   에서 필자가 언급한 내용의 한 부분이다. https://audioclip.naver.com/channels/
   621/clips/62 참조.

4 신화에는 이 부분이 조금 더 복잡하게 묘사된다. 우트나피시팀은 길가메시에게
   그가 일주일 동안 잠을 자지 않으면 영생을 얻도록 도와주겠다고 했지만, 길가메
   시는 여행의 피로로 곧 단잠에 빠져든다. 고향으로 돌아갈 때는, 우트나피시팀의
   아내가 준 정보에 따라 회춘할 수 있는 해저 식물을 구하게 되지만, 목욕을 하는
   도중 뱀에게 이 묘약을 뺏기고 만다.

5 이 책의「인간 욕망의 중심에는 공백이 있다」중 '공백을 사랑하는 사람들'(83쪽)
   참조.

6 〈[배철현의 정적(靜寂)] 평안(平安)〉,《한국일보》2018년 1월 2일. 이 칼럼에서
   배철현은 길가메시가 "수메르어로 '노인(길가)'이 '청년(메시)'이 되었다는 의
   미"라고 말한다. 고향에 이르러 자신의 밝은 미래를 계획하는 왕의 모습은 진정
   젊어 보인다. 배철현은 기록된 길가메시 서사시의 첫 구절인 "샤 나끄바 임무루
   이쉬티 마티 …… 나라의 기초인 심연(나끄바)을 본 자"에 주목하며, 이 부분에
   신화의 교훈이 담겨있다고 설명한다. 심연이 나라의 기초라고 정의되는 것은 심
   연이라는 개념이 "자신의 최선인 천재성이 발견되는 수련의 장소"를 뜻하기 때
   문이라는 것이다. 바로 이 심연을 표현하는 정신분석적 개념이 '공백'이다.

7 함석헌 주석, 『바가바드 기타』, 라다크리슈난, 220쪽

그리스 신화 이야기 : 내면의 신을 만나는 시간

1 이 부분에서는 헤시오도스, 천병희 옮김, 『신들의 계보』(숲, 2009)의 본문과 천
   병희의 주석과 해설, M. 그랜트, J. 헤이즐, 김진욱 옮김, 『그리스·로마 신화사전』
   (범우사, 2000)을 함께 참고했다.

2 함석헌 주석, 『바가바드 기타』, 8장 26절, 342쪽.

3 함석헌 주석, 『바가바드 기타』, 2장 67절, 121쪽.

4 함석헌 주석, 『바가바드 기타』, 6장 30절, 273쪽.

5 이 책의「성숙을 위해서는 방황이 필요하다」중 '리비도와 포스'(91쪽) 참조.

6 함석헌 주석, 『바가바드 기타』, 2장 41절, 110쪽.

7 제우스의 아버지와 시간의 신은 서로 다른 신이라는 설이 있는 반면, 제우스의

아버지 크로노스가 낫을 든 이유는 시간의 무자비한 폭력을 나타내기 위해서라는 이야기도 있다.

8 함석헌 주석, 『바가바드 기타』, 2장 70절, 122쪽.

9 물론 제우스 역시 가정의 보호자, 재산의 보호자, 손님들의 보호자, 탄원자들의 보호자로 간주되기도 한다.(『신들의 계보』, 230쪽) 그러나 결혼과 출산의 여신인 헤라가 '가정'을 수호하는 주요 신이라 할 수 있다.

10 함석헌 주석, 『바가바드 기타』, 2장 62절, 119~120쪽.

11 『신들의 계보』에 함께 수록되어 있는 「일과 날」, 134쪽, 「여인들 목록」, 187쪽 및 부록 「그리스 신화의 주요 신들」, 231쪽.

12 이 책의 「삶으로 돌아오기 위한 정화의 장소」 중 '억압된 표상들의 사연'(100쪽) 참조.

13 함석헌 주석, 『바가바드 기타』, 1장 29절, 84쪽.

14 의식과 무의식의 관계도 동일하게 설명될 수 있다. 프로이트는 「무의식」(1915)에서 무의식 혼자의 힘으로는 어떤 '운동'도 실행하지 못한다고 말한다. 의식의 힘이 함께 있어야 비로소 근육을 움직여 실제로 어떤 일을 수행할 수 있게 된다는 것이다. 그러므로 진정한 무의식은 의식과 통합된 무의식이라 할 수 있다.

15 『신들의 계보』 부록 중 「그리스 신화의 주요 신들」에서 천병희는 페르세포네가 8개월 또는 6개월 동안 데메테르와 함께 머물고 4개월 또는 6개월 동안 저승에 머문다고 설명한다.

16 함석헌 주석, 『바가바드 기타』, 2장 71절, 122쪽.

17 『신들의 계보』에 수록된 「일과 날」, 123쪽, 130쪽 등.

18 신화에는 하데스가 페르세포네를 납치해 갔다고 기록되어 있기도 하고, 동시에 제우스가 하데스에게 페르세포네를 주었다고 쓰여 있기도 하다.

19 『신들의 계보』 부록 「그리스 신화의 주요 신들」에서 천병희는 데메테르와 페르세포네의 이별에 대해, "페르세포네가 지하에 내려가는 것은 씨앗에서 싹이 터서 새 곡식이 자라나기 위해서는 씨앗이 반드시 땅속에 묻혀야 하는 자연 현상의 알레고리로 볼 수도 있을 것"이라고 해설한다. 243쪽 참조.

20 서천석은 자신의 책과 강연 등에서 거듭, 아이가 가정 내에서 "감정의 하수구"가 되는 경우가 많다고 강조한다. 서천석, 『하루 10분 내 아이를 생각하다』(비비북스, 2011) 참조.

21 함석헌 주석, 『바가바드 기타』, 2장 57절, 118쪽.

22 이 책의 「그럼에도 온전한 자신으로 살기」 중 '늘 당당한 당신'(208쪽) 참조.

23 『신들의 계보』, 88쪽.

24 함석헌 주석, 『바가바드 기타』, 3장 6절, 129쪽.

25 함석헌 주석, 『바가바드 기타』, 2장 66절, 120쪽.

26 함석헌 주석, 『바가바드 기타』, 라다크리슈난, 260쪽.

27 함석헌 주석, 『바가바드 기타』, 함석헌, 211쪽.

28 함석헌 주석, 『바가바드 기타』, 2장 27절, 103쪽.

29 이 부분은 김서영, 「정신분석학적 해석에 대한 철학적 고찰: 항우울제에 부재하는 해석의 차원을 찾아서」, 『현대정신분석』 제20권 1호(2018), 9~40쪽을 참고했다.

30 논문의 초고에서는 verwinden(극복하다)과 verwandeln(변화시키다)을 비교했으나, 울산대 철학과 이상엽 교수께서 지아니 바티모(Gianni Vattimo)의 논의에 대해 설명해주시며, verwinden과 überwinden을 비교하는 것이 더 적절하다는 조언을 주셨다.

31 함석헌 주석, 『바가바드 기타』, 2장 64절, 120쪽.

32 『신들의 계보』, 69쪽.

33 『신들의 계보』, 69쪽.

34 〈'뿌리' 찾다 고독사 입양인 쓸쓸한 장례… 다시 노르웨이로〉, 《연합뉴스》 2018년 1월 11일 기사 참조. http://www.yonhapnews.co.kr/bulletin/2018/01/11/0200000000AKR20180111101800052.HTML?input=1195m

35 함석헌 주석, 『바가바드 기타』, 2장 63절, 120쪽.

36 함석헌 주석, 『바가바드 기타』, 4장 40절, 195쪽.

37 이 부분은 프리드리히 니체, 이진우 옮김, 『니체 전집 3 유고(1870~1873년): 디오니소스적 세계관, 비극적 시유의 탄생 외』(책세상, 2001)를 참고했다.

38 이 책의 「내 결심이 나를 해방시킨다」 중 '오이디푸스 이야기'(344쪽) 참조.

39 함석헌 주석, 『바가바드 기타』, 마하리시 마헤슈 요기, 252쪽.

40 함석헌 주석, 『바가바드 기타』, 함석헌, 213쪽.

41 이 부분은 사이버 문학광장 《문장웹진》에 게재된 김서영, 〈소통과 치유의 나르시시즘: 새로운 연대를 위한 가능성〉을 참고했다. http://webzine.munjang.or.kr/archives/140647

42 함석헌 주석, 『바가바드 기타』, 2장 23절, 102~103쪽.

43 〈40도 무더위에 하루 12시간 작업, 실습생 과로사시킨 선장 기소〉, 《한국일보》 2018년 5월 5일 기사 참조.

44 이 책의 「모든 이에겐 묠니르가 있다」(252쪽) 참조.

45 함석헌 주석, 『바가바드 기타』, 마하데브 데자이, 244쪽.

46 함석헌 주석, 『바가바드 기타』, 6장 7절, 244~245쪽.

북유럽 신화 이야기 : 절망의 끝에서 새로운 시작으로

1 이 부분에서는 카를 짐록 번역, 임한순 외 역주, 『북유럽 신화 에다: 게르만 민족
   의 신화, 영웅전설, 생활의 지혜』 개정판(서울대학교출판문화원, 2015)과 스노
   리 스툴루손, 이민용 옮김, 『에다 이야기』(을유문화사, 2013)를 참고했다. 전자
   는 『고 에다』로, 후자는 『신 에다』로 알려져 있다. 이 책에서는 이후 『북유럽 신화
   에다: 게르만 민족의 신화, 영웅전설, 생활의 지혜』는 『고 에다』로, 『에다 이야기』
   는 『신 에다』로 언급한다.

2 함석헌 주석, 『바가바드 기타』, 15장 1절, 474쪽.

3 『신 에다』는 발할라가 전사자들의 전당이라고 설명한다.(53쪽)

4 『신 에다』, 125쪽.

5 리프(생명)와 리프트라시르(생명을 추구하는 자). 그들이 호드미미르의 숲에 숨
   어서 이슬만 먹고 살아남았다고 전해진다. 『신 에다』에는 위그드라실에서 떨어
   지는 이슬을 꿀 이슬이라 부른다는 설명이 나오기도 한다. 또한 『신 에다』의 용
   어 설명 부록에는 리프와 리프트라시르가 위그드라실에 숨어서 라그나로크를
   살아남은 사람들이라고 설명되어 있다.(49쪽, 228쪽)

6 2018년 1학기에 진행한 〈대중문화와 삶〉이라는 강의에서 광운대학교 미디어영
   상학부 4학년 이민지 학생이 이 질문에 답해주었다. 그 통찰은 내게 큰 울림을
   주었고, 각성의 계기가 되었다. 학생에게 동의를 얻어 이 내용을 소개한다.

7 함석헌 주석, 『바가바드 기타』, 3장 19절, 138쪽.

8 이 부분에서는 최상욱, 『니체, 횔덜린, 하이데거 그리고 게르만 신화』(서광사,
   2010)를 참고했다. 최상욱은 하이데거의 '죽음에의 존재'라는 개념이 게르만 신
   화와 밀접하게 관련되어 있음을 강조하며, 북유럽 신화는 시간과의 관련성 속에
   서만 이해할 수 있다고 설명한다.

9 『고 에다』, 99쪽.

10 함석헌 주석, 『바가바드 기타』, 라다크리슈난, 506쪽.

11 『신 에다』에는 그가 가장 아름다운 신이며 "가장 똑똑하고, 가장 말을 잘하며 가

장 자비로운 신"이라고 기재되어 있다. 그가 어떤 결정을 하면 아무도 이의를 제기하지 않는다. 그의 성은 브레이다블리크인데, 이곳에는 불순한 것이 없으며 "저주의 말이 가장 적다."(56~57쪽)

12 C. G. 융, 한국융연구원 C. G. 융 저작번역위원회 옮김, 「콤플렉스 학설의 개요」, 『정신요법의 기본 문제』(솔, 2001) 참조.

13 「콤플렉스 학설의 개요」, 231쪽.

14 「콤플렉스 학설의 개요」, 232쪽.

15 「콤플렉스 학설의 개요」, 232쪽.

16 「콤플렉스 학설의 개요」, 234쪽.

17 함석헌 주석, 『바가바드 기타』, 5장 2절, 202쪽.

18 『고 에다』의 해설에서 임한순은 "오딘이 폭력과 전쟁의 화신인 반면 그 아들 토르는 질서를 수호"하는 신이며, "오딘이 왕, 전사, 시인 등 귀족층을 수호한 반면 토르는 인구의 대다수를 차지하던 자작농을 보호했다"라고 설명하며 "바이킹 시대가 끝날 무렵에 토르는 드디어 오딘보다 더 위대한 신이 되었다"라고 말한다.(518~519쪽)

19 함석헌 주석, 『바가바드 기타』, 15장 16절, 483쪽.

20 『고 에다』에 언급되는 헬기와 발키리 스바바, 시그룬의 이야기도 지크프리트와 브륀힐데의 이야기와 닮았다. 스바바가 다시 태어나 시그룬이 되었다고 설명되는데, 그 정황은 불분명하다. 신화는 헬기와 시그룬 모두 다시 환생했다는 설이 있다고 전하지만, 그 역시 구체적인 서사를 알 수 없다. 또 시구르드가 용을 죽인 후 구한 발키리의 이름이 시구르드리파로 나오기도 한다. 그녀는 시구르드에게 지혜를 알려준다. 이 조각들을 모아 바그너는 지크프리트와 브륀힐데의 사랑 이야기를 엮게 된다.

21 그림힐데는 군나르와 구드룬의 어머니로 자식들을 조종하여 시구르드와 브륀힐데의 진정한 사랑을 어긋나게 만든다. 그림힐데에 대한 독립적인 정신분석적 해석을 시도해볼 필요도 있다.

22 신화에서 지크프리트의 검은 그람이라고 불린다.

23 신화에서 훈딩은 헬기에게 죽임을 당한다.

24 신화에서 지크프리트를 키우는 레긴은 용으로 변신한 파르니르의 동생인 반면, 바그너의 오페라에서 미메는 반지를 훔친 난쟁이 알베리히의 동생으로 나온다.

25 함석헌 주석, 『바가바드 기타』, 2장 65절, 120쪽.

26 이 부분은 바그너의 오페라에는 생략되어 있다.

27 함석헌 주석, 『바가바드 기타』, 2장 47절, 115쪽.

28 『신 에다』의 용어 설명 부분에는 김레가 "하늘에 있는 낙원. 금으로 덮여 있다. 하늘의 세 번째 층위에 있는, 착한 사람들이 죽어서 가는 곳. 수르트의 불길이 닿지 않아 라그나로크 이후에도 살 수 있다"라고 설명되어 있다.(223쪽) 본문에는 "김레에 태양보다 더 아름답고, 금으로 뒤덮인 회관이 있음을 나는 알고 있다. 그곳에서는 충직한 자들이 살면서 영원히 기쁨을 누리리라"라고 기재되어 있다.(50쪽)

29 『신 에다』에는 니다필(검은 산맥)에 신드리라는 회관이 있으며 "이 건물에는 성실하고 선한 사람들이 살게 될 것"이라고 나와 있다.(129~130쪽)

크리슈나의 조언 : 내 안의 신성과 지혜로운 삶을 위하여

1 인도 신화는 『바가바드 기타』를 중심 텍스트로 삼았다. 함석헌 주석, 『바가바드 기타』(한길사, 1996)와 임승택, 『바가바드 기타 강독』(경서원, 2003)을 함께 참고했다.

2 함석헌 주석, 『바가바드 기타』, 2장 7절, 94~95쪽.

3 『평범한 사람들을 위해 간디가 해설한 바가바드 기타』, 435쪽.

4 원래부터 『마하바라타』의 일부였던 것이 아니라, 독자적으로 구술 전승되다가 차후에 『마하바라타』로 편입되었다는 설이 유력하다.

5 함석헌은 『바가바드 기타』 주석으로 라다크리슈난, 간디 등의 해설을 인용하고 있는데, 인도의 철학자이자 정치가인 라다크리슈난의 주석에 따르면 크리슈나가 마부로 등장하는 이유는 그가 정신의 전차를 몰고 있기 때문이다. 크리슈나는 아르주나가 아트만으로 정신의 마차를 끌 수 있도록 돕고 있다.(81쪽)

6 다르마는 카스트 제도에 의해 구분된 각 계급의 의무를 뜻하기도 한다. 1947년 카스트 제도는 공식적으로 폐지되었으나 여전히 그 영향력은 지배적이다. 본 저서에서 다르마는 계급적 의무가 아닌 인간 내면의 의무로 해석된다.

7 함석헌 주석, 『바가바드 기타』, 168쪽.

8 함석헌 주석, 『바가바드 기타』, 3장 35절, 150쪽.

9 Jacques Lacan, *Le Séminaire, livre VII, L'éthique de la psychanalyse, 1959-1960* (Paris: Seui, 1986), p. 362.(Avez-vous agi conformément au désir qui vous habite?).

10 함석헌 주석, 『바가바드 기타』, 5장 25절, 228쪽.

11 이 부분에서는 김서영 「잉마르 베리만의 영화에 나타난 치유적 이야기」 『문학과 영상학회』 제13권 3호(2012)를 참고했다.

12 함석헌 주석, 『바가바드 기타』, 208쪽.

13 브라만(브라민) 역시 다르마와 같이 계급적 의미를 가진 개념이기도 하다. 브라만은 카스트 제도에서 가장 높은 최고 계급을 뜻한다. 여기서는 절대적 근본, 신성, 진리를 뜻하는 개념으로만 언급한다. 함석헌은 『바가바드 기타』의 주석에서 "기독교도는 사랑의 복음을 선포하는 자신들이 역사상 가장 잔혹한 전쟁들을 일으켰으며 가장 악랄한 제국주의를 행했다는 사실을 반성해볼 필요가 있고, 아트만이 곧 브라만임을 믿는 인도 종교는 자기네가 세계에서 가장 부끄러운 계급주의를 유지해왔으며 가장 비겁한 식민지 백성 노릇을 최근까지 했다는 사실을 생각할 필요가 있다"라고 말한다.(311쪽) 또한 라다크리슈난은 "계급 밑에 또 계급으로 갈라져 있는 오늘의 인도의 불건전한 현상은 『기타』의 정신에 반대되는 것"이라고도 말한다.(174쪽)

14 함석헌 주석, 『바가바드 기타』, 2장 72절, 122쪽.

15 『평범한 사람들을 위해 간디가 해설한 바가바드 기타』, 430쪽. 이 부분은 『바가바드 기타』, 13장 23절에 대한 간디의 주석이다.

16 C. G. 융, 한국융연구원 C. G. 융 저작번역위원회 옮김, 「자아와 무의식의 관계」, 『인격과 전이』(솔, 2004) 참조.

17 「자아와 무의식의 관계」, 159쪽.

18 함석헌 주석, 『바가바드 기타』, 3장 17절, 137쪽.

19 『평범한 사람들을 위해 간디가 해설한 바가바드 기타』, 198~199쪽.

20 함석헌 주석, 『바가바드 기타』, 3장 21절, 139쪽.

21 함석헌 주석, 『바가바드 기타』, 137쪽.

22 이 부분은 A. 새뮤얼 외, 민혜숙 옮김, 『융 분석비평사전』(동문선, 2000)과 C. G. 융, 한국융연구원 C. G. 융 저작번역위원회 옮김, 「자아와 무의식의 관계」, 『인격과 전이』(솔, 2004)를 참고했다.

23 함석헌 주석, 『바가바드 기타』, 마하데브 데자이, 487쪽.

24 함석헌 주석, 『바가바드 기타』, 라다크리슈난, 486쪽

25 『평범한 사람들을 위해 간디가 해설한 바가바드 기타』, 22쪽.

26 함석헌 주석, 『바가바드 기타』, 라다크리슈난, 362쪽.

27 함석헌 주석, 『바가바드 기타』, 4장 18절, 178쪽.

28 『햄릿』 5막 2장의 내용으로, 햄릿은 이 부분에서, 더욱 고양된 신성의 작용에 자신을 내맡기는 태도를 보인다. 원문은 "the readiness is all"이다. William Shakespeare, P. Alexander(ed.), "Hamlet" in *Shakespeare Complete Works*(London: Collins, 1959), p. 1070.

29 함석헌 주석, 『바가바드 기타』, 178쪽.

30 『평범한 사람들을 위해 간디가 해설한 바가바드 기타』, 343쪽.

31 이 부분은 『바가바드 기타』 2장 18절의 내용으로, 절실함과 긴박함을 강조하기 위해 함석헌 주석, 『바가바드 기타』에서 인용했다.(101쪽) 임승택의 『바가바드 기타 강독』의 경우 "그러므로 싸우시오"라고 번역되어 있다.(67쪽)

32 이 부분은 『바가바드 기타』 18장 73절의 내용으로, '행위'의 차원을 강조하기 위해 임승택의 『바가바드 기타 강독』에서 인용했다.(444쪽) 함석헌 주석, 『바가바드 기타』의 경우 "이제 당신의 가르침대로 하겠사옵니다"라고 번역되어 있다.(527쪽)

33 함석헌 주석, 『바가바드 기타』, 라다크리슈난, 524~525쪽.

나가는 말 : 신화에서 발견한 치유의 열쇠

1 『평범한 사람들을 위해 간디가 해설한 바가바드 기타』, 206쪽.

2 『평범한 사람들을 위해 간디가 해설한 바가바드 기타』, 515쪽.